Pour le **lancement** de vos **séances** et vos **évaluations diagnostiques**

Charlie & Gus - La websérie STMG

- Des vidéos pour aborder les 3 thèmes de Management, sciences de gestion et numérique Terminale sous un angle décalé et ludique ! En lancement de séances, ces courtes vidéos permettent de **mettre sous tension** les enjeux du thème et **d'ouvrir la discussion** avec vos élèves.

À découvrir sur la chaîne Youtube d'Hachette Éducation et via les flashcodes dans le manuel

Pour une **pause ludique** en classe et vos **évaluations formatives**

Les quiz interactifs KYUSHI*

KYUSHI

*pause en japonais

- Un site web proposant des **quiz ludiques** et chronométrés prêts à l'emploi ou à composer par l'enseignant ! **À réaliser en fin de chapitre** ou de thème collectivement en classe, pour travailler la mémorisation et réactiver les acquis. Les quiz reposent sur les thèmes du programme.

À découvrir sur kyushi.hachette-education.com

Pour vous aider à **renouveler** vos **documents** et **avoir des données à jour**

L'Actubox

- Une banque de ressources avec des **contenus supplémentaires, actualisée tous les trimestres !** Réservée aux enseignants prescripteurs, cette banque vous sera livrée avec votre manuel numérique.
- Quelques exemples de ressources : textes, vidéos, podcasts, activités, documents ETLV...

À découvrir sur jeteste.fr/7612303

Pour faire découvrir des **métiers** et des **secteurs d'activités** à vos élèves

Les vidéos « Je viens bosser chez vous »

- Des **vidéos immersives** et dynamiques dans des **entreprises locales,** pour accompagner les élèves dans leur réflexion sur **l'orientation** !

À découvrir via les flashcodes dans le manuel

JE VIENS BOSSER CHEZ VOUS

Édition : Fabienne Mercier-Bernadet

Maquette de couverture : Guylaine Moi

Maquette intérieure : Valérie Goussot

Mise en page : Christine Bossard et Isabelle Caraës

Iconographie : Marie-Christine Petit

Fabrication : Yoann Le Berre

www.hachette-education.com

58, rue Jean Bleuzen – 92178 Vanves Cedex

ISBN : 978-2-01-710044-7

PAPIER À BASE DE FIBRES CERTIFIÉES

hachette s'engage pour l'environnement en réduisant l'empreinte carbone de ses livres. Celle de cet exemplaire est de :
1,050 kg éq. CO_2
Rendez-vous sur www.hachette-durable.fr

THÈME 1 Les organisations et l'activité de production de biens et de services

Compte tenu de ses finalités et de son objet social, une organisation fixe ses objectifs et définit sa stratégie, puis met en place sa production, comprise ici au sens large de production de biens ou de services, matérielle ou immatérielle, marchande ou non marchande. L'étude de ce thème a pour but de montrer aux élèves que l'organisation de l'activité de production est une démarche réfléchie et structurée, contrainte par son environnement et par la nature des biens ou services à produire. Les décisions stratégiques et opérationnelles relatives aux choix de la production, à l'organisation de la production et du travail, ainsi qu'à son évaluation, sont déterminantes. Elles vont notamment avoir des conséquences en matière de compétitivité et de réactivité.

Questions	Notions	Liens avec les enseignements de spécialité de la classe de première STMG (Management et Sciences de gestion et numérique)	Liens avec les enseignements spécifiques de terminale STMG (Mercatique, RHC, Gestion finance, SIG)
1.1. Quels produits ou quels services pour quels besoins ? > Chapitre 1	• Démarche *marketing*. • Approches *marketing*. • Étude de marché. • Veille *marketing* et commerciale.	Réactivation des notions de **finalités** et de **stratégie** (**Management**)	Le **marketing opérationnel** est développé dans l'enseignement spécifique de **Mercatique** (marketing).
	• Création de valeur : indicateurs extraits du compte de résultat et du bilan.		
	• Innovation de produits. • Modèle économique (*business model*).	Mobilisation des notions de **valeur ajoutée**, **analyse du bilan et du compte de résultat** (**Sciences de gestion et numérique**)	
1.2. Quelles ressources pour produire ? > Chapitre 2	• Ressources tangibles et intangibles.	Une **typologie des ressources** a été étudiée en classe de première (**Management**).	
	• Ressources financières : financement de l'investissement et de l'exploitation, analyse fonctionnelle du bilan.		L'**analyse fonctionnelle du bilan** est étudiée dans l'enseignement spécifique de **Gestion-finance**.
	• Ressources humaines : gestion prévisionnelle des emplois et des compétences (GPEC), besoins de recrutement, besoins de formation.	Approfondissement de **la relation de travail** (**Sciences de gestion et numérique**).	La **démarche de GPEC** est détaillée dans l'enseignement spécifique de **RHC**.
1.3. Quels choix d'organisation de la production pour concilier flexibilité, qualité et maîtrise des coûts ? > Chapitres 3 et 4	• Innovation de procédés. • Caractéristiques des processus de production de biens ou services : organisation de la production, productivité et flexibilité. • Logistique, gestion de la chaîne logistique (*supply chain management*). • Flux tendus, flux poussés. • Flux physiques / flux d'informations. • Qualité. • Contrôle qualité. • Processus d'amélioration continue, apprentissage.		
	• Contrôle des coûts : coût complet, coût spécifique. • Gestion du cycle de vie des produits ou *Product Lifecycle Management* (PLM).	Approfondissement de la notion de **coût** (**Sciences de gestion et numérique**).	
1.4. Les transformations numériques, une chance pour la production ? > Chapitre 5	• Transformations digitales : dématérialisation, automatisation des processus • Flux de travaux (*Workflow*). • Intégration des nouvelles technologies : informatique en nuage (*cloud computing*), objets connectés, intelligence artificielle, données ouvertes. • Représentation de la circulation des données et des informations : diagramme des flux. • Intelligence artificielle.	Mobilisation de la notion de **processus et sa formalisation** (**Sciences de gestion et numérique**).	

Questions	Notions	Liens avec les enseignements de spécialité de la classe de première STMG (**Management** et **Sciences de gestion et numérique**)	Liens avec les enseignements spécifiques de terminale STMG (**Mercatique**, **RHC**, **Gestion finance**, **SIG**)
1.5. Comment assurer un fonctionnement cohérent des organisations ? > Chapitre 6	• Organisation du travail souple / rigide : flexibilité, réactivité, polyvalence, enrichissement des tâches. • Définition des postes de travail, répartition des tâches, spécialisation. • Mécanismes de coordination du travail. • Ligne hiérarchique. • Degré de centralisation du pouvoir. • *Lean management*.	Si elles influencent la performance économique, les décisions prises concernant l'organisation du travail influencent également la **performance sociale** (**Sciences de gestion et numérique**).	

THÈME 2 Les organisations et les acteurs

Ce thème aborde la diversité des acteurs impliqués dans le fonctionnement de l'organisation et les relations complexes qu'ils entretiennent. La multitude d'acteurs gravitant au sein et autour de l'organisation nécessite une coordination et un management qui prennent en compte leurs intérêts tantôt convergents tantôt divergents. Si une fonction majeure du management porte sur l'animation et la mobilisation des parties prenantes internes, les organisations doivent aussi anticiper et étudier les comportements des acteurs externes et leurs attentes. Sur le plan interne, toute organisation se trouve confrontée à deux défis de taille : attirer des talents et fidéliser ses ressources humaines dans un environnement concurrentiel.

Questions	Notions	Liens avec les enseignements de spécialité de la classe de première STMG (Management et Sciences de gestion et numérique)	Liens avec les enseignements spécifiques de terminale STMG (Mercatique, RHC, Gestion finance, SIG)
2.1. Comment fédérer les acteurs de l'organisation ? > Chapitres 7 et 8	• Intérêts et attentes divergents et convergents des acteurs internes. • Culture de l'organisation.	Rappel de la notion de **conflit** (**Management**)	
	• Style de direction. • Dynamique de groupe : *leadership*, cohésion, décision de groupe. • Coopération. • Les modes d'action coopératifs : groupes de projet, réunions, techniques de créativité, outils collaboratifs, réseaux sociaux d'entreprises, communautés de pratiques. • Facteurs de motivation : facteurs internes et externes. • Dispositions favorisant la motivation et l'implication dans le travail. • Qualité de vie au travail.		La notion de **qualité de vie au travail** est approfondie, notamment dans ses aspects opérationnels et réglementaires, dans l'enseignement spécifique de **RHC**.
2.2. Les transformations numériques, vecteur d'amélioration de la relation avec les clients et usagers ? > Chapitre 9	• Consommateur, usager. • Processus d'achat. • Facteurs explicatifs des comportements du consommateur : besoins, motivations, freins, attitudes. • Digitalisation de la relation client : connaissance client, interactivité, outils. • Traces numériques, réseaux sociaux grand public (outils et usages). • Administration électronique.	• Approfondissement des notions de **système d'information** et de **traces numériques** (**Sciences de gestion et numérique**). • L'**exploitation de données client** peut être conduite à l'aide d'outils logiciels déjà abordés dans l'enseignement de **Sciences de gestion et numérique** (système de gestion intégrée, application métier). • L'étude de différents services offerts par les administrations est l'occasion de mobiliser la notion de **processus** et **sa formalisation** (**Sciences de gestion et numérique**), de manière à représenter les échanges d'informations entre les usagers et les administrations ainsi que les traitements réalisés.	

Questions	Notions	Liens avec les enseignements de spécialité de la classe de première STMG (Management et Sciences de gestion et numérique)	Liens avec les enseignements spécifiques de terminale STMG (Mercatique, RHC, Gestion finance, SIG)
2.3. **Communique-t-on de la même manière avec tous les acteurs ?** > Chapitre 10	• Stratégie de communication. • Communication globale et intégrée. • Communication interne et externe. • Identité de l'organisation : marque employeur, e-réputation, identité numérique.		L'étude détaillée des **outils de communication interne** et de la notion de **marque employeur** est réservée à l'enseignement spécifique de **RHC**.
	• Communication financière : les besoins d'information financière des partenaires internes et externes, plan d'affaires (*business plan*).		

THÈME 3 Les organisations et la société

Ce thème a pour objectif de montrer que les organisations, qui ont leurs propres buts, sont intégrées dans un environnement économique, écologique, socio-culturel, politique, numérique et institutionnel, et sont, de ce fait, traversées par des attentes et des contraintes qu'elles doivent prendre en compte. Symétriquement, les choix des organisations, leurs logiques d'action, les méthodes et outils qu'elles utilisent, façonnent la société dans toutes ses dimensions. Le management prend en considération ces interdépendances. L'élève doit comprendre que les rapports sociaux entre les individus et les organisations se construisent au gré de ces influences réciproques.

Questions	Notions	Liens avec les enseignements de spécialité de la classe de première STMG (Management et Sciences de gestion et numérique)	Liens avec les enseignements spécifiques de terminale STMG (Mercatique, RHC, Gestion finance, SIG)
3.1. Comment fédérer les acteurs de l'organisation ? > Chapitre 11	• Éthique : définition et origine. • Déontologie. • Éthique dans les affaires. • Éthique dans les organisations non gouvernementales, organisations gouvernementales et territoriales. • Principes de la normalisation comptable et information financière, transparence des pratiques. • Lutte contre les discriminations dans les relations de travail, égalité hommes-femmes. • Organisation civique : mécénat, démocratie participative.	La notion de **parties prenantes** (**Management**) est mobilisée pour montrer que l'éthique entre nécessairement en jeu.	
3.2. Les changements de modes de vie s'imposent-ils aux organisations ? > Chapitre 12	• Rapport au travail : temps, lieu, mode d'organisation. • Modes de consommation.		Les réponses apportées par les organisations aux nouveaux comportements sur le lieu de travail, aux nouveaux comportements de consommation et aux enjeux de la vie connectée sont approfondies dans le cadre des enseignements spécifiques.
3.3. Les transformations numériques, de nouvelles responsabilités pour les organisations ? > Chapitre 13	• Utilisation et protection des données personnelles et stratégiques. • Transparence des algorithmes. • Chaîne de blocs (*blockchain*).	Cette question prolonge des éléments étudiés en **Sciences de gestion et numérique**.	
3.4. Quelles relations entre les organisations et leur écosystème ? > Chapitre 14	• Stratégie d'implantation. • Écosystème d'affaires. • Grappe d'entreprises (*cluster*). • Écosystème d'innovation et territoires.		

Parole de professeurs, parole d'auteurs !

Le Management, sciences de gestion et numérique : une matière nouvelle et passionnante !

Le programme de Management, sciences de gestion et numérique pour l'année de terminale – année cruciale ! – est dense et riche : nous avons travaillé à le rendre compréhensible et attrayant pour les élèves.

Nous vous proposons :

- → Le programme et ses liens avec les enseignements spécifiques
- → Un cours construit avec méthode et clarté
- → De nombreuses activités pour amener les élèves à manipuler et à s'approprier les notions de Management, sciences de gestion et numérique au programme
- → Des documents variés et actuels

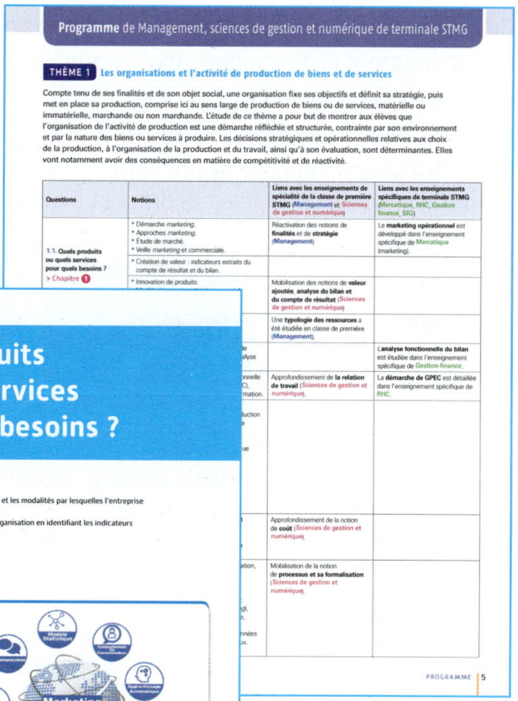

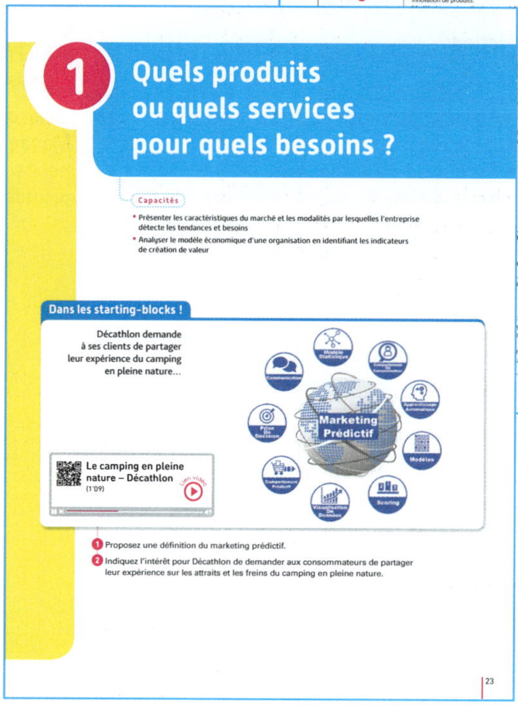

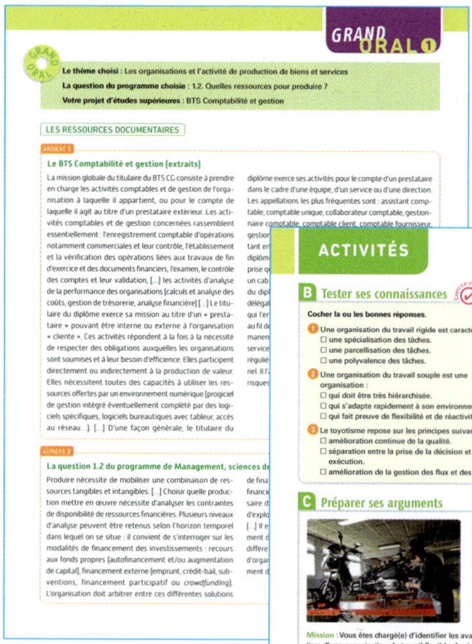

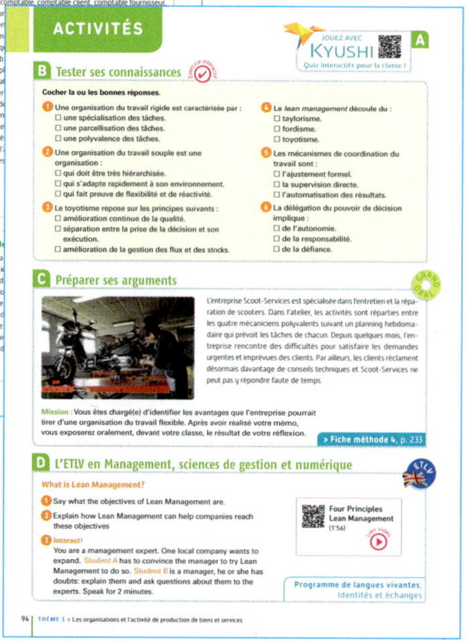

S'entraîner à l'argumentation pour préparer le Grand Oral

Un entraînement calqué sur le format de l'épreuve est proposé à la fin de chaque thème.

Une activité à la fin de chaque chapitre amène l'élève à élaborer une argumentation qu'il présente ensuite à l'oral.

Place à l'enseignement technologique en langue vivante (ETLV) !

Nous avons voulu que ce manuel fasse également la part belle à l'ETLV et proposons :

→ Des exercices dédiés à l'enseignement technologique en langue vivante (ETLV) à réaliser en classe, en co-intervention, pour permettre à l'élève, à la fin de chaque chapitre, de se familiariser avec le vocabulaire technologique en anglais et à son utilisation

→ Un entraînement de 2 pages à la fin de chaque thème pour réinvestir les notions du programme à travers des activités variées

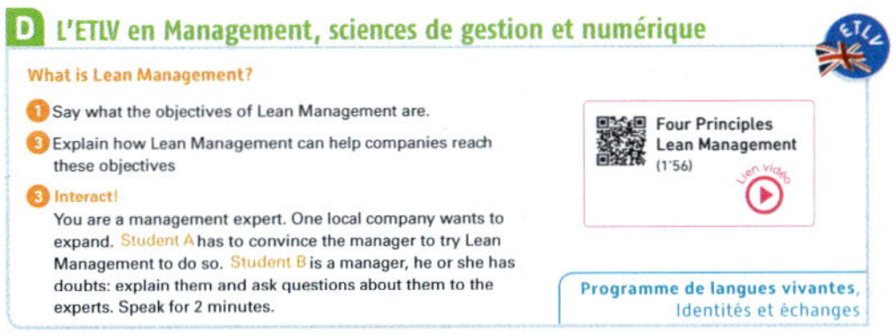

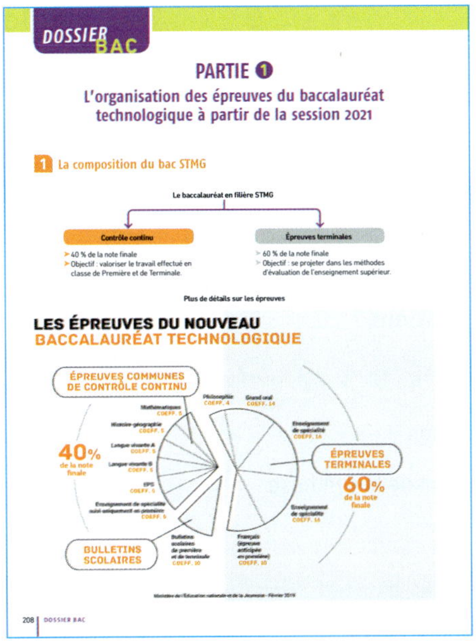

Se préparer sereinement au baccalauréat…

Pour vos élèves comme pour les nôtres, la terminale constitue la fin d'un cycle, qui se clôt avec le baccalauréat. Nous vous proposons de nombreuses ressources pour préparer le bac : un dossier de présentation des épreuves, un sujet corrigé et des entraînements…

Dossier Avenir

53 % des bacheliers STMG s'engagent dans un BTS ou un DUT, et 32 % choisissent l'université pour préparer une licence. Bien d'autres cursus s'offrent à vous… Découvrez-les.

Site Web
Dossier Onisep : que faire avec un bac STMG ?

Vous sentez-vous prêt pour des études supérieures ? Quel diplôme voudriez-vous préparer ?

… et préparer l'avenir !

Mais la terminale, c'est aussi un passage vers les études supérieures et la vie d'adulte !
Nous vous proposons un Dossier Avenir, décliné au fil des chapitres, pour accompagner l'élève dans ses choix d'orientation.

JOUEZ AVEC KYUSHI
Quiz interactifs pour la classe !

Une plateforme ludique pour faire réviser les élèves en classe sur leur smartphone, tablette ou PC !

Les auteurs

SOMMAIRE

DOSSIER AVENIR

THÈME 1 Les organisations et l'activité de production de biens et de services

Charlie & Gus
La web série
STMG !

épisode # 1
Gus a une idée

SOMMAIRE

THÈME 2 Les organisations et les acteurs

Charlie & Gus
La web série
STMG !

épisode # 2
Charlie et la QVT

Légende des pictos

Pour l'enseignant — Synthèse rédigée / Synthèse animée : Ressources enseignants à télécharger sur hachette-education.com

Site Web : Lien web

Podcast : Les synthèses des chapitres à écouter sur votre manuel numérique

KYUSHI : Quiz interactifs pour la classe sur kyushi.hachette-education.com

Vidéos métiers en immersion avec *Je viens bosser chez vous*

GRAND ORAL : Activité de préparation au Grand Oral

ETLV : Activité d'ETLV

Dans cet ouvrage, les ressources associées à ce QR code sont également accessibles à cette adresse : mesmanuels.fr/3328667

SOMMAIRE

THÈME 3 Les organisations et la société

Charlie & Gus
La web série
STMG !

épisode # 3
Gus et l'éthique

Légende des pictos

Pour l'enseignant — Synthèse rédigée — Synthèse animée : Ressources enseignants à télécharger sur hachette-education.com

Site Web : Lien web

Podcast : Les synthèses des chapitres à écouter sur votre manuel numérique

KYUSHI : Quiz interactifs pour la classe sur kyushi.hachette-education.com

Vidéos métiers en immersion avec *Je viens bosser chez vous*

GRAND ORAL : Activité de préparation au Grand Oral

ETLV : Activité d'ETLV

Dans cet ouvrage, les ressources associées à ce QR code sont également accessibles à cette adresse : mesmanuels.fr/3328667

SOMMAIRE

Des ressources d'ETLV

- Des activités en anglais dans chaque chapitre
- Une séance complète à la fin de chaque thème

Des ressources pour l'orientation

Tout au long de votre manuel, découvrez des ressources pour vous guider dans votre orientation !

DOSSIER AVENIR

Retrouvez tous les liens du Dossier Avenir en flashant ce QR Code

« Comment trouver un métier qui m'intéresse ? »

Pas évident de s'orienter vers un domaine professionnel ou un métier ! Comment savoir ce qui vous motivera et vous permettra de valoriser vos compétences ? Voici quelques idées pour réfléchir !

Trouver le métier qui me ressemble !

Des quiz pour remuer des idées, se conforter dans ses choix, ou, au contraire, voir apparaître de nouvelles idées...

→ Sur le site L'Etudiant : http://bit.ly/2v5Pro8
→ Sur le site de l'Onisep : http://bit.ly/31qNJd7
→ Sur le site Concepteurs d'avenir : http://bit.ly/2SffVf4

M'interroger sur ce que j'aime faire

Travailler en équipe ou être indépendant, bouger ou fonder quelque chose, décider, aider, communiquer ? À quels métiers ces verbes d'action peuvent-ils correspondre ?

→ Sur le site de l'Onisep : http://bit.ly/2Oq5ST4

M'imaginer dans un domaine qui me passionne

Le commerce, le sport, la communication, la mode : sur quels métiers ces secteurs s'appuient-ils ?

→ Sur le site de l'Onisep : http://bit.ly/2OnU6Je

Explorer les domaines qui m'intéressent

Faire des stages, échanger avec des professionnels dans votre entourage ou lors de salons étudiants : il est important de ne pas s'en tenir au « mythe » et d'aller voir de plus près les domaines qui peuvent vous intéresser.

→ Un exemple : La mode et le luxe, des domaines faits pour moi ? http://bit.ly/2GUIfOq

Le coin pratique

Financer ses études et trouver un logement

Décrocher une bonne formation est clairement une source de fierté et de motivation. Cependant, il faut aussi penser à régler l'aspect pratique de vos études et il est bon d'y réfléchir bien à l'avance !

- ***Financer ses études***
  → Sur le site de l'Onisep : http://bit.ly/2vMuRJX
- ***Trouver un logement***
  → Sur le site de l'Onisep : http://bit.ly/2OmSoaQ

La vie en entreprise, à quoi ça ressemble ?

Que savez-vous de l'entreprise et du monde du travail ?

Un quiz pour tester vos connaissances et débusquer vos idées reçues sur le monde de l'entreprise et du travail.

→ Sur le site de l'Onisep : http://bit.ly/2RUBwum

En immersion avec

Je viens bosser chez vous : Une chaîne Youtube pour découvrir en immersion une multitude de professions !

→ http://bit.ly/3bcfwm3

1 Devenir concepteur de voyage sur-mesure !

« Le job est passionnant parce qu'il est très varié : prospection téléphonique, démarchage, rendez-vous extérieurs, communication, etc. »

Willy, responsable commercial chez un concepteur de voyage sur mesure

2 Dans la peau d'une cheffe de rayon !

« Gestion, management, stratégie, les compétences STMG au cœur de mon métier ! »

Marine, cheffe de rayon chez Supeco, groupe Carrefour

3 Négociateur dans l'immobilier

« Je suis passionné par ce métier depuis 15 ans parce que chaque projet est unique, chaque client est unique et qu'aucune de mes journées ne se ressemble. »

Matthieu, négociateur dans l'immobilier

Comment faire un bon choix de filière après le bac ?

Pour bien choisir une filière, il faut à la fois bien se connaître et bien connaître les filières qui composent les études supérieures.

Quelques questions essentielles à se poser

- Ai-je envie de faire des études courtes ou longues ?
  Me sentir bien encadré.e ou avoir plus de liberté ?
  Découvrir rapidement le monde du travail
  ou suivre un cursus universitaire plus théorique ?
- Quelles filières existent ?
  Quelles sont leurs particularités ?
  Quelles sont les modalités d'entrée ?

→ Sur le site de l'Onisep, quiz orientation : http://bit.ly/2vJJoWM

→ Onisep : que faire avec mon BAC STMG ? http://bit.ly/3bbAEJt

Quelques conseils pour faire le bon choix

- Faites parler vos proches et cherchez des témoignages sur internet : qui a fait quelle formation ?
  Pour quel(s) métier(s) ensuite ?
- Participez à des salons et à des portes ouvertes : que faut-il préparer avant la visite ?
- Comment prendre rendez-vous avec un.e conseiller.ère d'orientation, dans mon lycée, au CIO ou en ligne ?

→ Sur le site de l'Onisep : http://bit.ly/36YfZVU

→ Calendrier des salons : http://bit.ly/31pnmo1

→ Une assistance en ligne pour l'orientation (Onisep) : http://bit.ly/2Sg3pvV

Ma première année en BTS et en IUT !

Deux formations à la fois pratiques et théoriques, permettant de découvrir le monde de l'entreprise. Durée : 2 ans.

→ En BTS : http://bit.ly/2GV6DPX
→ En IUT : http://bit.ly/2u6sLEt

Ma première année en licence !

Une formation plus théorique, parfois avec une dimension pratique, à la fac. Durée : 3 ans.

→ En licence : http://bit.ly/2ttDp7V

Ma première année en prépa !

Une formation intensive et très sélective, pour approfondir vos connaissances. Durée 2 ans.

→ En prépa : http://bit.ly/2RUblUz

Aurélie, Product Supply Specialist chez Adidas

« Avec de la motivation et de la confiance en soi, on peut tout faire après un bac STMG » (4'42)

Podcast

Parcoursup
comment je vais m'y prendre ?

Parcoursup, c'est la plateforme en ligne sur laquelle vous devrez établir la liste de vos vœux d'orientation. Vos bulletins et les appréciations de vos professeurs pourront être consultés par tous les responsables des formations auxquelles vous postulez.

Petit calendrier

- **De septembre à janvier** : je me renseigne sur les formations disponibles et je peaufine mon projet d'orientation !

- **De janvier à avril** : je continue de peaufiner mon projet, je formule mes vœux (dix au maximum, avec possibilité de sous-vœux pour certaines formations) et je finalise mon dossier.

- **De mai à juillet** : je consulte les réponses et j'accepte celle qui me convient le mieux. Vous êtes sur liste d'attente ? Cela arrive à de très nombreux élèves et ne veut pas dire que vous ne serez pas pris.

Quelques conseils pour bien vous organiser !

- **Vous trouverez de très nombreuses ressources sur la plateforme Parcoursup.**
  - La carte des formations disponibles.
  - Le calendrier, y compris des journées portes ouvertes
  - Des contacts pour échanger avec des conseillers
  - Une description précise des formations et des critères de sélection

→ La plateforme Parcoursup : **http://www.parcoursup.fr**

- **Prenez le temps de bien faire.**
  Renseignez-vous et remplissez bien à l'avance vos dossiers en ligne, pour ne pas être pris.e par le temps et être deux fois plus angoissé.e. Posez des questions à vos professeurs et à vos proches, appelez les formations qui vous intéressent, déplacez-vous aux portes ouvertes.

Positivez !
Celui qui n'essaie pas ne commet jamais d'erreur... mais ne progresse jamais non plus ! Toutes les personnes que vous admirez et qui ont réussi ont commencé par oser...

- **Demandez de l'aide pour rédiger votre projet de formation motivé.**
  Il s'agit d'une courte lettre de motivation à poster sur Parcoursup. Vous pouvez demander de l'aide à vos professeurs, à votre famille et consulter des sites Internet spécialisés.

Charlie & Gus - La web série STMG !

THÈME 1 Les organisations et l'activité de production de biens et de services

épisode # 1
Gus a une idée

Vidéo (3'04)

1. Identifiez les objectifs d'une auto-école.
2. Listez les différentes ressources dont aurait besoin l'auto-école de Gus pour démarrer son activité.
3. Recherchez les contraintes réglementaires qui s'imposent aux moniteurs d'auto-école.
4. Imaginez ce que Gus pourrait faire pour se démarquer des auto-écoles « classiques ».

Le terme **licorne** (en anglais : *unicorn*) est employé pour désigner une *start-up* du domaine des nouvelles technologies et valorisée à plus d'un milliard de dollars. Cette expression a été inventée par l'analyste américain Aileen Lee en 2013.

1 Quels produits ou quels services pour quels besoins ?

Capacités

- Présenter les caractéristiques du marché et les modalités par lesquelles l'entreprise détecte les tendances et besoins
- Analyser le modèle économique d'une organisation en identifiant les indicateurs de création de valeur

Dans les starting-blocks !

Décathlon demande à ses clients de partager leur expérience du camping en pleine nature…

Le camping en pleine nature – Décathlon (1'09)

Lien vidéo

1. Proposez une définition du marketing prédictif.
2. Indiquez l'intérêt pour Décathlon de demander aux consommateurs de partager leur expérience sur les attraits et les freins du camping en pleine nature.

1 Comment l'entreprise satisfait-elle les besoins des consommateurs ?

A Les différentes approches marketing

En immersion chez... ADIDAS FRANCE

SITUATION

Votre candidature à un job d'été de 2 mois au sein de l'entreprise Adidas France a été retenue. Vous êtes affecté au service marketing.
Fantin, récemment diplômé d'une école de commerce, est votre responsable. Il est chef de produit junior et travaille dans une équipe chargée de la création des produits de la gamme *running* homme.
Avant de vous confier votre première mission, il vous demande d'étudier la stratégie marketing mise en œuvre par Adidas pour le lancement de ses derniers produits.

Vous analyserez la stratégie marketing d'Adidas en répondant aux questions suivantes et en vous appuyant sur les ressources documentaires.

1. Indiquez à qui fait appel Adidas pour créer la Glitch.
2. Expliquez en quoi consiste le processus de création de la Glitch.
3. Présentez les avantages pour Adidas de procéder de cette manière.
4. Précisez, à partir de la vidéo, les particularités de la Glitch.
5. Expliquez sur quoi repose l'innovation de la AM4NYC.
6. Précisez si la AM4NYC a été lancée pour satisfaire un besoin exprimé par le consommateur ou si Adidas a créé un nouveau besoin.
7. Indiquez si la démarche marketing élaborée pour la chaussure *Crazy* et la collection *Home of Classic* est identique à celle mise en œuvre pour la chaussure AM4NY. Justifiez votre réponse.

LES RESSOURCES DOCUMENTAIRES

RESSOURCE 1

Adidas « Create your Glitch »

Début 2019, Adidas organisait un concours pour la création de la skin[1] *parfaite pour les chaussures Glitch.*

Adidas a créé la Glitch, première chaussure de football interchangeable. Après avoir lancé plusieurs *skins* originaux l'année passée, la marque lance en ce début 2019 un challenge international invitant les fans du concept à créer la *skin* parfaite qui sera commercialisée en mai prochain. Les trois *skins* ayant récolté le plus de votes ainsi qu'un quatrième design choisi par la *team* Glitch seront de nouveau soumis aux votes pour élire le design français. Le gagnant s'envolera au QG d'Adidas le 4 février 2019 afin de rencontrer les designers pour peaufiner le modèle ainsi que les médias et les influenceurs Glitch.

1. La *skin* est le chausson extérieur de la chaussure.

Barbara Haddad, « 10 exemples inspirants de cocréation », e-marketing.fr, 16 janvier 2019.

Glitch Adidas (3'47) Lien vidéo

RESSOURCE 2

Adidas présente l'AM4NYC, sa toute nouvelle chaussure assemblée à la Speedfactory

Adidas lance une nouveauté pour le *running* urbain avec l'AM4NYC. Cette paire est le fruit de nombreuses études et données scientifiques et sportives récoltées par Adidas et utilisées pour créer une chaussure de *running* rapide et légère destinée à une utilisation urbaine.

Grâce à la technologie de pointe de la *Speedfactory*, l'AM4NYC a pu être perfectionnée numériquement afin d'offrir une précision, un confort et un mouvement incomparables.

Les objectifs d'Adidas sont de pouvoir proposer une chaussure de *running* rapide et adaptée à un environnement urbain densément peuplé, comme New York. Adidas devait créer un design alliant l'agilité et la stabilité dont un *runner* a besoin pour accomplir des virages et des changements de direction rapides. Adidas a donc analysé des années de données scientifiques sur la course, puis utilisé ces données afin de créer une chaussure unique, capable de verrouiller idéalement le talon et le médiopied, tout en restant très légère.

www.tuxboard.com, 26 avril 2018.

RESSOURCE 3

Communication sur le compte officiel Twitter d'Adidas concernant la sortie de nouveaux produits

adidas France 28 mars 2019

Chaussure emblématique des Basketteurs des années 90, la "Crazy" revient dès demain avec la **#CRAZYBYW** revisitée par @Pharrell. Rendez-vous ici : a.did.as/CRAZYBYWLVLX

adidas France 7 juin 2019

Retour dans les années 80 avec le style tennis classique de la collection **#HOMEOFCLASSICS**, réinventé en version full white et une exécution premium en cuir. Découvre la collection ici : a.did.as/HOMEOFCLASSICS

B La mise en œuvre de la démarche marketing

DOC. 1

La stratégie marketing

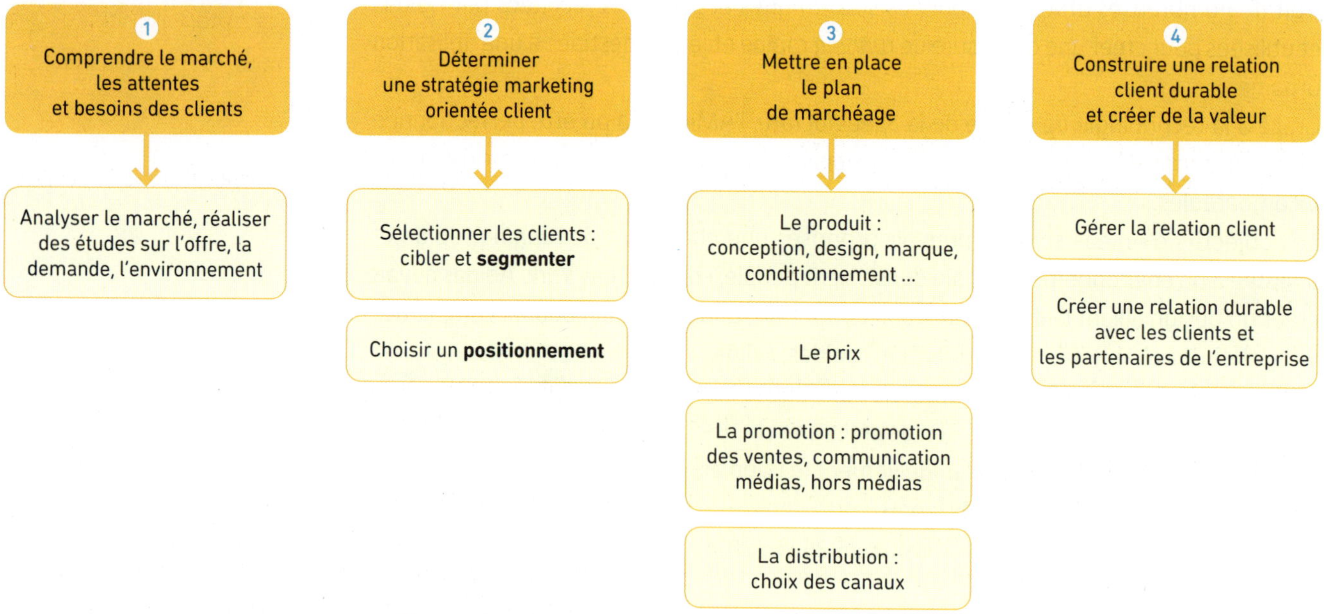

Coup de pouce

- **Segmentation :** découpage du marché en sous-ensembles homogènes de consommateurs, selon un ou plusieurs critères géographiques, socio-économiques (âges, CSP, niveau de revenus...).
- **Positionnement :** ensemble des éléments-clés choisis par une entreprise afin de se différencier de ses concurrents dans l'esprit des consommateurs.

DOC. 2

Le plan de marchéage : 4 P

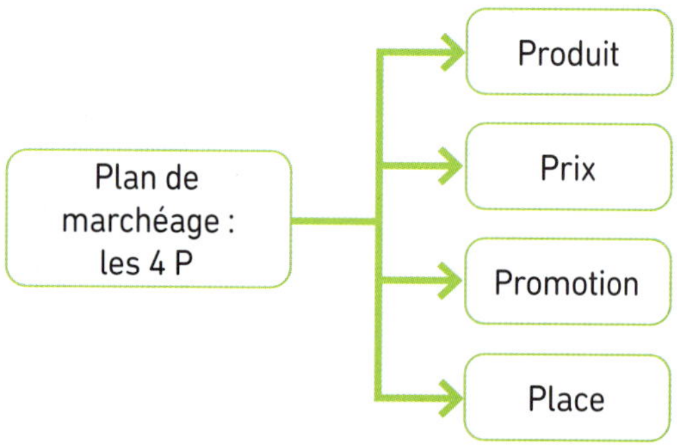

Rendez-vous en Mercatique

Concevoir le couple produit/marché peut conduire l'organisation à des ciblages très fins, voire à la personnalisation des offres, et nécessite un choix clair de positionnement. (**1.1** La personnalisation de l'offre est-elle incontournable ?)

8 Identifiez les différentes étapes des processus de marketing stratégique et de marketing opérationnel (**doc. 1**).

9 Expliquez en quoi consistent le marketing stratégique et le marketing opérationnel (**docs. 1** et **2**).

C Les objectifs et les moyens de la veille marketing et commerciale

DOC. 3

Comment comprendre et influencer le comportement du consommateur

Les motivations qui influencent le comportement du consommateur sont tellement larges, que le moyen le plus efficace de l'étudier est d'utiliser différentes méthodes de recherche impliquant une variété de données. Certaines méthodes sont plus rentables que d'autres : avis clients, sites de questions/réponses, sondages, Google Analytics, analyse des concurrents, commentaires sur votre blog, Twitter Insiders, médias sociaux.

Brandwatch, www.e-marketing.fr, 23 février 2017.

DOC. 4

Qui sont les as du marketing prédictif ?

Pour booster leurs ventes en ligne, les e-marchands utilisent de plus en plus des solutions de personnalisation prédictive. Elles sont basées sur des algorithmes de *machine learning* qui prédisent les affinités produits ou les parcours de décision des consommateurs. Concrètement, ces solutions combinent une série d'algorithmes, qui moulinent les données ***CRM*** et transactionnelles de leurs clients e-commerçants, les informations collectées sur les réseaux sociaux, ou encore les données de navigation (notamment sur des sites tiers). Sur cette base, elles sont capables de personnaliser différents éléments, avec un impact réel sur les ventes. Elles savent par exemple établir des recommandations de produits, poussées à chaque client sur le site e-commerce ou *off-site* (mail, SMS, réseaux sociaux, sites tiers...).

Lélia de Matharel, www.lsa-conso.fr, 14 novembre 2018.

Coup de pouce

Le ***CRM*** (*Customer Relationship Management*) est la gestion de la relation client.

DOC. 5

Les enjeux du *Big Data* dans la connaissance client

La collecte croissante d'informations liées aux habitudes, aux préférences ou aux attentes des consommateurs a donné naissance au *Big Data*. Cette masse de données représente aujourd'hui un réel **avantage concurrentiel** car elle peut être mise à profit par l'entreprise pour mieux répondre à ses clients. En effet, le *Big Data* est avant tout une formidable opportunité pour les entreprises d'innover, de développer leurs ventes, leurs bénéfices, leurs marchés, de s'adresser à de nouveaux clients et de créer de nouvelles offres.

Hasna El Krid, « *Big Data* et vie privée : le paradoxe des consommateurs », www.comarketing-news.fr, 14 juin 2017.

Coup de pouce

L'**avantage concurrentiel** (ou avantage compétitif) correspond à l'ensemble des caractéristiques d'un produit ou d'une marque qui le/la distinguent positivement de ses concurrents.

10 Précisez les objectifs de la veille marketing et commerciale (**docs. 3** et **4**).

11 Expliquez comment les organisations peuvent anticiper ou créer les besoins des consommateurs et usagers (**docs. 3** et **4**).

12 Indiquez les outils dont disposent les organisations pour collecter des informations précises sur le comportement des consommateurs et usagers (**docs. 4** et **5**).

13 Définissez la notion de *Big Data* (**doc. 5**).

14 Identifiez comment le *Big Data* est exploité par les entreprises (**doc. 5**).

Je fais le point sur 1

- Comment l'entreprise satisfait-elle les besoins des consommateurs ?

2 Quelle valeur proposer aux consommateurs ?

A Innovation et création de valeur

En immersion chez... TÉLÉCOMB

SITUATION

Vous êtes l'assistant d'Hanaé, chef de produit de la société Télécomb, qui souhaite diversifier ses activités dans le domaine de la téléphonie mobile. Votre entreprise est implantée à Strasbourg. Il existe de nombreuses barrières à l'entrée sur ce marché, dominé par le géant coréen Samsung, suivi de l'américain Apple.
Le chef de produit vous demande d'étudier le modèle économique de Samsung, qui occupe la position de leader en France et dans le monde.

Vous analyserez le modèle économique de Samsung en répondant aux questions suivantes et en vous appuyant sur les ressources documentaires.

1. Proposez une définition de la création de valeur économique.
2. Citez un indicateur financier permettant de mesurer la création de valeur.
3. Expliquez la stratégie mise en œuvre par Samsung afin de créer de la valeur pour le client
4. Précisez les différences entre l'innovation de rupture et l'innovation incrémentale.
5. Qualifiez les innovations intégrées dans le Galaxy S10.
6. Expliquez ce que Schumpeter nomme « la destruction créatrice ».
7. Rappelez la définition de la valeur ajoutée.
8. Indiquez la formule de calcul de la valeur ajoutée.
9. Expliquez ce que l'on appelle « consommation intermédiaire ».

RESSOURCE 1

Notre approche du développement durable

SAMSUNG

Nous ne nous contentons pas de créer de la valeur économique en maximalisant les profits et la valeur d'investissement, nous assumons aussi une plus grande responsabilité en qualité d'entreprise citoyenne globale qui crée de la valeur sociale. En proposant des produits et des services innovants conformément à notre chaîne de valeurs et en respectant les valeurs fondamentales de Samsung, nous générons de la valeur sur les plans économiques, sociaux et environnementaux.
Les initiatives que nous prenons afin de créer des technologies et des produits innovants consolident notre manière de générer des profits et de sécuriser les moteurs de notre croissance. En faisant cela, nous continuons à créer un écosystème de développement de produits innovants qui rencontrent les besoins de marchés en constante évolution.

www.samsung.com, novembre 2019.

RESSOURCE 2

Avec les Samsung Galaxy S10, S10+ et S10e, l'innovation reprend le pouvoir

Après un Galaxy S9 qui se positionnait comme le smartphone de la continuité, Samsung reprend le train de l'innovation avec ses Galaxy S10, S10e et S10+. Lecteur d'empreinte sous l'écran, triple capteur photo, Wifi 6, écran Infinity, recharge sans fil inversée, batterie intelligente, les nouveaux haut de gamme de la marque sud-coréenne font le plein de nouveautés.

www.fnac.com, novembre 2019.

RESSOURCE 3

Boîte à outils sur l'innovation

Innovation de rupture : L'innovation de rupture est fondamentalement différente de ce qui existe sur le marché, et pourtant elle finira par remplacer la technologie dominante, alors qu'en règle générale, elle est moins performante au départ que la technologie existante.

Innovation incrémentale : Caractéristique d'une innovation qui ne modifie pas profondément les modalités de fonctionnement existant au moment de son apparition. Elle ne remplace pas la technologie dominante, et n'a d'ailleurs généralement pas été conçue pour cela. Si elle apporte une amélioration pour que l'on puisse parler d'innovation, celle-ci est souvent graduelle.

www.e-marketing.fr, novembre 2019.

© Gilles Rapaport

Schumpeter, l'entrepreneur et la destruction créatrice (De 0'55 à 1'15) — Lien vidéo

RESSOURCE 4

La valeur ajoutée

(1'10) — Lien vidéo

B Modèle économique et création de valeur

DOC. 1

Qu'est-ce que le modèle économique d'une entreprise ?

Définition : Le modèle économique ou « *business model* » est la manière dont l'entreprise génère ou va générer de la rentabilité. Le modèle économique touche à différentes fonctions de l'entreprise :

- Le marketing. Le modèle économique se base sur un concept marketing, c'est-à-dire une « proposition de valeur faite au client ».
- L'organisation. Le modèle économique repose sur une organisation cohérente et performante.
- Les finances. Le modèle économique est un « modèle de revenus » en même temps qu'un « modèle de coût ».

www.creerentreprise.fr, novembre 2019.

DOC. 2

Le modèle économique : au cœur de la stratégie d'entreprise

Définir un modèle économique, c'est d'abord déterminer ce qui va constituer la valeur de l'entreprise sur le marché, ce qui va la distinguer de la concurrence. En d'autres termes, cela consiste à déterminer le point de la chaîne de valeur sur lequel il faudra développer un avantage concurrentiel.

www.creerentreprise.fr, novembre 2019.

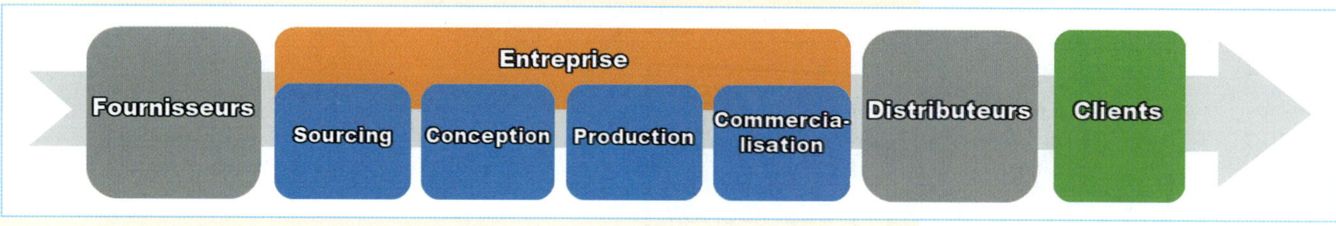

© WikiCréa, www.creerentreprise.fr

DOC. 3

Samsung : Vision 2020 – « Inspirer le monde, créer l'avenir »

Mission 01

Inspirer le monde avec des technologies, des produits et des designs innovants qui enrichissent la vie des personnes et contribuent à la prospérité sociale en créant un nouvel avenir.

La Vision 2020 est à la base de notre engagement à créer un monde meilleur, riche d'expériences digitales plus intenses, grâce à des technologies et des produits innovants.

L'objectif de cette vision est d'être une marque appréciée, une entreprise innovante et une entreprise admirée. Pour ce faire, nous consacrons tous nos efforts à la créativité et à l'innovation, à partager de la valeur avec nos partenaires, et à nos fantastiques collaborateurs.

Nous proposons au monde les meilleurs produits et services, grâce à notre passion pour l'innovation et notre fonctionnement optimal.

www.samsung.com, novembre 2019.

DOC. 4

Smartphones : Huawei, le « loup » chinois qui a détrôné Apple et rêve du 1er rang mondial

Quasiment privé d'accès au crucial marché américain, Huawei propose des smartphones premium en Europe, tout en adaptant sa gamme aux marchés en développement.
« Il y a une amélioration grandissante de l'image et de la reconnaissance de la marque Huawei. Il se différencie et positionne ses produits sur tout le spectre des gammes et prix », observe Tarun Pathak, expert du cabinet Counterpoint. [...]

Numéro un en 2019 ?

Son atout : des smartphones à grand écran équipés d'une mémoire d'une capacité inédite et d'un puissant capteur-photo jusque 40 mégapixels développé avec l'allemand Leica... pour un prix de lancement de 650 à 900 euros. [...]

Avec des stratégies différenciées : en Indonésie, Arabie saoudite, Afrique du Sud, Huawei propose désormais des modèles technologiquement sophistiqués mais à des prix nettement plus abordables.

Avec l'idée que, quand les consommateurs de ces marchés monteront en gamme, ils resteront dans l'« écosystème » Huawei.

AFP, www.lexpansion.lexpress.fr,
7 août 2018.

Comprendre la création de valeur pour le client (jusqu'à 1'15)
Lien vidéo

10 Définissez la notion de modèle économique (**docs. 1** et **2**).

11 Indiquez quel est le modèle économique de Samsung (**doc. 3**).

12 Montrez en quoi il est différent des modèles économiques présentés dans la vidéo (**doc. 4**).

13 Indiquez en quoi consiste « la proposition de valeur faite au client » par Samsung (**doc. 3**).

14 À partir des **documents 2** et **3**, localisez le (ou les) segment(s) de la chaîne de valeur qui permettent à Samsung de développer un avantage concurrentiel.

15 À partir du **document 4**, identifiez les menaces qui peuvent peser sur le modèle économique de Samsung.

Je fais le point sur 2

- De quoi dépend la création de valeur de l'organisation ?

ACTIVITÉS

A JOUEZ AVEC KYUSHI
Quiz interactifs pour la classe !

B Tester ses connaissances

Exercice interactif

Cocher la ou les bonnes réponses.

1. La démarche marketing est caractérisée par :
   - ☐ une approche centrée sur le marché.
   - ☐ la satisfaction des besoins des consommateurs.
   - ☐ la mise en place d'actions marketing.
2. L'approche marketing créative repose sur :
   - ☐ la création d'un nouveau besoin.
   - ☐ la création d'un nouveau marché.
   - ☐ l'anticipation d'un besoin latent.
3. La veille marketing et commerciale consiste à étudier :
   - ☐ les concurrents et les consommateurs.
   - ☐ les pratiques managériales.
   - ☐ les évolutions juridiques.
4. Un modèle économique décrit :
   - ☐ les objectifs de l'entreprise.
   - ☐ son positionnement.
   - ☐ les moyens et ressources mis en œuvre pour atteindre les objectifs.

C Préparer ses arguments

GRAND ORAL

Bagel Corner est une entreprise de restauration rapide qui fabrique des produits de qualité et propose des menus de bagels, du petit déjeuner au dîner. Les prix sont accessibles : à partir de 7 € 90. L'enseigne compte près de 50 points de vente, magasins, corners et kiosques, avec un objectif de 100 magasins en 2021. L'enseigne recherche donc des entrepreneurs pour ouvrir de nouveaux points de vente.
Les commandes peuvent aussi se faire par Internet, avec un retrait en restaurant ou une livraison. Par la qualité et l'accessibilité de ses produits, Bagel Corner touche une cible large (jeunes actifs, étudiants, touristes, familles). Pour fidéliser sa clientèle et pimenter sa communication, Bagel Corner mise sur les réseaux sociaux et Internet.

Mission : Vous êtes chargé(e) de présenter oralement le marketing opérationnel de l'enseigne à un entrepreneur qui souhaite ouvrir un restaurant Bagel Corner à Aix-en-Provence.

> **Fiche méthode 4**, p. 233

D L'ETLV en Management, sciences de gestion et numérique

ETLV

Targeted ads

1. Say what innovations the movie Minority Report had predicted.
2. Explain what the use for targeted ads is.
3. **Speak your mind.**
   Record a Youtube-style video where you will give your opinion about targeted ads on social media. Say whether you think they are harmless or too invasive. Speak for 90 seconds.

From face scanning to targeted ads, Minority Report's future isn't Sci-Fi anymore
(3'35)
Lien vidéo

Programme de langues vivantes,
Espaces publics, espaces privés / innovations scientifiques et responsabilité

E Analyser une situation de management

Frichti entre dans la course à la livraison de produits frais

La **foodtech** parisienne lance un nouveau service de livraison de produits frais. Un segment très concurrentiel, déjà occupé par d'autres **jeunes pousses** comme Epicery, mais aussi par Monoprix ou Amazon. Nommée « Le Super Marché Frichti », cette nouvelle offre permet aux clients de faire leurs courses tous les jours de la semaine jusqu'à 23 heures. La *start-up* Frichti a pour modèle initial de livrer des plats « faits maison » à domicile ou au bureau.

La jeune pousse se positionne désormais également sur la livraison de courses. Frichti promet une livraison en 18 minutes en moyenne dans Paris et 28 villes limitrophes.

Pour se différencier de l'offre existante, Frichti mise sur un garde-manger restreint. « Une équipe dédiée travaille à sa constitution depuis un an », affirme Julia Bijaoui. Ce dernier contient 200 produits triés sur le volet, avec « une seule sorte de moutarde, une seule sorte de jambon ». La *start-up* espère ainsi éviter « le sentiment anxiogène lié au surchoix dans l'e-commerce ». Le Super Marché Frichti propose en outre des « kits recettes » permettant d'acheter tous les ingrédients d'un plat en un seul clic.

Deborah Loye, www.business.lesechos.fr, 5 septembre 2019.

1. Indiquez quelle est l'approche marketing mise en œuvre par Frichti pour le lancement de son nouveau service de produits frais.
2. Expliquez comment l'entreprise se positionne afin de se distinguer de ses concurrents.
3. Précisez à quels besoins répond l'offre de Frichti dans son modèle initial ainsi que dans sa diversification.

Coup de pouce

- La **FoodTech** est l'ensemble des entrepreneurs et des *start-ups* du domaine alimentaire (de la production au consommateur final) qui innovent sur les produits, la distribution, le marché ou le modèle économique.
- Une **jeune pousse** (ou *start-up*) est une jeune entreprise innovante à fort potentiel de croissance.

Dossier Avenir

53 % des bacheliers STMG s'engagent dans un BTS ou un DUT, et 32 % choisissent l'université pour préparer une licence. Bien d'autres cursus s'offrent à vous... Découvrez-les.

Site Web

Dossier Onisep : que faire avec un bac STMG ?

Vous sentez-vous prêt pour des études supérieures ? Quel diplôme voudriez-vous préparer ?

SYNTHÈSE

Podcast

Pour l'enseignant
Synthèse rédigée
Synthèse animée

1 Comment l'entreprise satisfait-elle les besoins des consommateurs ?

Les différentes approches marketing

- **La démarche réactive :** l'entreprise répond à un besoin exprimé par les consommateurs.
- **La démarche anticipatrice :** l'entreprise anticipe un besoin latent et favorise son développement.
- **La démarche créative :** l'entreprise crée un nouveau besoin en révélant à la fois le besoin non perçu par les consommateurs et sa solution.
- **La démarche médiatrice :** elle est basée sur la cocréation. L'entreprise associe directement ou indirectement les consommateurs à la création.

2 Quelle valeur proposer aux consommateurs ?

La démarche marketing

Analyser le marché
- pour comprendre les besoins grâce à la veille commerciale et marketing
- pour élaborer la stratégie marketing (segmentation, positionnement)

→
- Agir (marketing opérationnel)...
- Mettre en place le marketing mix (cf. les 4 variables du plan de marchéage : prix, produit, place, promotion)

→ Évaluer les actions, analyser la satisfaction des clients, contrôler

→ Réagir en modifiant le mix « *feed back* » → (retour à Analyser le marché)

La création de valeur permet de garantir la rentabilité de l'entreprise. Elle dépend...

- ... du choix du modèle économique.
  - **Détermination de la proposition de valeur pour le client**
  - **Détermination de l'avantage concurrentiel**
- ... de la capacité de l'entreprise à innover.
  - 2 types d'innovation
    - **Innovation de rupture**
    - **Innovation incrémentale**

Les mots incontournables

> **Lexique**, p. 251

Approches marketing • Création de valeur : indicateurs extraits du compte de résultat et du bilan • Démarche marketing • Étude de marché • Innovation de produits • Modèle économique (*business model*) • Veille marketing et commerciale

2 Quelles ressources pour produire ?

Capacités

- Distinguer le type d'organisation du travail choisi
- Décrire les mécanismes de coordination du travail mis en place
- Identifier les choix de financement possibles
- Repérer les moyens d'une politique de management des compétences et d'adaptation aux besoins de l'organisation

Dans les starting-blocks !

L'approche de la stratégie par les ressources (*resource based strategy* – diagnostic interne) a été initiée par l'économiste Edith Penrose en 1959. Elle s'oppose à la théorie de Mickael Porter, qui met plutôt l'accent sur le diagnostic externe et la capacité de la firme à faire face à un environnement concurrentiel turbulent.

Comprendre la stratégie par les ressources (5'17) Lien vidéo

1. Présentez les deux idées essentielles de l'approche par les ressources.
2. Dites quelles sont les différentes ressources clés pour une entreprise.
3. Indiquez quelles sont les caractéristiques d'une ressource clé.

1 Quelles sont les différences entre ressources tangibles et intangibles ?

A Les ressources tangibles

DOC. 1

Qu'est-ce qu'une ressource tangible ?

Les ressources peuvent être définies comme tout ce qui engendre des flux de services et comme tout ce qui crée de la valeur. Les ressources de l'entreprise peuvent donc être des actifs matériels, financiers et humains, qu'ils soient tangibles ou intangibles. Ces actifs, détenus par l'entreprise, lui permettent de développer des stratégies susceptibles d'améliorer sa performance.

Plus précisément, les **ressources tangibles** sont les actifs **observables et matériels** nécessaires à la réalisation de l'activité de l'entreprise : matériel et outillage, ressources financières, ressources humaines.

On peut distinguer **deux types de ressources tangibles** :

- les investissements qui engagent l'entreprise sur le long terme (**actifs immobilisés**) ;
- les actifs en lien avec le cycle d'exploitation qui ont vocation à être utilisés à court terme (**actifs circulants**).

DOC. 2

Six exemples de ressources tangibles

Disponibilités

Équipements

Machines

Installations physiques

Propriétés

Stocks

À partir des documents 1 et 2 :

1. Distinguez parmi les ressources tangibles d'une entreprise celles qui constituent des actifs immobilisés et celles qui constituent des actifs circulants.

DOC. 3

« L'Oréal investit 15 M € pour produire des parfums à Aulnay-sous-Bois »

Dans le cadre du renforcement de ses activités industrielles en France, L'Oréal [...] va investir 15 M € pour dédier son usine d'Aulnay-sous-Bois [...] à la production de collections de parfums et parfums d'exception. [...]

« L'usine d'Aulnay-sous-Bois, ainsi transformée pour devenir un acteur stratégique de la production des parfums de L'Oréal Luxe, aurait alors un rayonnement mondial. Ces investissements importants soulignent la volonté de L'Oréal d'adapter agilement son industrie aux enjeux du marché, tout en valorisant les savoir-faire de chacun de ses sites industriels », souligne Barbara Lavernos, directrice générale technologies et opérations de L'Oréal.

Sur ses quarante usines dans le monde, dont onze en France, l'entreprise disposera ainsi dans l'Hexagone (26,5 % de sa production mondiale) de quatre usines spécialisées par technologies : parfums de grande série à Gauchy (Aisne), soins et fond de teint à Caudry (Nord), maquillage à Lassigny (Oise) et donc parfums et parfums d'exception à Aulnay-sous-Bois.

Frédéric Dubessy, www.econostrum.info, 3 avril 2019.

L'usine Fapagau implantée à Gauchy (Aisne) (2'55)
Lien vidéo

2. Identifiez l'ensemble des ressources tangibles que l'Oréal utilise pour permettre la production de parfums dans ses usines.

B Les ressources intangibles

DOC. 4

Qu'est-ce qu'une ressource intangible ?

Les **ressources intangibles** peuvent être définies comme des actifs non physiques figurant au bilan d'une société tels que la propriété intellectuelle ou les licences. Elles sont par nature immatérielles mais n'en constituent pas moins une richesse pour l'entreprise. Les ressources intangibles couvrent un large champ et comprennent le capital relationnel de l'entreprise, l'expertise de ses salariés (compétences), les talents managériaux des décideurs, mais aussi la réputation, l'image, la légitimité, l'ensemble des connaissances, les ressources technologiques, la marque et le nom commercial.

DOC. 5

Dix exemples de ressources intangibles

Brevets

Films

Listing clients

Copyrights

Droits d'usage

Noms de domaine Internet

Marques

Logiciels

Contrats de franchise

Qualité /compétence de la main-d'œuvre

À partir des documents 4 et 5 :

3 Identifiez quatre différences entre ressources tangibles et ressources intangibles.

DOC. 6

Top 10 des déposants de brevets en France en 2018 (en nombre de brevets déposés à l'INPI)

« Ce nouveau cru 2018 en témoigne : plus que jamais, les grands acteurs de l'industrie et de la recherche française ont intégré l'importance cruciale de protéger leur capital immatériel – élément essentiel de la valeur de l'entreprise – dans un environnement concurrentiel mondialisé qui se réinvente toujours plus vite » a commenté Pascal Faure, directeur général de l'INPI.

« Le palmarès des déposants de brevets 2018 en France », www.inpi.fr, 5 avril 2019.

1. VALEO	1 355
2. PSA	1 074
3. SAFRAN	783
4. CEA	674
5. RENAULT	453
6. CNRS	401
7. MICHELIN	332
8. AIRBUS	317
9. L'ORÉAL	269
10. THALES	243

4 Expliquez pourquoi ces grandes entreprises françaises déposent autant de brevets.

5 Indiquez en quoi les ressources intangibles sont source d'avantage concurrentiel pour les entreprises.

C L'importance des ressources pour une entreprise manufacturière

En immersion chez... BRUN DE VIAN-TIRAN

SITUATION

Brun de Vian-Tiran est une manufacture familiale de plus de 200 ans située à l'Isle-sur-la-Sorgue dans le Vaucluse et qui détient un savoir-faire inimitable. Elle propose des articles haut de gamme : couvertures, couettes, oreillers et surmatelas mais aussi des plaids, châles et écharpes. Unissant l'amour des matières naturelles et la passion du métier, ses maîtres lainiers sélectionnent avec grand soin, en France et de par le monde, les plus belles laines et fibres nobles transformées dans le plus grand respect de leur originalité, pour préserver leurs propriétés naturelles et proposer des articles remarquables, d'une qualité inégalée.

Brun de Vian-Tiran, aujourd'hui et demain

En 2016, Brun de Vian-Tiran est toujours un fabricant intégré. Aujourd'hui, progrès techniques des machines et gestes ancestraux se complètent et s'enrichissent pour que le produit soit noble et beau. Bien que certaines étapes de fabrication aient été mécanisées au fil du temps, l'homme et son savoir-faire restent les éléments clés de la manufacture. Les machines les plus modernes de l'industrie textile viennent simplement le seconder dans sa quête de perfection.

D'après www.brundeviantiran.com

BRUN DE VIAN-TIRAN®

Les chiffres clés

- 8 générations se succèdent depuis 1808
- 45 salariés
- 2 000 points de vente dans le monde
- 10 millions de chiffre d'affaires en 2018
- 15 : nombre moyen d'étapes de la fabrication d'une couverture Brun de Vian-Tiran : assemblage, ensimage, teinture, cardage, filature, bobinage, ourdissage, tissage, rentrayage, foulage, lavage, lainage, rame, tondage et bordage
- Plus de 20 pays différents fournissent les laines et les fibres lainières travaillées par Brun de Vian-Tiran
- Les produits sont stockés en permanence et livrables sans délai

Vous analyserez le cas de l'entreprise Brun de Vian-Tiran (que vous retrouverez dans l'activité E du chapitre 3) en répondant aux questions suivantes et en vous aidant des ressources documentaires de la page 39.

1. Listez puis classez dans un tableau les ressources de la manufacture Brun de Vian-Tiran en ressources tangibles et intangibles.
2. Expliquez en quoi les ressources de Brun de Vian-Tiran constituent les ressources clés de la réussite de l'entreprise (cf. la caractérisation VRIN dans la vidéo de la page 35).
3. Démontrez comment les ressources de Brun de Vian-Tiran lui procurent un avantage concurrentiel.

LES RESSOURCES DOCUMENTAIRES

RESSOURCE 1

« Brun de Vian-Tiran, la fibre créative depuis des générations »

Labellisée EPV (entreprise du patrimoine vivant), distinction des entreprises aux savoir-faire artisanaux et industriels d'excellence, la manufacture est aujourd'hui dirigée par le tandem père et fils, Pierre et Jean-Louis Brun, représentants des septième et huitième générations.

Tout continue par la sélection à travers le monde entier des fibres naturelles les plus nobles et les plus douces. « Partis de la laine de mouton, nous sommes devenus spécialistes du mohair, du cachemire, du chameau, de l'alpaga, du lama, du yack, du yangir… » énumère volontiers Pierre Brun.

Fibres exotiques et savoir-faire local

Si la manufacture s'est approprié des fibres lointaines et exotiques, elle s'enorgueillit aussi d'avoir réintroduit le Mérinos d'Arles Antique®, une race de mouton locale, capable de produire une laine d'exception. Un cheptel de 25 000 têtes a été ainsi reconstitué pour permettre de produire cette laine, la plus fine d'Europe.

Sabine Alaguillaume, Leparisien.fr, 9 juin 2018.

RESSOURCE 2

« L'Isle-sur-la-Sorgue : quand Brun de Vian-Tiran se rapproche de la Mongolie »

C'est une histoire qui débute à 8 647 km du Vaucluse, en Mongolie, plus précisément dans la steppe de Khomyn Tal. […] La manufacture bicentenaire Brun de Vian-Tiran a accueilli dans son usine et son *showroom* un visiteur venu d'Asie. Il se nomme Tserendorj Munkhbat mais tout le monde l'appelle « Moogi ». Ce Mongol n'est autre que le directeur de l'ONG Takh. Issu d'un clan d'éleveurs nomades, il fournit désormais en laine de camélidé la manufacture vauclusienne. […] La manufacture de L'Isle-Sur-Sorgue a contribué à développer une laine d'exception. Sur place, des mâles chameaux reproducteurs ont été sélectionnés pour donner naissance à une fibre unique. « Les quelques familles d'éleveurs ne peuvent pas livrer plus de 150 kilos de laine par an, le produit sera exceptionnel par sa beauté », explique le responsable de Brun Vian Tiran.

Maxime Peyron, Laprovence.fr, 8 décembre 2018.

RESSOURCE 3

La quête des fibres !

L'excellence à la française ! (5'53)

Lien vidéo

Je fais le point sur 1

- Comment distinguer ressources tangibles et intangibles ?
- En quoi génèrent-elles un avantage concurrentiel ?

2 Comment évaluer les ressources financières d'une entreprise ?

A Les modalités de financement des investissements

DOC. 7

Le projet d'investissement productif de l'entreprise Cazorla

Les dirigeants de l'entreprise Cazorla, Léa et Théo, souhaitent investir dans une nouvelle machine plus performante et espèrent ainsi développer un avantage concurrentiel qui les distingue de leur principal concurrent. Cet investissement s'élève à 350 000 €. L'entreprise a enregistré un résultat net de 114 000 €. L'ensemble de sa dotation aux amortissements et provisions s'élève à 308 000 €. Les reprises sur provision représentent quant à elles 102 000 €. Enfin, la valeur nette comptable des actifs cédés s'élève à 24 000 € et les produits des cessions des éléments d'actifs à 16 000 €.

Formule de calcul de la CAF (capacité d'autofinancement) à partir du résultat net

Capacité d'autofinancement = résultat net
+ dotation aux amortissements et provisions
– reprise sur provision
+ valeur nette comptable d'éléments d'actifs cédés
– produits de cession des éléments d'actifs cédés

1. Calculez la CAF de l'entreprise Cazorla.
2. Indiquez si l'entreprise Cazorla peut entièrement autofinancer l'investissement qu'elle envisage.
3. Précisez quelle solution vous conseillez à Léa et Théo pour financer leur projet d'investissement.

DOC. 8

La société Carthage Cement annonce l'augmentation de son capital social de 130 %

Lors d'un point de presse tenu hier, Adel Grar, président du conseil d'administration de Carthage Cement et DG d'Al Karama Holding, a annoncé : « L'augmentation sera réalisée par une souscription en numéraire de 268 DT[1]. À travers la création de 223 774 733 actions à souscrire au prix d'émission de 1 200 DT. » [...] De son côté, Brahim Sanaa, DG de Carthage Cement a indiqué [que] cette augmentation du capital social [était] destinée à renforcer les fonds propres de l'entreprise et [à] réduire son niveau d'endettement. »

1. DT : dinar (monnaie de la Tunisie) et MDT : millions de dinars. Au 22 février 2020, 1 dinar = 0,32199 EUR.

Imen Zine, « Carthage Cement : augmentation de capital à 396 MDT », www.leconomistemaghrebin.com, 21 février 2020.

4. Repérez les motivations des dirigeants de l'entreprise Carthage Cement à procéder à une augmentation de capital.
5. Indiquez à quelle(s) autre(s) solution(s) de financement externe ils auraient pu avoir recours.

DOC. 9

Le *crowdfunding*

Le *crowdfunding* est un nouveau mode de financement de projet qui prend la forme d'un don, d'un prêt ou d'une participation au capital.

Le *crowdfunding*, mode d'emploi (2'04)
Lien vidéo

6. Expliquez en quoi consiste le financement participatif.
7. Repérez à partir de quels ressorts psychologiques ce mode de financement fonctionne.
8. Indiquez les risques inhérents à ce mode de financement.

B Les besoins de financement liés au cycle d'exploitation

DOC. 10

Une approche par le bilan fonctionnel

Un bilan fonctionnel est une présentation simplifiée du bilan dans laquelle les emplois et ressources sont classés par fonction. Il permet d'indiquer d'où viennent les ressources de l'entreprise et comment elles sont employées. L'analyse fonctionnelle du bilan renseigne sur la capacité de l'entreprise à financer son activité ; elle s'appuie sur plusieurs indicateurs :

- **Le fonds de roulement net global (FRNG)** est la différence entre les ressources stables (ressources propres et dettes financières brutes) et les emplois stables (immobilisations brutes).
- **Le besoin en fonds de roulement (BFR)** est la différence entre les emplois circulants (stocks, créances) et les dettes circulantes (dettes d'exploitation + dettes hors exploitation).
- **La trésorerie nette (TN)** est la différence entre la trésorerie active (disponibilités) et les dettes bancaires à court terme (découvert bancaire, appelé concours bancaire courant).

On peut en déduire les égalités suivantes :
FRNG = BFR + TN → TN = FRNG – BFR

DOC. 11

Illustration des structures financières d'entreprise en lien avec leur activité

Le cas d'une entreprise industrielle
Les entreprises industrielles achètent des matières premières, ce qui constitue un stock de matières premières. Au fur et à mesure de l'avancée de leur processus productif, elles consomment des matières premières (leur stock va ainsi diminuer), puis vont stocker, à l'issue du processus productif, des produits finis. Elles vont payer leurs fournisseurs avec un certain délai de paiement mais elles vont vendre leurs produits finis à leurs clients avec un délai de paiement.

Le cas des hypermarchés
Les magasins du secteur de la distribution à dominante alimentaire achètent des marchandises à leurs fournisseurs qui livrent l'hypermarché, disons le 1er octobre à 4 heures du matin, mais le magasin ne paiera ses fournisseurs que dans 1 ou 2 mois (le 30 novembre, par exemple). En revanche, dès que la marchandise est dans les rayons, dès le 1er octobre à 9 heures, elle est achetée par les clients qui paient tout de suite leurs achats.

Le cas d'un magasin de location de ski
L'activité d'un magasin de location de ski est saisonnière. Ainsi, le magasin devra financer son stock de skis, de matériels et de vêtements dès la fin de l'été. Or, il ne commencera à enregistrer du chiffre d'affaires qu'à partir du début de la saison de ski...

À partir des documents 10 et 11 :

9. Schématisez, sur une échelle de temps, le cycle d'exploitation de chacun des cas présentés dans le **document 11**.
10. Indiquez dans quel cas il y aura un besoin de financement.
11. Retrouvez qui finance les stocks dans les magasins de type hypermarché.
12. Expliquez la différence entre un hypermarché, une entreprise industrielle et un magasin d'activité saisonnière.

DOC. 12

Les écueils rencontrés et les solutions possibles en matière de gestion du BFR

Banques frileuses

Attention, les banques refusent [souvent] de financer le BFR en début d'activité. En revanche, elles proposent des outils payants comme des crédits de campagne, des facilités de caisse ou de l'affacturage. Si vous êtes en société, préférez l'apport en compte courant de la part de vos associés : l'un d'entre eux prête de l'argent à l'entreprise. Une solution rapide, efficace et réglementée qui nécessite l'intervention d'experts.

5 astuces pour réduire votre BFR

1. **Optimisez la gestion des stocks.** Il s'agit d'éviter les surplus, les stocks dormants, les produits obsolètes pour tendre vers un fonctionnement en flux tendu.
2. **Facturez vite les clients.** Demandez-leur des acomptes. Pour les nouveaux contrats, inscrivez des délais de règlement plus courts, voire immédiats, dans les conditions de vente.
3. **Réduisez le volume des créances clients.** Proposez un escompte attrayant (des réductions) en cas de règlement anticipé.
4. **Organisez un système de relance efficace.** Et appuyez-le sur un suivi rigoureux des échéances de règlement [...]. Et pour ne pas vous laisser déborder, effectuez les relances tous les quinze jours.
5. **Négociez les délais de paiement avec vos fournisseurs importants.** Pour les convaincre, engagez-vous sur du long terme.

« Besoins en fonds de roulement : définition et calcul », www.capital.fr, 12 mars 2019.

13 Dites à quel problème les entreprises peuvent être confrontées lors du lancement de leur activité.

DOC. 13

BFR et FRNG à travers un cas simple de création d'entreprise

En fin de 2e d'année de STS Communication, Audrey et Lucas décident de mettre à profit leurs compétences acquises en cours et en stage et créent *Le cabinet magique de communication événementielle (CMCE)*, qui, comme son nom l'indique, est spécialisé dans la communication événementielle et notamment dans l'organisation de séminaires et journées ludiques pour les entreprises.

Pour démarrer leur activité, ils ont décidé de louer un local qu'ils équipent de mobilier de bureau acquis pour 8 000 €, d'un ordinateur acheté 2 000 € et d'un ensemble vidéo acquis 2 500 €. Pour financer leur activité, ils mettent les 12 000 € de leur épargne personnelle dans leur affaire. Ils ont aussi contacté leur banque qui leur accorde un prêt de 13 000 €.

Audrey et Lucas décident de prospecter leur clientèle potentielle à partir d'un fichier d'entreprises qu'ils ont acheté 4 000 €. Très classiquement, ils procèdent ainsi à un *phoning* et envoient aux prospects intéressés par leur offre de service une plaquette publicitaire.

Ils constituent de même un stock de petit matériel de 3 000 € pour pouvoir réaliser leurs animations. En outre, ils ont négocié avec leurs fournisseurs des conditions de règlement « fin de mois suivant ». La prospection a porté ses fruits et leur premier client passe une commande le 15 février, mais ne la réglera qu'au 31 mars.

14 Calculez le fonds de roulement net global (FRNG) de l'entreprise CMCE.

15 Expliquez en quoi ce fonds de roulement finance leurs premières activités d'entrepreneur.

16 Calculez le besoin en fonds de roulement (BFR) de l'entreprise CMCE au 15 février, sachant qu'Audrey et Lucas doivent à leurs fournisseurs 4 000 € et que leur client doit leur régler la somme de 2 500 €.

17 Retrouvez la situation de trésorerie de l'entreprise CMCE en vous aidant des calculs précédents.

18 Quelles solutions auraient pu mobiliser Audrey et Lucas si la banque ne leur avait pas prêté 13 000 € ?

Je fais le point sur 2

- Comment se finance l'activité d'une entreprise ? Quels sont les différents modes de financement ?

3 Quelles sont les conséquences des choix de production sur les ressources humaines (RH) ?

A La gestion prévisionnelle de l'emploi et des compétences (GPEC), un outil indispensable pour la gestion des ressources humaines (GRH)

DOC. 14

Définition de la GPEC

La gestion prévisionnelle des emplois et des compétences (GPEC) est une méthode pour adapter – à court et moyen termes – les emplois, les effectifs et les compétences aux exigences issues de la stratégie des entreprises et des modifications de leurs environnements économique, technologique, social et juridique.

La GPEC est une démarche de gestion prospective des ressources humaines qui permet d'accompagner le changement. Elle doit permettre d'appréhender, collectivement, les questions d'emploi et de compétences et de construire des solutions transversales répondant simultanément aux enjeux de tous les acteurs concernés : les entreprises, les territoires et les actifs.

« Gestion prévisionnelle de l'emploi et des compétences », https://travail-emploi.gouv.fr, 7 avril 2014.

DOC. 15

La GPEC du groupe Invivo

DRH de Invivo, groupe coopératif agricole de 5 500 salariés, Sébastien Graff vient d'achever la négociation d'un accord de GPEC. Signé en novembre dernier, il doit être un des trois leviers RH du nouveau plan stratégique de l'entreprise, « 2030 *by* Invivo ».

Quels sont les objectifs de cet accord ?

[...] L'enjeu est de faire en sorte que nos équipes accompagnent au mieux la professionnalisation de l'agriculture et des filières agroalimentaires. Ces secteurs vivent un basculement technologique tout en subissant diverses formes de pressions, réglementaires, environnementales, productives ou liées aux nouveaux modes de consommation. [...]

Comment ?

En développant notamment les compétences digitales de nos collaborateurs. [...] De nombreux efforts ont déjà été accomplis. En 2016, nous n'avions aucun collaborateur spécialisé sur les solutions digitales. Ils sont plus de 400 aujourd'hui. [...] Mais il reste beaucoup à faire pour enrichir nos compétences en interne et débusquer les meilleurs talents digitaux à l'extérieur.

Quelles sont les dispositions phares de votre accord ?

Je citerai bien évidemment la formation de nos collaborateurs – nous y consacrons un budget conséquent avec un fléchage important vers le digital – mais surtout, ce qui est plus original, la création de plusieurs *Job lab*, qui sont des observatoires de nos métiers. [...]

Quel est le prochain accord que vous souhaiteriez négocier avec vos syndicats ?

Outre la négociation d'accords régaliens, sur la mutuelle, la prévoyance, l'épargne salariale ou encore la rémunération, j'envisage d'entamer des discussions sur des accords « *soft* », dont l'un des premiers pourrait être exclusivement consacré au digital. Il serait un prolongement de notre accord de GPEC mais irait davantage en profondeur sur les impacts du numérique sur l'organisation, le *business*, les conditions de travail et l'accompagnement de nos collaborateurs.

Jean-François Rio, « Sébastien Graff, DRH du groupe Invivo : développer les compétences digitales de nos collaborateurs est une priorité absolue », www.liaisons-sociales.fr, 17 décembre 2019.

À partir des documents 14 et 15 :

1. Précisez pourquoi l'entreprise Invivo a mis en place un tel accord de GPEC.
2. Indiquez avec qui cet accord de GPEC a été conclu.
3. Décrivez en quoi consiste cet accord.
4. Est-ce qu'un tel accord est de nature à procurer à Invivo un avantage concurrentiel ? Justifiez votre réponse.

B Flexibilité et nouvelles formes juridiques du travail

DOC. 16

Travail, comment la France est devenue championne de la flexibilité

La flexibilité au travail est désormais chose actée. 78 % des entreprises de l'Hexagone permettent à leurs collaborateurs de bénéficier d'une ou plusieurs formes de travail flexible [télétravail, horaires adaptés, espace de bureau partagé, *coworking*] selon une étude Protime et SD Work. [...].
Le concept d'horaires flexibles, dans lequel les employés peuvent déterminer leurs propres heures de travail, est la forme de flexibilité la plus pratiquée (73 %), suivi du télétravail (50 %), par exemple à la maison ou sur un lieu de travail en commun. [...] [Grâce à] la flexibilité des horaires de travail, [...] les employés peuvent choisir de s'arrêter un peu plus tôt pour aller chercher leurs enfants à l'école, puis reprendre leur journée de travail après l'heure du coucher des enfants. [Quant au] télétravail, [...] si l'idée de travailler de chez soi quelques jours par semaine est a priori une idée séduisante à bien des égards (gain de temps, transports, écologie, efficacité [mieux se concentrer sur des tâches importantes], économie, [équilibre vie personnelle/vie professionnelle]...), notre étude montre que 48,8 % des postes occupés par les collaborateurs des entreprises françaises interrogées ne sont tout simplement pas compatibles avec ce mode de travail. [...] Enfin si l'option télétravail est de plus en plus souvent proposée, tous les employés n'en profitent pas avec la même fréquence. Étonnamment, en France (31,9 %), en Allemagne (27,1 %) et en Belgique (26,4 %), les jours dédiés au télétravail ne sont pas du tout utilisés. Ce sont les Anglais qui en jouissent le plus car seulement 9,7 % des employés n'utilisent pas leurs jours de télétravail consentis par leurs employeurs.

Maurice Midena, « Comment la France est devenue championne de la flexibilité »,www.forbes.fr, 30 septembre 2019.

5 Dites quels sont les deux formes de travail flexible les plus utilisées en France.

6 Recensez les avantages de chacune des formes.

DOC. 17

« Le lien unissant un chauffeur et Uber reconnu "contrat de travail" »

Le lien qui unissait un ancien chauffeur indépendant à la plateforme de réservation en ligne Uber est bien un « contrat de travail », a estimé la cour d'appel de Paris dans un arrêt rendu jeudi 10 janvier, une « première » concernant le géant américain en France.
Dans cette décision, [...] la cour d'appel mentionne « un faisceau suffisant d'indices » qui caractérise, selon elle, « le lien de subordination » liant le chauffeur à la plateforme et renvoie donc le dossier aux prud'hommes, qui s'étaient déclarés incompétents en juin 2018 au profit du tribunal de commerce de Paris. [...]
Dans la décision rendue jeudi, la cour d'appel explique notamment qu'« une condition essentielle de l'entreprise individuelle indépendante est le libre choix que son auteur fait de la créer (...), la maîtrise de l'organisation de ses tâches, sa recherche de clientèle et de fournisseurs ». [...]
À ce titre, elle rappelle que le fait de choisir les horaires et les jours de connexion « n'exclut pas en soi une relation de travail subordonnée, dès lors qu'il est démontré que lorsqu'un chauffeur se connecte (...), il intègre un service organisé par la société Uber BV, qui lui donne des directives, en contrôle l'exécution et exerce un pouvoir de sanction à son endroit ».

Le Monde avec AFP, Lemonde.fr, 11 janvier 2019.

7 Rappelez les arguments de la cour d'appel de Paris pour condamner la plateforme Uber.

8 Imaginez, sur la base de vos connaissances personnelles, quels peuvent être les inconvénients de ces formes de travail.

C L'impact des nouvelles technologies se ressent aussi dans la GRH

DOC. 18

« L'impact des nouvelles technologies sur les ressources humaines »

Dans le milieu professionnel, les services de ressources humaines occupent une place primordiale. Au sein des entreprises, ils représentent l'interlocuteur premier entre les fonctions de direction et les salariés. Ainsi, lorsque l'on a besoin d'informations concernant les jours de congés ou les vacances par exemple, le premier réflexe est de s'adresser à ce service.

Pourtant aujourd'hui, les nouvelles technologies permettent de substituer les personnes répondant à ces questions basiques. En effet, depuis peu, un nouvel interlocuteur peut nous donner instantanément la réponse à la question posée : un *chatbot*. Cet outil est en réalité un robot logiciel qui a la capacité de dialoguer avec un individu. [...] Leur rôle consiste en la réponse à de nombreuses questions relatives au droit du travail ou à d'autres points spécifiques à la société. Des structures comme PSA ou Groupama ont déjà adopté des *bots*. [...] Les ressources humaines sont également sujettes à une évolution dans les tâches de *back office*. [...] Ici, le but est d'automatiser les tâches purement opérationnelles et routinières, afin optimiser le temps des gestionnaires RH.

En conséquence, la fonction RH, aidée par les robots intelligents, est aujourd'hui en capacité de se libérer de certaines tâches administratives chronophages, décuplant ainsi sa performance. Dès lors, elle peut valablement se concentrer sur les éléments humains de sa mission et l'accompagnement des défis plus complexes.

www.itg.fr, 15 février 2017.

DOC. 19

La transformation digitale des ressources humaines

La digitalisation des RH
(9'51)
Lien vidéo

DOC. 20

Les enjeux de la transformation RH

(1'15)
Lien vidéo

À partir des documents 18, 19 et 20 :

9. Listez toutes les technologies utilisées dans les services de ressources humaines.
10. Expliquez en quoi ces technologies ont une incidence sur la fonction RH.
11. Imaginez des critiques que l'on peut opposer à ces évolutions technologiques pour la fonction RH.

Je fais le point sur 3

- Comment les entreprises gèrent-elles leurs ressources humaines pour gagner en flexibilité ?
- Quelle est la place des nouvelles technologies dans cette fonction de l'entreprise ?

ACTIVITÉS

JOUEZ AVEC KYUSHI
Quiz interactifs pour la classe !

A

B Tester ses connaissances

Exercice interactif

Cocher la ou les bonnes réponses.

1 L'image de marque est une ressource :
- ☐ tangible.
- ☐ intangible.
- ☐ financière.

2 Parmi ces modes de financement, le(s)quel(s) est un financement externe ?
- ☐ le *crowdfunding*.
- ☐ l'autofinancement.
- ☐ le crédit-bail.

3 L'analyse du bilan fonctionnel s'appuie sur trois indicateurs reliés par l'égalité :
- ☐ CAF = ACTIF – STOCK
- ☐ CRÉANCE = CA + ACHAT
- ☒ FRNG = BFR + TN

4 Les nouvelles technologies influencent la fonction RH :
- ☐ en introduisant des robots-logiciels qui répondent à des questions de droit social.
- ☐ en permettant le recrutement en ligne.
- ☐ en optimisant le temps des gestionnaires RH.

C Préparer ses arguments

GRAND ORAL

Le *crowdfunding*

Vous êtes stagiaire chez Kiss Kiss Bank Bank et êtes chargé(e) de promouvoir la plateforme de financement participatif auprès d'un large public.

Mission : Vous devez préparer pour cela un argumentaire oral présentant les différentes formes de financement participatif, les avantages de chacun d'entre eux ainsi que le type de projets éligibles à de tels financements.

> **Fiche méthode 4**, p. 233

D L'ETLV en Management, sciences de gestion et numérique

ETLV

Artificial Intelligence

1 What are the four main opportunity areas for AI in HR?

2 Do you think that AI in HR can foster the gig economy?

AI in HR (3'08) — Lien vidéo

Programme de langues vivantes, Innovations scientifiques et responsabilités

E Analyser une situation de management

La situation financière de l'entreprise TP Provence Terroir

Thomas Pellerin est le créateur et responsable de l'entreprise TP Provence Terroir, spécialisée dans la production et la vente de spécialités de terroir. Il décide de faire un point sur la situation financière de son entreprise et vous charge, en tant que stagiaire, de l'assister dans ce travail.

Il vous communique les éléments du **bilan comptable** de sa société pour l'année N :

- Ensemble de ses installations, usines, machines, mobilier de bureau, ordinateurs : 750 000 €
- Total des amortissements : 345 000 €
- Stocks : 220 000 €
- Créances clients : 460 000 €
- Disponibilités (solde en banque et en caisse) : 50 000 €
- Capitaux propres : 711 000 €
- Provisions pour risques : 44 000 €
- Dettes financières : 150 000 €
- Dettes fournisseurs : 186 000 €
- Dettes fiscales et sociales : 44 000 €

1 Complétez à l'aide d'un tableur la feuille de calcul remise par votre enseignant pour dresser le bilan fonctionnel de l'entreprise TP Provence Terroir.

2 Calculez le fonds de roulement net global (FRNG) et le besoins en fonds de roulement (BFR) de l'entreprise TP Provence Terroir, sachant que le bilan fonctionnel de N-1 était le suivant (en euros) :

Emplois stables	845 000	Ressources stables	889 800
Emplois circulants	496 000	Dettes circulantes	476 200
Trésorerie active	25 000	Trésorerie passive	0
Total	**1 366 000**	**Total**	**1 366 000**

3 Précisez pour les années N et N-1 si les ressources stables couvrent les emplois stables (ce qui correspond à une structure financière saine).

4 Retrouvez la trésorerie nette à partir du FRNG et du BFR pour les années N et N-1.

5 Commentez l'évolution des indicateurs entre N et N-1.

Pour l'enseignant
Fichier tableur

Rendez-vous en Gestion et finance

Les technologies numériques ont profondément modifié le système d'information comptable. Les PGI sont devenus les supports technologiques courants des procédures comptables. Les pièces justificatives, souvent dématérialisées, permettent une collecte automatisée des données. (**1.1** Qu'est-ce qu'un système d'information comptable et que lui apportent les technologies numériques ?)

Dossier Avenir

Fanny, logisticienne coordinatrice :
« Ce qui me plaît dans mon travail ? Je dois trouver des solutions et les mettre en place rapidement. Je dois aussi bâtir une relation de confiance entre tous les acteurs de la chaîne d'approvisionnement. »

Devenir un pro du transport et de la logistique
(3'45)

Effectuez une recherche : quelles études peut-on faire pour devenir, comme Fanny, coordinatrice en logistique ?

SYNTHÈSE

Podcast

Pour l'enseignant
Synthèse rédigée
Synthèse animée

1 Quelles sont les différences entre ressources tangibles et intangibles ?

Les ressources

- **Tangibles** évaluables
  - Ressources matérielles
  - Ressources financières
  - Ressources humaines
- **Intangibles** plus difficilement évaluables
  - Propriété intellectuelle, licences
  - Marque et image
  - Ressources informationnelles, connaissances
  - Compétences des ressources humaines

→ **Avantage concurrentiel**

2 Comment évaluer les ressources financières d'une entreprise ?

Financement

- **Investissements** pour assurer le développement et la pérennité de l'activité sur le moyen et long termes
- **Exploitation** pour assurer le fonctionnement quotidien de l'activité (exploitation)

Le cycle d'exploitation fait naître des besoins à court terme liés au décalage entre recettes et dépenses courantes.

Des indicateurs clés permettent d'évaluer si les besoins sont couverts : FRNG, BFR, trésorerie nette

En cas de besoin de financement à court terme (BFR > 0), l'entreprise peut recourir à différents outils (exemple : découvert bancaire, affacturage).

Financement interne Fonds propres
- Autofinancement
- Augmentation de capital

Financement externe
- Emprunt ou crédit
- Crédit bail
- Subventions
- Financement participatif - *crowdfunding*

3 Quelles sont les conséquences des choix de production sur les ressources humaines (RH) ?

Adapter la main-d'œuvre aux exigences de la production

En quantité (effectif) — **GPEC** — **En qualité (compétences)**

GPEC → **Fonction RH**

Nouvelles formes de travail — *flexibilité* → **Fonction RH**
- Pluriactivité
- Portage salarial
- Horaires flexibles
- Free-lance
- Temps partagé
- Télétravail
- Autoentrepreunariat

Fonction RH
- Recrutement
- Gestion des carrières
- Formation
- …

Digital — *flexibilité* → Fonction RH

Les mots incontournables

> Lexique, p. 251

Analyse fonctionnelle du bilan • Besoin en fonds de roulement • Financement interne et externe • GPEC • Ressources financières • Ressources humaines • Ressources intangibles • Ressources tangibles

3 Comment développer une organisation flexible ?

Capacité

- Identifier et justifier le mode de production choisi par une organisation

Dans les starting-blocks !

SICK

Sensor Intelligence.

SICK France est la filiale française du groupe allemand SICK, l'un des principaux fabricants de capteurs, aussi bien pour l'automatisation de la production et de la logistique, que pour l'analyse industrielle.

- **CA du groupe SICK en 2018** : 1,6 milliards €
- **Effectif total** : 140 personnes

1. Recensez les effets positifs attendus d'une organisation flexible de la production.
2. Identifiez les différentes solutions techniques mises en œuvre et leurs conséquences positives.
3. Listez dans un tableau les parties prenantes concernées par ces changements ainsi que les fonctions de l'entreprise ainsi optimisées.

Qu'est-ce que la production flexible dans l'industrie 4.0 ? (1'05)

Lien vidéo

1 Quel mode de production choisir ?

A Dans le cas de la production de biens

DOC. 1

Dans les coulisses de l'usine BIC en pleine effervescence de rentrée

À six jours de la rentrée des classes, l'usine BIC, qui produit les célèbres stylos billes à Marne-la-Vallée, tourne à plein régime. On s'est rendus sur la chaîne de production d'où sortent 3 millions de stylos par jour [...]. En cette période de rentrée scolaire, à laquelle elle se prépare depuis janvier et jusqu'à juillet, l'usine réalise 50 % de son activité annuelle. Ses ouvriers travaillent aux 3×8, et même sept jours sur sept par moment.

Outre le 4-couleurs, les petites mains de l'usine BIC fabriquent surtout le plus connu, le *best-seller* historique : le Bic® Cristal®. Il faut 15 jours pour le fabriquer, puisque tous les éléments qui le composent sont manufacturés sur le site, « de la bille au tube plastique, en passant par la pointe et l'encre », explique Benoît Bemer, le directeur du site.

Vingt étapes et 60 contrôles par stylo

[...] Ce qui prend le plus de temps : la fabrication de la fameuse bille [...]. Pour la fabriquer, BIC part d'une poudre de carbure, extrêmement fine et extrêmement dure à la fois, qui est ensuite compressée avec de la poudre de diamant, encore plus dure, pour former la bille.

La production recourt au total à 20 processus différents. [...] Ensuite, pour être sûre de mettre sur le marché des produits parfaits, l'usine procède à plus de 60 contrôles sur les différents composants du stylo Cristal. Des machines aussi précises que celles des horlogers suisses, par exemple pour peser et mesurer les billes, s'assurer qu'elles font toutes exactement le même poids et la même taille, et que leur forme est parfaitement sphérique. Celles qui ne sont pas exactement au bon calibre sont éjectées du circuit. Mais « il y en a très peu », assure le directeur du site.

Ashley Chevalier, www.bfmtv.com, 28 août 2018.

DOC. 2

BIC et son *best-seller* historique

Fabrication du stylo BIC® Cristal® (3'24)

Lien vidéo

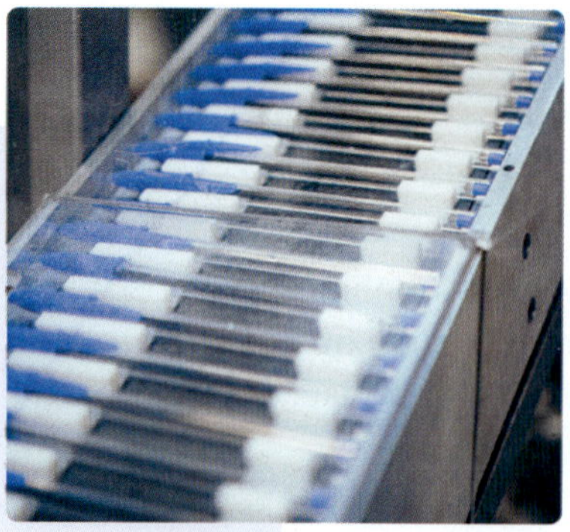

1. Rappelez les différents types de production qu'une entreprise industrielle peut choisir.
2. Qualifiez le type de production choisi par BIC pour son stylo Cristal.
3. Diriez-vous que l'entreprise BIC a opté pour un mode de production pertinent ? Pourquoi ?

B Dans le cas de la production de services

DOC. 3

TripAdvisor, la plus grande plateforme d'informations sur les voyages au monde

TripAdvisor aide près de 500 millions de voyageurs chaque mois à profiter au maximum de chaque voyage. Utilisez le site et l'application TripAdvisor pour parcourir des centaines de millions d'avis et d'opinions sur des hébergements, des restaurants, des expériences, des compagnies aériennes et des croisières. Pour préparer un voyage ou pendant leur séjour, les voyageurs se tournent vers TripAdvisor pour comparer les prix bas des hôtels, des vols et des croisières, réserver des circuits et attractions populaires, ou encore réserver des tables dans d'excellents restaurants. TripAdvisor, le parfait compagnon de voyage, est disponible dans 49 marchés et 28 langues.

Équipe de direction, « À propos de Tripadvisor », https://tripadvisor.mediaroom.com, janvier 2020.

4 Décrivez, avec vos propres mots, l'activité de l'entreprise TripAdvisor.

5 Recherchez sur Internet la classification des services proposée par Christopher Lovelock.

6 Utilisez cette classification pour compléter votre description.

DOC. 4

TripAdvisor : la machine qui décide de vos vacances

Le géant américain a fait des touristes de redoutables enquêteurs. Leurs avis influent ensuite sur le choix de nos destinations. Et font trembler hôteliers et restaurateurs.

[...] De fait, c'est désormais de l'autre côté de l'Atlantique que se joue une partie du chiffre d'affaires de millions d'hôteliers, qu'ils soient petits ou grands.

[...] Selon Comscore, six personnes sur dix consultent TripAdvisor avant de réserver un voyage en ligne. « 25 % des Français publient des avis après avoir voyagé, et ils sont lus par une bonne part des 75 % restants », confirme le directeur de Protourisme, Didier Arino. [...]

Que vient-on chercher chez TripAdvisor ?

« On ne s'y rend pas pour réserver directement, comme sur Booking.com ou Expedia, répond le consultant Mark Watkins du cabinet Coach Omnium, mais pour se faire une idée avant de choisir une destination. » TripAdvisor totalisait, au dernier pointage, 730 millions de contributions. Autant de « Quelle merveille ! », de « L'endroit vaut le détour ! » ou encore de « À fuir ! », assortis d'une note de 1 à 5, sur 2 millions d'hébergements, 5 millions de restaurants, 1 million d'activités, sans oublier les croisières (7000) et les compagnies aériennes (500). [...]

Les touristes y postent leurs photos, les hôteliers paient des options

Bien sûr, les agences de voyages en ligne, comme Booking.com et Expedia, proposent elles aussi à leurs clients de laisser des appréciations. Mais avec ses 160 millions de photographies prises par des particuliers, TripAdvisor a une longueur d'avance. Toutes les explications du monde ne pourront rien contre une photo montrant une souris qui se balade sur un tapis ou des moisissures qui se forment au plafond d'une cabine de douche. [...]

Certes, TripAdvisor rend service, mais il n'est pas philanthrope pour autant, son *business* consistant justement à faire de l'or avec les commentaires d'une armée de touristes. »

François Miguet, « TripAdvisor : la machine qui décide de vos vacances », www.capital.fr, 24 juin 2019.

7 Discutez la place du client dans le *business model* de TripAdvisor.

Je fais le point sur 1

- Comment une entreprise choisit-elle son mode de production ?
- Quels impératifs régissent ce choix ?

2 La logistique, créatrice de valeur ?

A Les différents flux logistiques

DOC. 5

Approche globale de la logistique

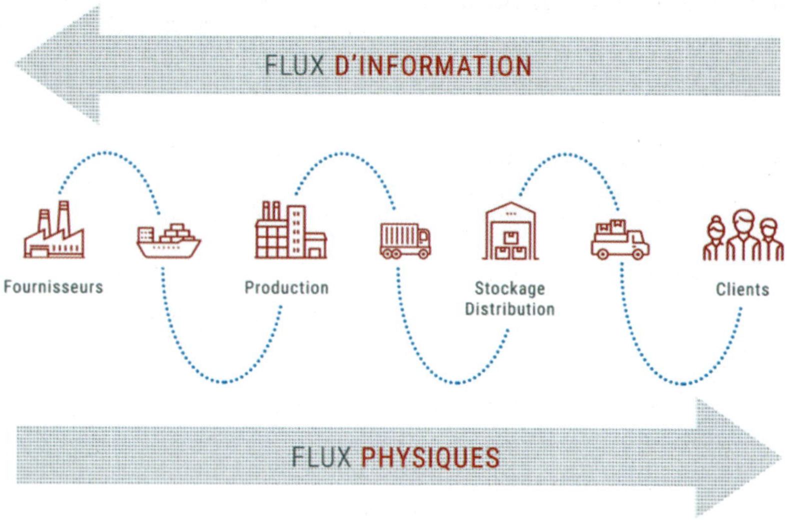

Groupe Seb

1 Proposez une définition de la logistique en incluant les termes figurant dans le schéma.

DOC. 6

Flux poussés ou flux tirés ?

Qu'est-ce que le flux tendu ? (1'09) Lien vidéo

2 Déterminez quel dessin représente un flux poussé et lequel représente un flux tiré.

3 Présentez les différences entre ces deux types de flux.

B Pilotage de la chaîne logistique

DOC. 7

Staci choisi par Coyote pour la gestion et l'optimisation de sa logistique

Le spécialiste de la géolocalisation en temps réel a décidé de s'associer à Staci pour flexibiliser sa logistique en Europe.

Souhaitant offrir plus de flexibilité dans la gestion de ses flux pour les produits finis (soit plus de 250 références), le groupe Coyote a décidé de faire appel à l'expertise de Staci, spécialiste de la logistique **multicanale**. Son réseau européen de plateformes de services et son expertise dans l'implémentation de solutions pour la gestion mutualisée des flux permettent à Coyote, non seulement de garantir à ses clients des délais de livraison optimisés, mais aussi de refondre complètement sa chaîne logistique, aussi bien dans la gestion des approvisionnements que dans la livraison multicanale des destinataires. Au total, c'est plus de 100 000 commandes annuelles qui sont gérées par Staci pour le compte de Coyote.

Emilien Villeroy, www.voxlog.fr, 18 avril 2019.

Coup de pouce

- Le **multicanal** désigne le fait de distribuer ses articles sur différents canaux de vente : magasin, marketplace, e-shop, etc.
- La **logistique multicanale** consiste quant à elle à gérer et optimiser toutes les activités relatives à un choix de distribution sur plusieurs canaux de vente : stock du magasin et du site Internet par exemple, livraison des magasins et des clients finaux (qui ont acheté leurs produits sur Internet), etc.

4 Recensez les solutions proposées par Staci à Coyote.

5 Identifier les résultats que peut attendre Coyote de sa collaboration avec Staci en matière de logistique.

DOC. 8

La chaîne logistique d'UCB, entreprise belge biopharmaceutique

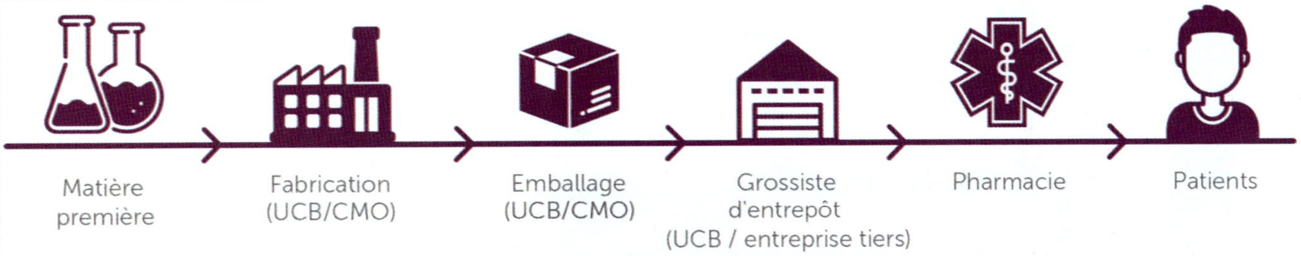

[Chez UCB] un réseau mondial étendu assure l'approvisionnement adéquat en produits médicaux de qualité, essentiels pour les personnes atteintes de maladies chroniques graves. [...]

La principale valeur des départements chargés de la fabrication, de l'approvisionnement et des achats est la gouvernance efficace du réseau externe de fournisseurs, de sociétés de fabrication en sous-traitance (*contract manufacturing organizations, CMO*), de laboratoires en sous-traitance, de transporteurs, de sociétés de logistique et de distributeurs commerciaux tiers, où la gestion du risque constitue un composant majeur. Les membres du département des achats sont répartis dans 20 pays et supervisent 21 580 fournisseurs différents, situés principalement dans 8 pays : la Belgique, la Chine, l'Allemagne, le Japon, l'Espagne, la Suisse, le Royaume-Uni et les États-Unis.

« Approvisionnement, fabrication et chaîne logistique », Rapport de durabilité 2017, https://reports.ucb.com, janvier 2019.

6 Listez, en vous aidant du schéma et du texte, tous les acteurs de la chaîne logistique d'UCB.

7 Montrez que le pilotage de la chaîne logistique est un réel enjeu pour les entreprises.

Je fais le point sur 2

- Pourquoi peut-on dire que la logistique est créatrice de valeur ?

3 Comment la qualité rend-elle une entreprise meilleure que ses concurrents ?

A La qualité, une affaire de normes...

DOC. 9

ISO (*International Standardization Organization*), l'organisation internationale de normalisation

L'ISO n'exerce pas d'activités de certification

Nous élaborons des normes internationales, comme ISO 9001 et ISO 14001, mais nous ne fournissons pas de services de certification selon ces normes et ne délivrons pas de certificats. Ces services sont assurés par des organismes de certification externes [par exemple l'AFNOR ou les bureaux Veritas]. Par conséquent, une entreprise ou une organisation ne peut pas être certifiée par l'ISO.

« La certification », www.iso.org, janvier 2020.

DOC. 10

L'ISO 9001, c'est quoi au fait ?

(1'55) Lien vidéo

Coup de pouce

La **certification** est une assurance écrite qui prend la forme d'un certificat accordé par un organisme certificateur. Il atteste qu'un produit, service ou système est conforme à des exigences spécifiques.

DOC. 11

La certification de la mutuelle du ministère de la Justice (MMJ)

À partir des documents 9, 10 et 11 :

1. Définissez ce qu'est la norme ISO 9001.
2. Recensez les avantages que génère cette norme pour les entreprises. Vous prendrez notamment l'exemple de la MMJ pour illustrer votre propos.

B ... mais surtout un avantage concurrentiel !

DOC. 12

Landes : pourquoi les plages veulent obtenir un label

Le Comité départemental du tourisme (CDT) et le Syndicat mixte de gestion des baignades (SMGBL) se lancent dans une première en France. [...]

« Nous nous sommes lancés dans une démarche **Qualité tourisme** adaptée aux plages qui a reçu l'aval de la Direction générale des entreprises (DGE). C'est un projet expérimental qui sera une première en France, pour une organisation qui a montré son efficacité, mais qui peut toujours gagner en qualité, aussi bien pour les locaux que pour les vacanciers. Les plages restent une incontestable vitrine de la destination. » En juillet et en août, 200 000 à 300 000 visiteurs les fréquentent.

Critères multiples

La marque d'État *Qualité tourisme*™ sert déjà depuis dix ans au CDT pour référencer les écoles de surf, les musées, les réserves naturelles ou les offices de tourisme. La rigueur de ses conditions d'attribution va donc s'appliquer aux plages, à travers une grille de 275 points de contrôle. Julien Lalanne [...] a été embauché par le syndicat pour la mise en œuvre de la démarche de labellisation. Les critères retenus portent sur l'accueil, l'information sur les particularités du lieu de baignade, la communication, l'organisation de la surveillance, mais aussi la prise en compte de la protection de l'environnement, la formation des nageurs sauveteurs, le management des équipes et l'écoute des avis des usagers. [...] Pour Stéphanie Barneix, chargée de mission au SMGBL, cette démarche va permettre de valoriser un savoir-faire local : celui des nageurs sauveteurs landais, « dont la réputation en matière de sauvetage côtier n'est plus à faire ». [...]

Christine Lamaison,
www.sudouest.fr, 11 décembre 2019.

3. Recensez l'ensemble des acteurs concernés par la démarche de labellisation des plages et déterminez leurs rôles respectifs.
4. Identifiez les différents critères retenus pour la labellisation des plages.
5. Discutez l'intérêt de cette labellisation pour la région des Landes.

Coup de pouce

Il existe plusieurs normes et certifications nationales dans le secteur du tourisme. La plus répandue est la marque QUALITÉ TOURISME™, créée par le ministère en charge du Tourisme français. Le comité de pilotage de la marque est présidé par la Direction générale des entreprises (DGE). Cette marque est la reconnaissance des démarches d'amélioration continue de la qualité de services mises en œuvre par les offices de tourisme. Un audit est réalisé tous les 3 ans.

Je fais le point sur 3

- La qualité rend-elle une entreprise meilleure que ses concurrents ?

B ... mais surtout un avantage concurrentiel ! *(suite)*

En immersion... à la SNCF

SITUATION

La Société nationale des chemins de fer français (SNCF) est l'entreprise ferroviaire publique française, officiellement créée par convention entre l'État et les compagnies de chemins de fer préexistantes, en application du décret-loi du 31 août 1937. Elle est notamment présente dans les domaines du transport de voyageurs, du transport de marchandises et réalise la gestion, l'exploitation et la maintenance du réseau ferré national dont elle est propriétaire.

En 2015, le réseau ferré national comptait environ 30 000 km de lignes dont 15 687 km de lignes électrifiées et 2 024 km de lignes à grande vitesse. Chaque jour, elle fait circuler 15 000 trains de fret et de voyageurs et transporte plus de cinq millions de voyageurs. Par son volume d'activité et la taille de son réseau, la SNCF est la troisième entreprise ferroviaire européenne, après la Deutsche Bahn et les Chemins de fer russes.

En 2017, le groupe SNCF a enregistré un chiffre d'affaires de 33,5 milliards d'euros et un résultat net de 1,3 milliard d'euros.

Résultats semestriels 2019 du groupe SNCF

- Croissance du trafic passagers
- Amélioration de la régularité et de la sécurité
- Augmentation de la satisfaction des clients
- Négociation d'un nouveau pacte social attractif et motivant
- Chiffre d'affaires de 17,9 milliards d'euros
- Lancement de l'Assistant SNCF et achat d'électricité d'origine renouvelable

D'après www.sncf.com, janvier 2020.

Le Groupe SNCF : la liberté de se déplacer facilement en préservant la planète (1'28) Lien vidéo

Vous analyserez le cas de la SNCF en répondant aux questions suivantes et en vous aidant des ressources documentaires page 57.

1. Rappelez comment s'évalue la qualité dans les services publics.
2. Comparez les éléments de la question 1 avec les pratiques de la SNCF.
3. En vous basant sur vos connaissances personnelles ou sur une recherche documentaire, listez les autres pratiques de la SNCF en matière de gestion de la qualité.
4. Calculez le score moyen obtenu sur chaque « promesse », à l'aide du tableau de bord fourni avec la **ressource 2**.
5. Analysez les données du tableau de bord et les différents scores obtenus dans la question 4.

RESSOURCE 1

Propreté, sécurité, information : quelles sont les gares SNCF les moins aimées des voyageurs ?

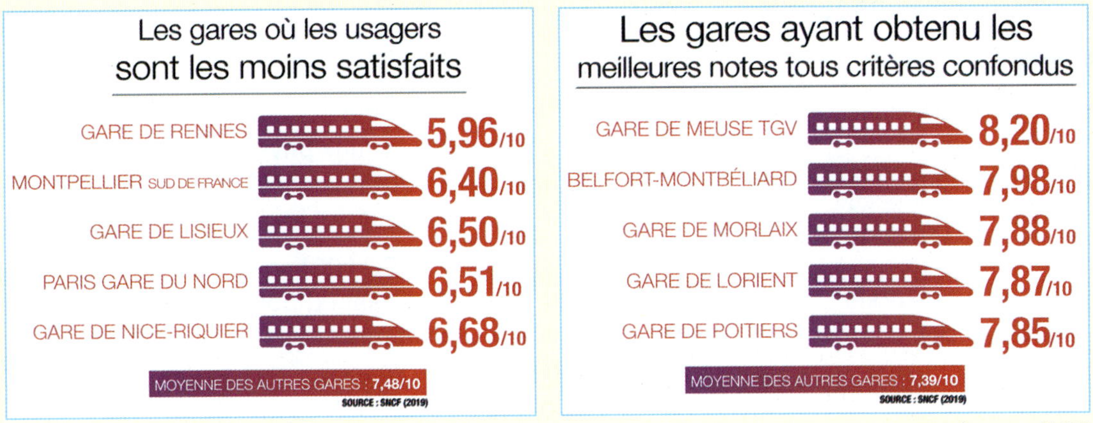

Source : SNCF.

La SNCF réalise régulièrement des enquêtes auprès de ses clients dans les 122 plus grandes gares de France. [...] Si les notes, de 1 à 10, sont relativement bonnes dans l'ensemble, on remarque cependant que certaines gares sont moins bien notées par les voyageurs que d'autres. [...]

www.bfmtv.com, 2 février 2019.

RESSOURCE 2

Tableau de bord – septembre 2019

Pour l'enseignant
Fichier tableur

Baromètre satisfaction client en gare

Le baromètre de satisfaction client en gare est l'outil principal de mesure de la qualité perçue des gares. Les clients sont interrogés en face à face en gare et notent la gare de 0 à 10 autour des 5 promesses de service :

Promesse 1 : l'information en gare
Promesse 2 : le déplacement pour venir et partir de la gare et dans la gare
Promesse 3 : la propreté et la sécurité
Promesse 4 : la qualité du moment passé en gare
Promesse 5 : les commerces et les services

www.data.gouv.fr, janvier 2020.

ACTIVITÉS

JOUEZ AVEC KYUSHI

Quiz interactifs pour la classe !

A

B Tester ses connaissances

Exercice interactif

Cocher la bonne réponse.

1. Une production en série consiste à :
   - ☐ fabriquer un produit unique.
   - ☐ fabriquer une grande quantité de produits.
   - ☐ fabriquer des produits 24h sur 24.
2. Un service est par définition :
   - ☐ immatériel et ne peut être stocké.
   - ☐ matériel et peut être stocké.
   - ☐ lié à un produit industriel.
3. La logistique permet de gérer :
   - ☐ uniquement les flux physiques.
   - ☐ uniquement les flux d'informations.
   - ☐ les flux physiques et les flux d'informations.
4. La certification ISO 9001 concerne :
   - ☐ le développement durable au sein des organisations.
   - ☐ les comptes financiers des organisations.
   - ☐ la qualité au sein des organisations.

C Préparer ses arguments

GRAND ORAL

Teester, la plateforme de vidéos consommateurs

Et si vos consommateurs pouvaient réaliser eux-mêmes des vidéos authentiques et qualitatives pour parler de votre marque ? Encore mieux, s'ils pouvaient aussi relayer ces vidéos sur leurs réseaux sociaux ?

https://business.teester.com, janvier 2020.

Teester, la plateforme de vidéos consommateurs (0'53) — Lien vidéo

Mission : Vous êtes chargé(e) d'exposer oralement à vos camarades de classe, à l'aide d'un diaporama ou d'un poster format A4, l'intérêt des vidéos de consommateurs. Aidez-vous du site Internet de la *start-up* et de la vidéo ci-dessus !

> Fiche méthode 4, p. 233

D L'ETLV en Management, sciences de gestion et numérique

ETLV

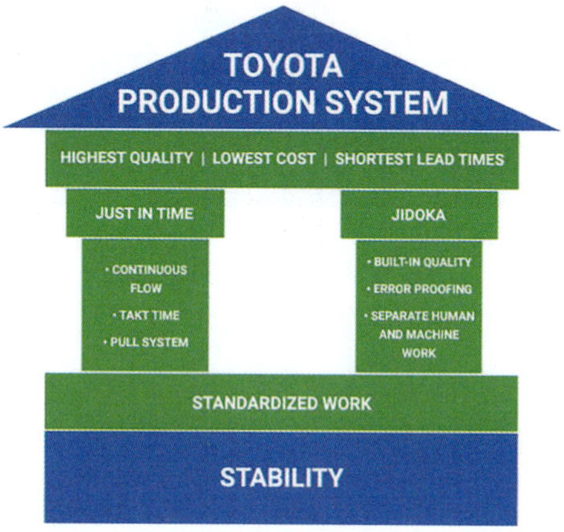

Toyota's TPS System Spreads Company's Philosophy – And Its Help – Across America

Toyota describes TPS [Toyota Product System] as an "organizational culture that engages people to continuously make improvements" and is sustained by three integrated elements: Toyota's philosophy, which includes continuous improvement, engaging employees, and putting the customer first; TPS tools and practices such as just-in-time and "built-in quality"; and the role of managers to inspire and develop people "to surface and solve problems to improve performance." [...]

Dale Buss, « Toyota's TPS System Spreads Company's Philosophy – And Its Help – Across America", www.forbes.com, 31 août 2019.

1. Describe with your own words Toyota's Product System.
2. Explain to what extent can TPS be a model for other companies.
3. **Make a speech.**
   You are an Human Resources executive for Toyota. It 's Integration Day.
   Make a speech boasting Toyota's values to new employees.
   Speak for 1 minute.

Programme de langues vivantes, Identités et échanges

E Analyser une situation de management

Le processus de fabrication chez Brun de Vian-Tiran

La manufacture Brun de Vian-Tiran, étudiée dans la situation du chapitre 2, est une entreprise familiale fondée en 1808 à l'Isle-sur-la-Sorgue, non loin d'Avignon. Elle est spécialisée dans la fabrication de linge de maison et d'accessoires haut de gamme, à base de fibres nobles et rares issues des plus pures traditions d'élevage en France et à l'étranger.
Elle travaille, grâce à son savoir-faire séculaire de spécialiste de la laine et des tissus, le mohair, la laine Mérinos d'Arles Antique®, les poils de bébés lamas de Bolivie, les poils de bébés chameaux, le cachemire de Chine et de Mongolie…
Elle propose ainsi une gamme colorée de plaids, d'écharpes, de châles, mais aussi de couvertures, couettes et surmatelas.

Les 15 étapes de fabrication des articles tissés

Quinze étapes de fabrication sont nécessaires à l'élaboration d'un plaid, d'une couverture, d'une écharpe ou d'un châle Brun de Vian-Tiran. Ce processus fait l'objet de soins attentifs et d'un contrôle permanent.

1. Qualifiez le type de production choisi par Brun de Vian-Tiran pour ses articles tissés.
2. Recherchez sur le site de l'entreprise les informations permettant de schématiser sa chaîne logistique pour les articles tissés.
3. Argumentez en faveur ou en défaveur d'une certification ISO 9001 du processus de production de l'entreprise Brun de Vian-Tiran.

Dossier Avenir

Un quiz pour vous aider à réfléchir aux domaines professionnels et aux métiers qui vous correspondent.

Site Web

Quiz Onisep : quel métier pour moi ?

Le résultat de ce quiz correspond-il à vos compétences et aspirations ?

SYNTHÈSE

Podcast

Pour l'enseignant
Synthèse rédigée
Synthèse animée

1 Quel mode de production choisir ?

La production de produits

- Fabrication → Production en fonction de la demande du client
- Fabrication → Grande série de produits identiques et standardisés
- Fabrication → Flux continu de produits homogènes

La production de services = servuction

Les services sont spécifiques et se distinguent des produits

Caractéristiques :
- immatériels et intangibles
- ne peuvent pas être stockés
- sont consommés en même temps qu'ils sont produits
- le client participe à la production du service

Différents types → Classification de Lovelock

2 La logistique, créatrice de valeur ?

La logistique

est → l'art et la manière de mettre à disposition un produit donné au bon moment, au bon endroit, au moindre coût et avec la meilleure qualité

est constituée de… → Flux tendus / flux poussés ; Flux physiques / flux d'informations

se pilote → Gestion des relations de l'entreprise avec tous ses partenaires :
- en amont avec les fournisseurs, les fournisseurs des fournisseurs
- en aval avec les clients, distributeurs, consommateurs.

- garantie de réactivité,
- gage de qualité,
- assurance de pouvoir répondre aux attentes des clients,
- possibilité de se démarquer des concurrents.

3 Comment la qualité rend-elle une entreprise meilleure que ses concurrents ?

En amont, le contrôle qualité

La qualité d'un bien ou d'un service [aptitude à satisfaire les besoins et attentes des clients ou usagers]

→ **Démarche qualité** [processus qui concerne toutes les activités qui concourent à la prestation proposée au client]
- s'inscrit dans la durée
- permet de suivre en continu les choix opérés
- idéalement une démarche participative

→ **Prend la forme de procédures qualité** Satisfait aux exigences d'une norme (ISO)

→ Débouche sur un *Certificat de qualité* (signe de qualité)

Les mots incontournables

> Lexique, p. 251

Logistique / chaîne logistique • Modes de production • Pilotage de la chaîne logistique • Produits / services • Qualité, contrôle qualité, normes ISO

4 Comment maîtriser ses coûts ?

Capacité

- Déterminer la pertinence d'un contrôle des coûts

Dans les starting-blocks !

Toutes les entreprises, quel que soit leur secteur d'activité, quelle que soit leur taille, sont concernées par des coûts. Car toute activité en génère ! Et d'ailleurs, certains articles de presse considèrent que pour développer son entreprise en 2020, l'une des stratégies à adopter est celle de « l'optimisation des coûts » ! Ce travail de contrôle des coûts, assimilable à de la comptabilité analytique, concerne donc toutes les entreprises. Dans certaines, c'est le dirigeant qui s'en occupe, dans d'autres, du personnel est dédié à cette tâche, d'autres encore peuvent faire appel à des cabinets d'experts-comptables.

Comptabilité analytique : définition et méthodes de calculs simples (1'15) Lien vidéo

1. Expliquez en quoi consiste la gestion des coûts.
2. Recensez les bénéfices attendus d'une « bonne » gestion des coûts.

1 Quelle méthode de calcul des coûts ?

SITUATION

La SARL *Smoothies Bar* est spécialisée dans la production et la commercialisation de smoothies à base de fruits frais. Ses deux spécialités : le smoothie nectarine-orange, le « NO », et le smoothie fraise-kiwi, le « FK ». Les smoothies sont vendus au prix de 5 € le verre. En moyenne, l'établissement vend 2 000 verres de NO et 1 000 verres de FK par an. Il est fermé en février.

Pour l'enseignant
Fichier tableur
Corrigé

Un exercice « fil rouge » est proposé pour traiter cette partie. Il est décliné dans les sous-parties A et B pour illustrer les différences entre la méthode des coûts complets et celle des coûts spécifiques, leurs intérêts et leurs implications. Il est accompagné d'un fichier Excel à télécharger par l'enseignant pour vous aider à réaliser les calculs.

A La méthode des coûts complets

DOC. 1

Le processus de production d'un smoothie chez *Smoothies Bar*

Pour produire un smoothie, l'entreprise commence tout d'abord par acheter des matières premières (les fruits) à des producteurs locaux. Ces matières premières sont ensuite utilisées par le barman, payé à l'heure, pour la création des smoothies. Il passe les fruits dans une centrifugeuse, détenue par la SARL, puis récupère le jus directement dans les verres. Pour gagner du temps et éviter de laver la centrifugeuse après chaque utilisation, chacune des deux recettes est produite dans une centrifugeuse dédiée. D'autres coûts s'ajoutent au processus de production : le coût de la commercialisation (mise à disposition d'un couvercle en papier, d'une paille en bambou, etc.) et le coût d'administration (charges fixes relatives au loyer, aux amortissements des équipements et à la rémunération du gérant).

1 Schématisez le processus de production d'un smoothie. Ce schéma devra mettre en évidence les différents coûts qui interviennent dans la production et la commercialisation d'un smoothie.

DOC. 2

Combien coûte un smoothie nectarine-orange (NO) ?

Le gérant du *Smoothies Bar* souhaite connaître le coût complet (appelé aussi coût de revient) d'un verre de smoothie NO.
Voici quelques informations complémentaires à celles du **document 1**, nécessaires pour effectuer le calcul :

- pour un verre de NO, il faut 2 nectarines et 2 oranges ;
- le coût d'achat des fruits est le suivant :
  - nectarines : 4,20 € le plateau de 2 kg (20 nectarines),
  - oranges : 2,60 € le filet de 2 kg (10 oranges) ;
- la préparation d'un verre nécessite 2 minutes ;
- le salaire du barman est de 30 € de l'heure (charges sociales incluses) ;
- le coût de la centrifugeuse est estimé à 20 € pour 100 verres ;
- le coût de la commercialisation est estimé à 1 € par verre vendu ;
- le coût d'administration est une charge fixe de 64 000 € par an répartie équitablement entre les deux smoothies (à hauteur de 50 % chacun).

2 Calculez le coût complet d'un verre de NO.

DOC. 3

Combien coûte un smoothie fraise-kiwi (FK) ?

Le gérant du *Smoothies Bar* souhaite également connaître le coût complet d'un verre de smoothie FK.
Voici quelques informations complémentaires à celles du **document 1**, nécessaires pour effectuer le calcul :

– pour un verre de FK, il faut 250 g de fraises et un kiwi ;
– le coût d'achat des fruits est le suivant :
  • fraises : 5,70 € le plateau de 1 kg ;
  • kiwis : 2 € les 6 kiwis ;
– la préparation d'un verre nécessite 3 minutes ;
– le salaire du barman est de 30 € de l'heure (charges sociales incluses) ;
– le coût de la centrifugeuse est estimé à 20 € pour 100 verres ;
– le coût de la commercialisation est estimé à 1 € par verre vendu ;
– le coût d'administration est une charge fixe de 64 000 € par an répartie équitablement entre les deux smoothies (à hauteur de 50 % chacun).

3 Calculez le coût complet d'un verre de FK.

4 Comparez les deux coûts complets obtenus.

DOC. 4

Les avantages et les inconvénients de la méthode des coûts complets

Méthode des coûts complets	
Objectif	Répondre à la question : « Quel prix de vente doit-on fixer pour **couvrir l'ensemble des charges engagées** par l'entreprise et dégager le bénéfice unitaire souhaité ? »
Avantages	– Connaissance de la composition du coût et possibilité d'action sur la maîtrise des coûts – Contrôle des conditions d'exploitation (et de production) – Alimentation de la réflexion stratégique de l'entreprise en matière de positionnement
Inconvénients	– Difficulté de répartition des charges indirectes – Méthode qui reste subjective, en raison des différentes possibilités de répartition des charges indirectes – Doit être mise à jour si l'organisation et la production sont profondément modifiées

5 Discutez les avantages et les inconvénients de la méthode en prenant l'exemple de la SARL *Smoothies Bar*.

B La méthode des coûts spécifiques

Pour l'enseignant
Fichier tableur
Corrigé

DOC. 5

Et en distinguant charges variables et charges fixes, ça donne quoi ?

Le gérant du *Smoothies Bar* souhaite désormais optimiser la gestion de son portefeuille d'activités. Il aimerait savoir s'il est pertinent de continuer à commercialiser les deux smoothies. Pour cela, il identifie les charges variables et les charges fixes liées à son activité de commercialisation des boissons.

Smoothies NO et FK	
Charges variables	• Matières premières (fruits) • Salaire du barman • Coût de la centrifugeuse • Coût de commercialisation
Charges fixes	• Coût d'administration

6 Définissez, avec vos propres mots, une charge variable et une charge fixe.

7 Calculez le coût de revient variable et la marge sur coût variable de chaque smoothie.

8 Les marges sur coûts variables calculées dans la question 2 couvrent-elles les charges fixes de l'entreprise ? De quelle(s) solution(s) dispose le gérant pour améliorer la situation de l'entreprise ?

DOC. 6

Seuil de rentabilité et point mort

Le **seuil de rentabilité** correspond au CA total pour lequel l'entreprise ne dégage ni profit, ni perte (il désigne donc le CA pour lequel le résultat d'exploitation est égal à 0).

Le **point mort** représente quant à lui la date à laquelle le seuil de rentabilité est atteint.

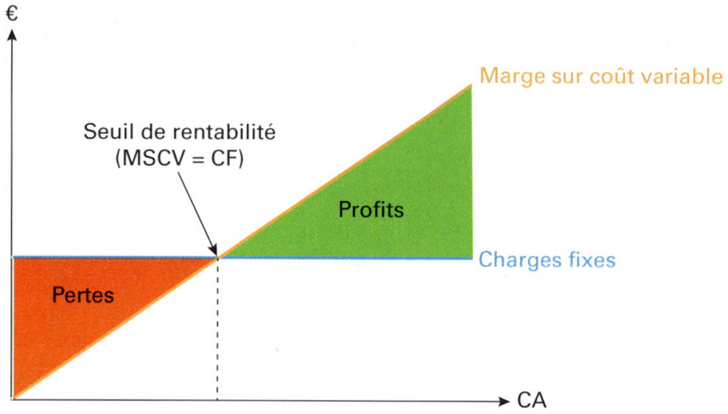

9 Calculez le seuil de rentabilité et le point mort de l'entreprise *Smoothies Bar*. On considérera qu'un mois dure 30 jours.

10 Interprétez les résultats obtenus dans la question 4 et faites des préconisations à l'entreprise.

Coup de pouce

• **Seuil de rentabilité** $= \frac{\text{CF}}{\text{Taux MSCV}} = \frac{\text{CF x CA}}{\text{MSCV}}$

• **Point mort** $= \frac{\text{Seuil de rentabilité}}{\frac{\text{CA annuel}}{360}}$ exprimé en nombre de jours

DOC. 7

Les coûts spécifiques

La méthode des coûts spécifiques permet d'aller encore plus loin dans l'analyse en distinguant, parmi les charges fixes, les charges fixes directes (directement rattachables aux produits) et les charges fixes indirectes.

Dans le cas de l'entreprise *Smoothies Bar*, voilà comment se redistribuent les charges fixes (le total des charges est toujours de 64 000 €) :

Smoothies NO et FK		
Charges variables	• Matières premières (fruits) • Salaire du barman • Coût de la centrifugeuse • Coût de commercialisation	
Charges fixes directes	• Amortissement de la centrifugeuse NO • Amortissement de la centrifugeuse FK	1 000 € 1 000 €
Charges fixes indirectes	• Loyer • Rémunération du gérant	28 000 € 34 000 €

11 Recalculez le coût de chaque smoothie avec la méthode des coûts spécifiques.

12 Comparez les résultats obtenus à la question 2 et à la question 3.

DOC. 8

Les avantages et les inconvénients de la méthode des coûts spécifiques

Méthode des coûts spécifiques	
Objectif	Répondre à la question : « Est-il intéressant de **continuer à vendre** un produit ? »
Avantages	– Amélioration de la méthode des coûts variables en affectant aussi à chaque produit les charges fixes directes – Identification des produits les plus indispensables à l'entreprise (contribution à la couverture des charges fixes directes) – Pas d'allocation arbitraire de charges indirectes
Inconvénients	– Méthode peu pertinente si les produits sont très différents – Méthode difficilement applicable si les charges fixes indirectes sont trop élevées

13 Discutez les avantages et les inconvénients de la méthode en prenant l'exemple de la SARL *Smoothies Bar*.

Je fais le point sur 1

- Quelles sont les différentes méthodes de calcul des coûts ?
- Quels sont leurs avantages et inconvénients ?

2 Qu'est-ce que la gestion du cycle de vie des produits ?

A Vers une définition du *PLM* (*Product Lifecycle Management*)

DOC. 9

Le *PLM*

Le cycle de vie d'un produit, qu'est-ce que c'est ? (3'00)

Lien vidéo

1. Proposez une définition du cycle de vie d'un produit.
2. Retracez, selon vos connaissances personnelles, le cycle de vie d'un sac plastique. Faites ensuite un schéma du cycle de vie.

DOC. 10

Et donc le *PLM*, c'est quoi ?

Le *PLM* (*Product Lyfecycle Management*, littéralement « gestion du cycle de vie des produits »), avant d'être une solution, est une approche stratégique visant à optimiser les processus de création, fabrication et maintenance des produits industriels. En effet, le *PLM* va permettre le pilotage d'un produit et de ses évolutions, de la conception jusqu'à son retrait.

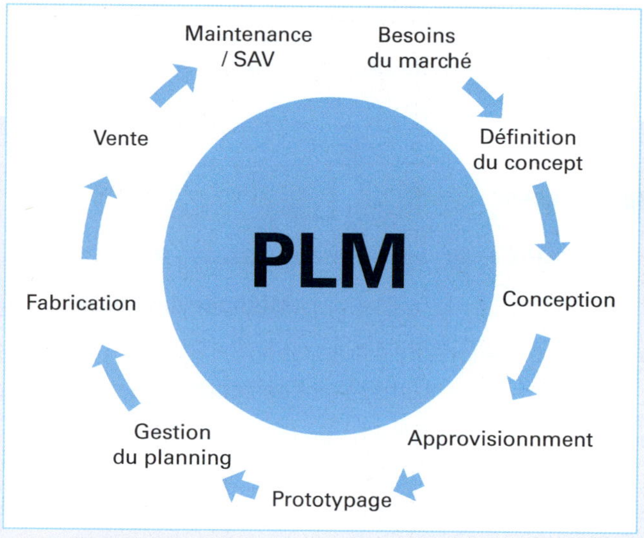

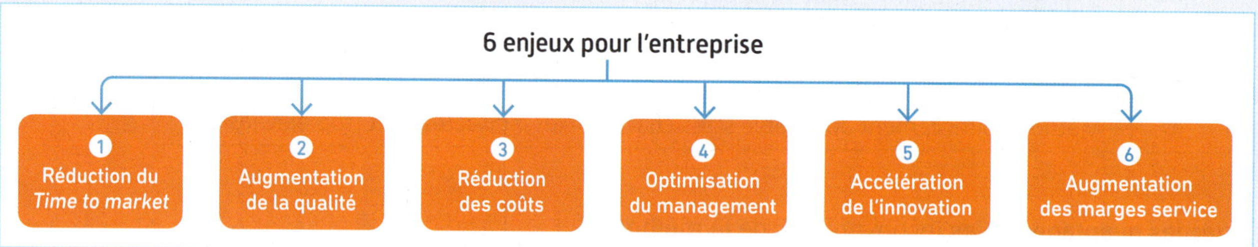

«PLM : 6 raisons d'adopter le *Product Lifecycle Management*, www.visiativ-industry.fr, janvier 2020.

3. Expliquez le lien entre « cycle de vie d'un produit » et « *PLM* ».
4. Choisissez l'un des six enjeux évoqués dans le **document 10** et expliquez en quoi il consiste.

B Économie circulaire : développement durable et gestion de la fin de vie des produits

DOC. 11

L'économie circulaire

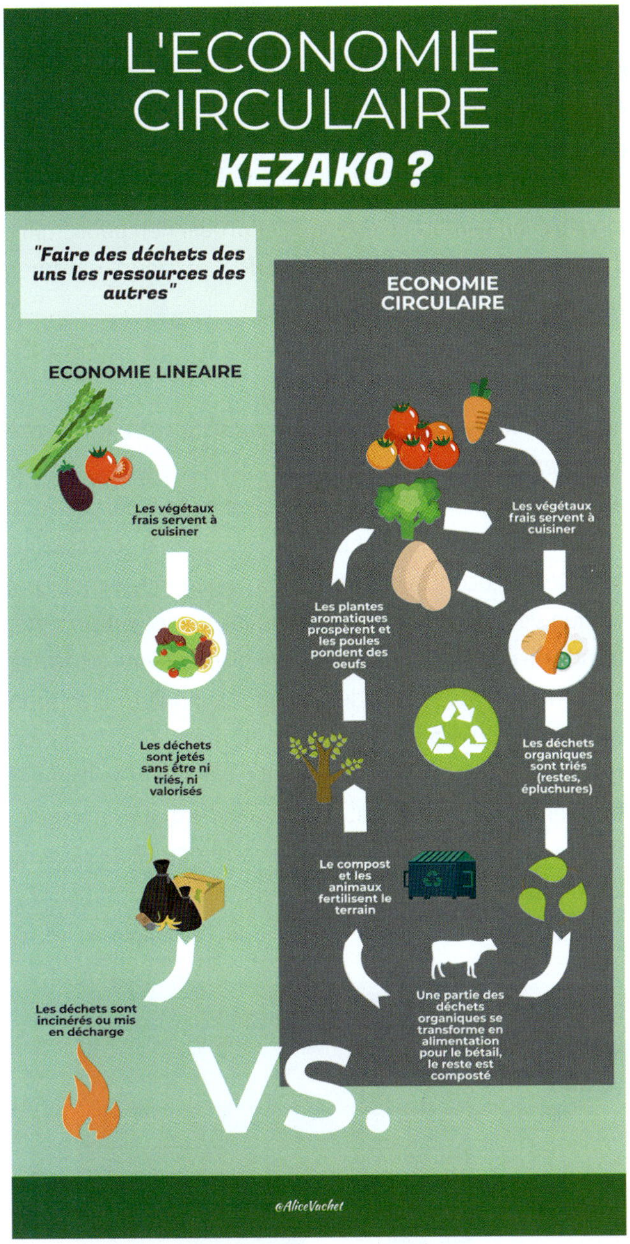

powered by PIKTOCHART

DOC. 12

« Unilever annonce de nouveaux engagements ambitieux pour un monde sans déchets »

Unilever, *propriétaire de marques telles que* Dove, Ben & Jerry's, Lipton *et* Omo, *a annoncé de nouveaux engagements ambitieux visant la réduction de ses déchets plastiques et une contribution à la création d'une économie circulaire pour les plastiques.*

L'entreprise a confirmé qu'à l'horizon 2025, elle réduira de moitié son utilisation de plastique vierge en réduisant de plus de 100 000 tonnes son utilisation absolue d'emballages plastiques tout en accélérant son utilisation de plastique recyclé. [Unilever] contribuera [également] à la collecte et à la transformation de plus d'emballages plastiques qu'elle n'en vend.

Cet engagement fait d'Unilever la première grande entreprise mondiale de biens de consommation à s'engager dans une réduction absolue des emballages plastiques dans l'ensemble de son portefeuille.

Selon Alan Jope, PDG de Unilever, « [...] Cette action exige de repenser fondamentalement notre approche en matière d'emballage et de produits. Elle nous oblige à introduire de nouveaux matériaux d'emballage innovants et à augmenter les nouveaux modèles commerciaux, comme la réutilisation et la recharge, à une vitesse et à une intensité sans précédent. »

www.unilever.fr, 7 octobre 2019.

À partir des documents 11 et 12 :

5. Identifiez la différence entre une économie « linéaire » et une économie « circulaire ».
6. Montrez que la gestion du cycle de vie des produits est un réel enjeu pour les entreprises.

C La mise en œuvre concrète du *PLM* à travers une démarche écoresponsable

En immersion chez... URBANÉO

SITUATION

Urbanéo est une entreprise des Hauts de France, créée en 1996 sous le nom de Nord Technique. Spécialisée dans les pièces détachées des mobiliers urbains des lignes de transport, l'entreprise fut reprise en 2002 par Thierry Delcourt, son PDG actuel. L'entreprise compte aujourd'hui cinq agences en France.

Urbanéo est une entreprise écoresponsable sur le marché du mobilier urbain non publicitaire de transport public. Elle écoconçoit tous ses mobiliers urbains et offre plusieurs gammes d'abrisbus et de poteaux d'arrêt de bus.

www.urbaneo.eu, février 2020

Entretien avec Thierry Delcourt, PDG d'Urbanéo

À propos d'Urbanéo (2'39) — Lien vidéo

Pouvez-vous nous expliquer en quoi consiste votre démarche d'écoconception ?

« Pour faire simple, notre démarche consiste à passer de la stricte fourniture de mobilier urbain à une offre d'accessibilité globale. Nous écoconcevons notre propre gamme de mobilier ; parce que venant d'un métier de maintenance où on avait l'habitude de gérer la fin de vie des mobiliers, il nous a semblé intéressant de pouvoir agir dès la conception et tout au long du cycle de vie du produit. Très concrètement, cela demande de réaliser, pour chacun de nos produits, une étude de l'impact environnemental concernant l'utilisation de matériaux recyclables, la faible consommation d'énergie de l'éclairage, la facilité d'installation et d'entretien, etc. »

D'après une interview réalisée par l'auteur en avril 2016.

Vous analyserez le cas d'Urbanéo en répondant aux questions et en vous aidant des ressources documentaires de la page 69.

1. Expliquez en quoi la démarche de l'entreprise Urbanéo s'apparente à du *PLM*.
2. Retracez le cycle de vie du poteau Gayant.
3. Identifiez les bénéfices obtenus grâce au poteau Gayant en précisant les acteurs concernés par ces bénéfices.

Un poteau Gayant

LES RESSOURCES DOCUMENTAIRES

RESSOURCE 1

« Libercourt : des abribus aux poteaux d'arrêt, le mobilier urbain *made in* bassin minier cartonne »

La particularité d'Urbanéo tient dans ses produits, éco-conçus, au *design* sobre qui se fond dans le paysage. « Nos abribus sont adaptés à leur environnement » explique le bureau d'études. « Nous travaillons nos produits selon l'endroit où ils seront installés. » L'entreprise mise également sur des réalisations écologiques : les meilleurs matériaux sont utilisés, mais dans une quantité moindre pour la même robustesse. « Nous faisons attention à l'impact environnemental, de la fabrication à la fin de vie. C'est facile de créer en réduisant la pollution, mais nous tenons aussi à la minimiser sur toute la durée de vie du produit. »
Les appuis des abribus, par exemple, sont en acier, ce qui nécessite moins d'énergie que l'aluminium, tout en étant plus résistant. [...] En ce qui concerne les fournisseurs ou fabricants, ils sont tous situés à moins de 200 kilomètres. Une spécificité qui compte pour Urbanéo, qui revendique des produits entièrement faits en France. [...]
Urbanéo gère également l'entretien et la maintenance de ses produits une fois que ceux-ci sont installés. [...] L'entreprise s'occupe aussi de conseiller ses clients. Si un abribus est souvent la cible de vandalisme, les concepteurs préconisent alors la marche à suivre. « On peut les inviter à évoluer vers autre chose, car des réparations régulières coûtent cher à la collectivité. On leur propose alors de passer à des abribus avec des tôles anti-vandalisme. »

Aurélia Brachet, www.lavoixdunord.fr, 22 avril 2019.

RESSOURCE 2

Le poteau Gayant

Urbanéo a écoconçu un poteau d'arrêt de bus à l'attention des non-voyants et mal-voyants : l'éclairage du poteau est assuré par des panneaux solaires. Et les non-voyants, grâce à une télécommande universelle, peuvent localiser le poteau d'arrêt et obtenir une indication sonore du nom d'arrêt, de la direction de la ligne et du prochain horaire de passage du bus. Cette gamme écoconçue a été plusieurs fois récompensée, [notamment par] le ministère de l'Écologie, de l'Énergie, du Développement durable et de l'Aménagement du territoire [...].

« Urbanéo, l'économie de la fonctionnalité appliquée au mobilier urbain », www.cerdd.org, janvier 2020.

RESSOURCE 3

Les résultats

Environnementaux	– Réduction du nombre de composants (économie de 23 % sur le poids de la structure) – Meilleure valorisation en fin de vie du produit (95 % des éléments structurants sont recyclables)
Économiques	– Économie budgétaire et économique pour les clients – Effectif d'Urbanéo multiplié par 4
Sociaux	– Produit répondant aux attentes (éclairage, indications sonores) et à la sécurité (profilés arrondis) de tous les usagers – Amélioration des conditions de travail pour les techniciens Urbanéo (pose, dépose et maintenance facilitées)

Je fais le point sur 2

- Qu'est-ce que le *PLM* ? Quels sont les enjeux de la gestion du cycle de vie pour une entreprise ?

ACTIVITÉS

JOUEZ AVEC
KYUSHI
Quiz interactifs pour la classe !

B Tester ses connaissances

Exercice interactif

Cocher la bonne réponse.

1. La méthode des coûts complets :
   - ☐ distingue charges variables et charges fixes.
   - ☐ intègre charges directes et indirectes.
   - ☐ ne tient compte que d'une partie des charges.
2. La méthode des coûts spécifiques :
   - ☐ est une méthode qui gère des coûts partiels.
   - ☐ est l'autre nom de la méthode des coûts complets.
   - ☐ est mobilisée seulement en France.
3. La gestion du cycle de vie d'un produit :
   - ☐ ne s'intéresse qu'à la production du produit.
   - ☐ n'a d'intérêt que pour les grosses entreprises.
   - ☐ est une démarche stratégique.
4. L'économie circulaire est souvent mise en opposition avec :
   - ☐ l'analyse en cycle de vie.
   - ☐ le *PLM*.
   - ☐ l'économie linéaire.

C Préparer ses arguments

GRAND ORAL

« Recyclage ou réemploi ? Pourquoi le projet de consigne est contesté »

Refusé par le Sénat, le dispositif de consigne pour le recyclage des bouteilles en plastique est le point sensible du projet de loi anti-gaspillage, attendu à l'Assemblée nationale au début du mois de décembre 2019.

Cécile Bouanchaud, Lemonde.fr, 13 décembre 2019.

Mission : Vous êtes chargé(e) de défendre à l'oral sans support, devant vos camarades de classe, votre point de vue vis-à-vis de la mise en place de consignes pour les bouteilles plastiques.
Aidez-vous de l'article publié par le journal *Le Monde* à l'adresse http://bit.ly/2vF1UzD et de la vidéo !

> Fiche méthode 4, p. 233

Peut-on venir à bout de tout le plastique que nous produisons ? (5'06) — Lien vidéo

D L'ETLV en Management, sciences de gestion et numérique

ETLV

The circular economy

1. Tell what the video starts with: a positive or a negative view on consuming habits?
2. Explain how circular economy can be synonymous with progress.
3. **Prepare an awareness campaign about circular economy in your highschool.** Prepare a slideshow to highlight bad consuming habits so far and then propose solutions relying on circular economy. Be convincing!

What is the circular economy? (1'00) — Lien vidéo

Programme de langues vivantes, Identités et échanges

E Analyser une situation de management

Les espadrilles de la maison Escadrille Paris

Escadrille naît d'une intuition de Georges Mayeux de créer une chaussure d'excellence inspirée de l'espadrille. La rencontre en 2016 avec Élise est déterminante. Escadrille prend son envol. Élise, entrepreneuse dans l'âme, entraîne sa cousine Florence dans la construction de la marque.

Elles partagent l'ambition de faire d'Escadrille la marque emblématique de l'espadrille, en retravaillant le produit avec l'exigence de l'élégance, du confort et de la qualité. Les espadrilles de la marque sont vendues directement en boutique ou sur le site Internet de l'entreprise.

Le coût de revient (coût complet) d'une espadrille comme celle présentée sur la photo est de 72,75 €. L'entreprise applique une marge de 25 % (on parle de **taux de marque**) pour fixer son prix de vente à 97 €.

Pour l'année à venir, l'entreprise va devoir supporter une hausse du coût des matières premières (corde et toile). Le coût de revient de la chaussure va augmenter de 10 %.

www.escadrilleparis.com, février 2020.

Coup de pouce

• Le **taux de marque** désigne le rapport entre la marge et le prix de vente d'un produit.

Le calcul est le suivant :

$$\frac{\text{Coût de revient}}{1 - \text{taux de marque}} = \text{prix de vente}$$

1. Créez un fichier Excel, le plus automatisé possible, permettant de suivre les coûts de l'entreprise Escadrille et de visualiser l'impact d'une variation des coûts.
2. Que se passera-t-il l'année prochaine si Georges, Élise et Florence ne modifient pas leur taux de marque ?
3. Quelles solutions s'offrent à l'entreprise pour gérer cette hausse du coût des matières premières ?

Dossier Avenir

L'expert-comptable est le partenaire privilégié du chef d'entreprise auquel il apporte son expertise en matière financière, fiscale ou juridique. Découvrez un métier plein de surprises…

Le métier d'expert-comptable chez Secob
(5'09)

Votre perception du métier d'expert-comptable était-elle juste ? Expliquez pourquoi.

SYNTHÈSE

Podcast

Pour l'enseignant
Synthèse rédigée
Synthèse animée

1 Quelles méthodes de calcul des coûts ?

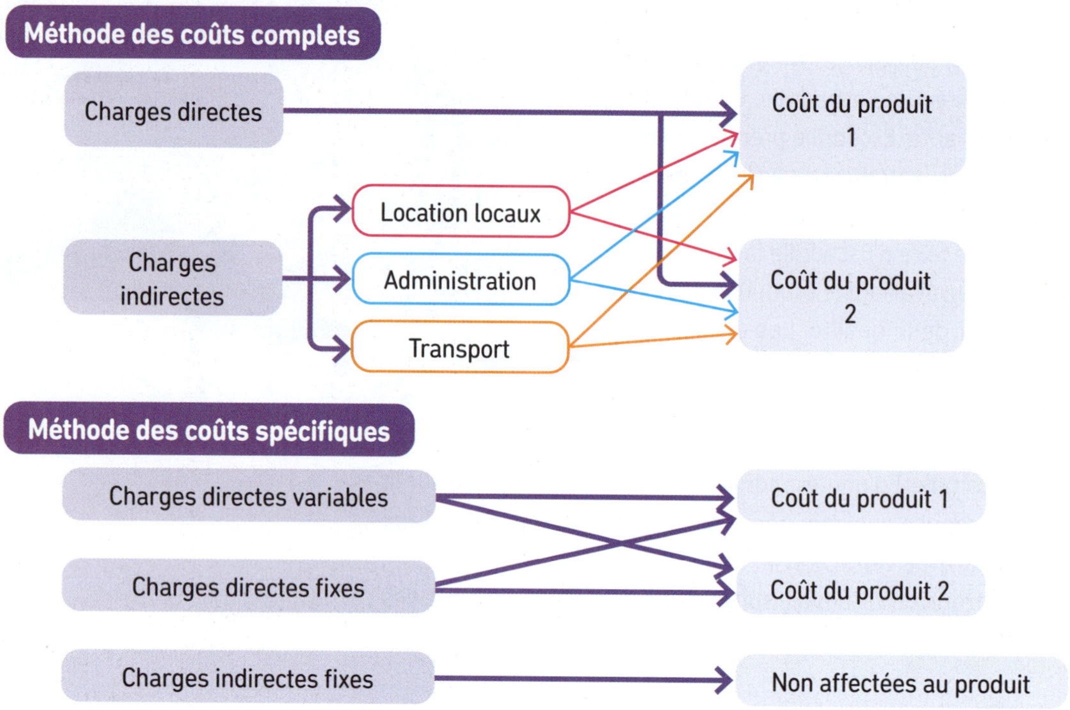

2 Qu'est-ce que la gestion du cycle de vie des produits ?

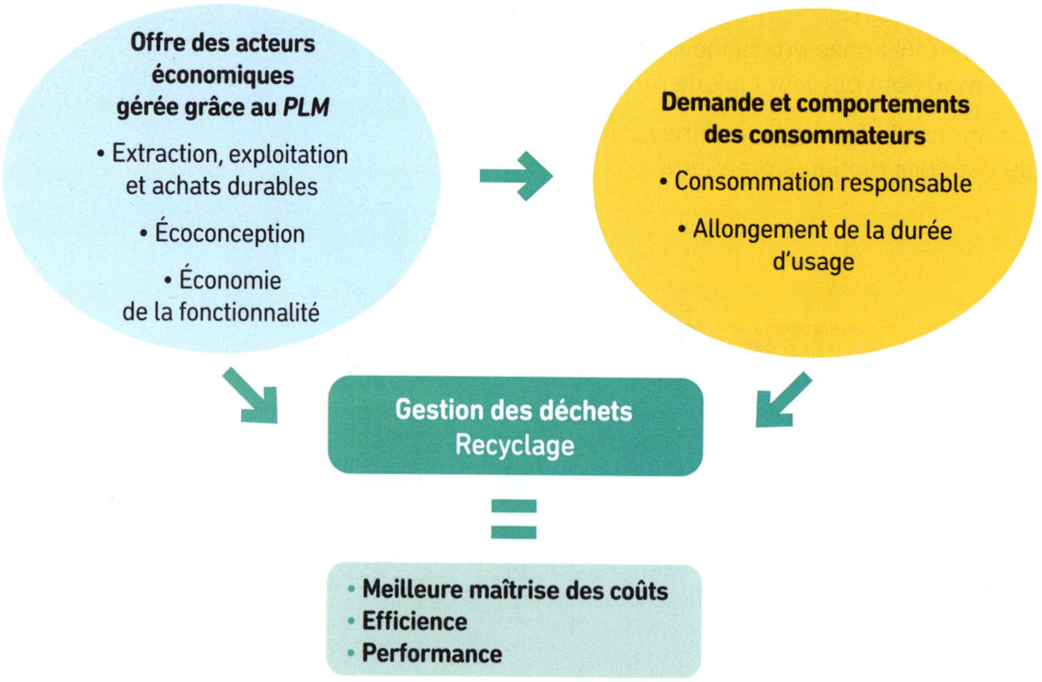

Les mots incontournables

> Lexique, p. 251

Coûts complets • Coûts spécifiques • Coûts variables • Développement durable • Économie circulaire • Fin de vie des produits • *Product Lifecycle Management*

5 Les transformations numériques, une chance pour la production ?

Capacité

- Identifier le rôle des technologies numériques dans la production

Dans les starting-blocks !

Alsapan est une entreprise française d'Alsace, fondée en 1972, qui fabrique et commercialise en BtoB des kits pour sols stratifiés, meubles de bureau et plans de travail. En 2020, l'entreprise possède 6 usines en France et est présente dans 60 pays ; elle affiche un CA de 240 millions d'euros. Depuis 2017, le site de production de Boulay, en Moselle, s'est équipé d'une nouvelle ligne de production automatisée.

Une nouvelle ligne automatisée pour l'industriel Alsapan (2'34)

Lien vidéo

1. Décrivez le contenu de la vidéo.
2. Combien d'employés voyez-vous dans la vidéo ?

1 Comment les systèmes d'information de gestion affectent-ils le système de production ?

A Vers une automatisation du système de production

DOC. 1

« Au Japon, des robots pour Uniqlo »

Si les robots se sont installés dans les lignes de production automobiles, ce n'est pas le seul secteur d'activité qui peut faire l'objet d'une automatisation importante. Le détaillant Uniqlo installe lui aussi des robots dans ses entrepôts.

Des robots pour remplacer la main-d'œuvre dans les entrepôts ? C'est déjà le cas dans un hangar de *Fast Retailing*, la maison-mère d'Uniqlo, basé à Tokyo. Le système mis en place permet de transférer les produits livrés par camion *via* la lecture des étiquettes électroniques attachées aux produits. L'entreprise a réduit de 90 % le personnel humain, et les robots travaillent dans cet entrepôt 24 heures sur 24, toute la semaine. [...] Cette automatisation à marche forcée permet à Uniqlo de réduire ses coûts, d'optimiser la logistique et livrer ses produits plus rapidement. [...]

Olivier Sancerre, www.journaldeleconomie.fr, 15 octobre 2018.

DOC. 2

« Uniqlo, un pas de plus vers le tout automatisé »

L'entreprise de prêt-à-porter japonaise rapporte qu'une nouvelle tâche dans son entrepôt est réalisée par un robot.

[...] L'entrepôt d'Uniqlo, situé à Tokyo, est une belle démonstration de robotisation pratiquement complète d'une des étapes de production. [...] la société japonaise s'était intéressée à deux *start-ups*, dont la française Exotec, pour son entrepôt. Aujourd'hui c'est la deuxième, Mujin, qui fait parler d'elle. Elle est parvenue à développer un robot, à deux bras, capable de plier ses tee-shirts et de les ranger correctement. Une des étapes qui étaient encore, jusque-là, assumées par des ouvriers humains, tout ce qu'il y a de plus classique.

Benjamin Terrasson, https://siecledigital.fr, 27 décembre 2019.

DOC. 3

Pour gérer ses entrepôts, le géant Uniqlo choisit les robots du français Exotec

(1'10) Lien vidéo

À partir des documents 1, 2 et 3 :

1. Décrivez les choix d'Uniqlo en matière d'automatisation du système de production.
2. Listez les avantages que procure l'automatisation de l'entrepôt pour Uniqlo.
3. Expliquez en quoi les robots Exotec permettent une automatisation de la partie logistique du système de production.

DOC. 4

L'usine du futur

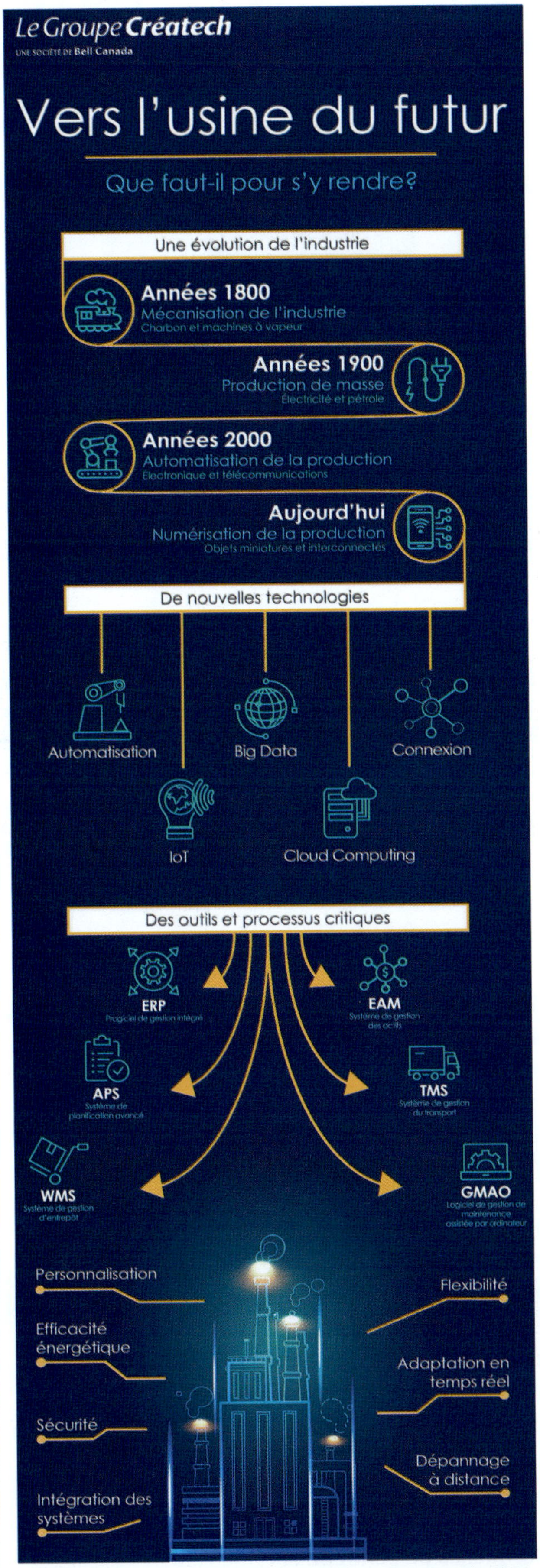

Source : © Createch, 2020.

DOC. 5

Définition de l'industrie 4.0

(1'00) Lien vidéo

À partir des documents 4 et 5 :

4. Dites quelles sont les technologies les plus marquantes et les outils nécessaires à l'automatisation de la production.
5. Expliquez ce qui différencie, selon vous, la production aujourd'hui de l'automatisation des années 2000.
6. Formulez une phrase explicative pour chaque avantage listé dans l'infographie.

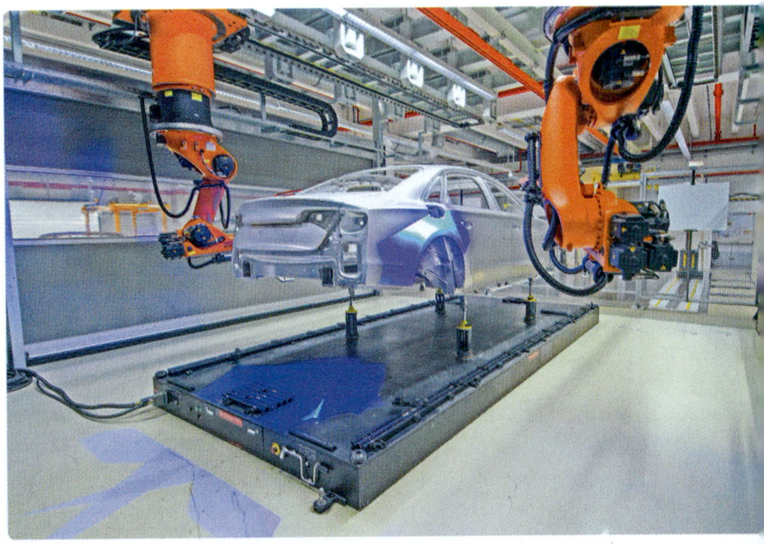

B La place des progiciels de gestion intégrés

DOC. 6

Qu'est un ERP (*Enterprise Resource Planning*) ou PGI (progiciel de gestion intégré) ?

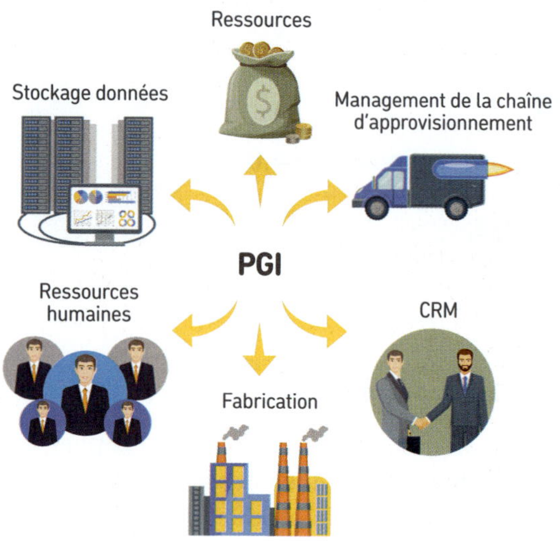

DOC. 7

Qu'est un ERP ?

(1'22) Lien vidéo

Rendez-vous en SIG

Une gestion centralisée des données tend à se mettre en place dans les organisations afin de gérer des données variées et de les partager avec l'ensemble des métiers de l'organisation. [**1.1** Comment l'organisation se structure-t-elle pour gérer l'information ?]

7 Formulez votre propre définition d'un progiciel de gestion intégré à partir des **documents 6** et **7**.

DOC. 8

Que pensent les clients bénéficiaires des systèmes ERP ?

Camposol SA est la principale entreprise agro-industrielle au Pérou. Avec plus de 15 000 travailleurs en haute saison, l'entreprise a pour objectif de devenir l'un des cinq leaders mondiaux du secteur des aliments sains. Pour y parvenir, Camposol a mis à niveau ses processus de gestion en implémentant SAP ERP optimisé par SAP HANA. Actuellement, ils traitent environ 4 To de données et fournissent des informations en temps réel. Ils soulignent que les rapports qui nécessitaient auparavant 14 heures de traitement sont désormais fournis en 2 minutes.

A.C. Brothers est une entreprise leader sur le marché des accessoires de maison et les cadeaux. Ils fabriquent et exportent des accessoires et des meubles de maison en bois et en métal. « Epicor ERP nous fournit un tableau de bord simple et convivial, offrant une visibilité sur divers points de données de l'entreprise. Il y a tellement d'informations précieuses provenant des machines de l'atelier qui étaient gaspillées. L'équipe de gestion peut maintenant l'examiner pour prendre de meilleures décisions commerciales », a déclaré Gaurav Chandra, directeur général de AC Brothers. [...]

Clean Solutions est un spécialiste des solutions environnementales intégrées pour les entreprises de Singapour de toutes tailles et de tous besoins. « Nous recommanderons sûrement Deskera à tous ceux qui s'intéressent au logiciel ERP le plus efficace. Cela a rendu la facturation plus rapide et plus facile. Des devis aux paiements en passant par la facturation, nous gérons désormais toutes les transactions avec un seul système ERP. Nos équipes commerciales, financières et d'exécution ont accès aux mêmes données comptables, ce qui a largement éliminé les erreurs de facturation, amélioré la précision des données et renforcé le processus de comptabilisation des produits. Il est aussi très utile pour analyser les revenus et les dépenses des entreprises. Il prépare avec précision le bilan et le grand livre général, nous aidant ainsi à éliminer les enregistrements financiers compliqués et fastidieux sur papier » a déclaré Jimmy Ng, directeur administratif et financier de Clean Solutions.

« Avis et témoignages des utilisateurs du PGI / ERP », www.actu-industrie.com, 22 avril 2019.

8 Expliquez, à partir de ces 3 témoignages, les raisons pour lesquelles une entreprise a intérêt à s'équiper d'un PGI.

DOC. 9

« La GPAO ou gestion de la production assistée par ordinateur, un exemple de module intégré dans les PGI »

Destinée à l'optimisation de la chaîne de production, la GPAO est une solution informatique permettant de piloter l'ensemble du processus en maîtrisant précisément les coûts.

Un logiciel de GPAO permet aux entreprises de gérer sur ordinateur de façon automatisée toutes les activités liées à la production industrielle, comme la gestion des stocks et des achats, des commandes, ou la création et la gestion d'un planning de fabrication, etc.

Il existe un grand nombre de logiciels de GPAO sur le marché, qui diffèrent selon leurs caractéristiques, leur périmètre, leurs performances, leur prix de vente, etc. Parmi les plus connus, on peut citer les logiciels Sage, SILOG ou encore Solune.

Chacun des logiciels de GPAO précités permet aux entreprises de suivre et d'optimiser l'ensemble de la production en anticipant les besoins. La plupart proposent un service de facturation automatique et assurent le suivi opérationnel de l'expédition des produits.

La GPAO est un système qui a été mis en place dans les années 70 pour répondre aux besoins de réapprovisionnement [...], pour déterminer la quantité de produits et de composants nécessaires.

« La GPAO ou gestion de la production assistée par ordinateur : définition, traduction et acteurs », www.journaldunet.fr, 8 janvier 2019

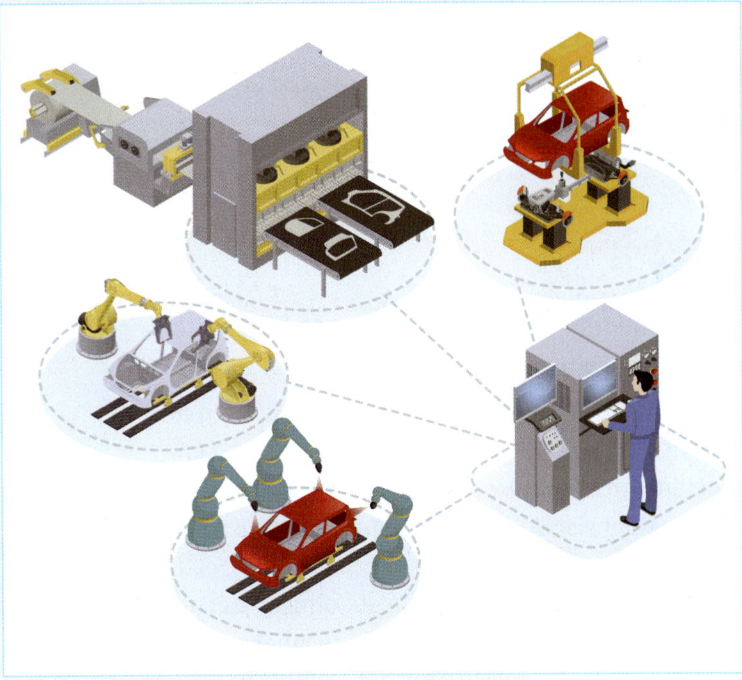

DOC. 10

Une illustration d'un module de GPAO

Suivre en temps réel la production et la sous-traitance

- Ordonnancement et lancement en production
- Regroupement d'opérations
- Manquants sur OF (ordre de fabrication)
- Saisie des temps et sorties matières
- Écrans et scénarios de pointage dédiés aux activités de production
- Gestion de la sous-traitance et transfert de matières
- Suivi d'avancement des OF

www.sylob.com, février 2020.

DOC. 11

STS Société Technic Services

STS est un fabricant de composites, de peinture et d'assemblages dans les domaines de l'aéronautique, l'aérospatiale, l'automobile et la plasturgie.

Témoignage de STS sur sa GPAO (2'07)

Lien vidéo

À partir des documents 9, 10, 11, et après une visite sur le site de l'entreprise Sylob, qui propose des logiciels de GPAO (https://sylob.com) :

9 Rappelez les avantages que procure la GPAO et plus largement un PGI.

10 Trouvez d'autres témoignages d'entreprises qui illustrent tous les enjeux de la GPAO.

Je fais le point sur 1

- En quoi consiste l'automatisation des systèmes de production ?
- Quelle est la place des PGI dans cette automatisation ?

2 De quelles nouvelles technologies parle-t-on ?

A L'informatique en nuage ou *cloud computing*

DOC. 12

L'apport du *cloud* dans les PGI

3 minutes pour découvrir la gestion de production (3'12)

Lien vidéo

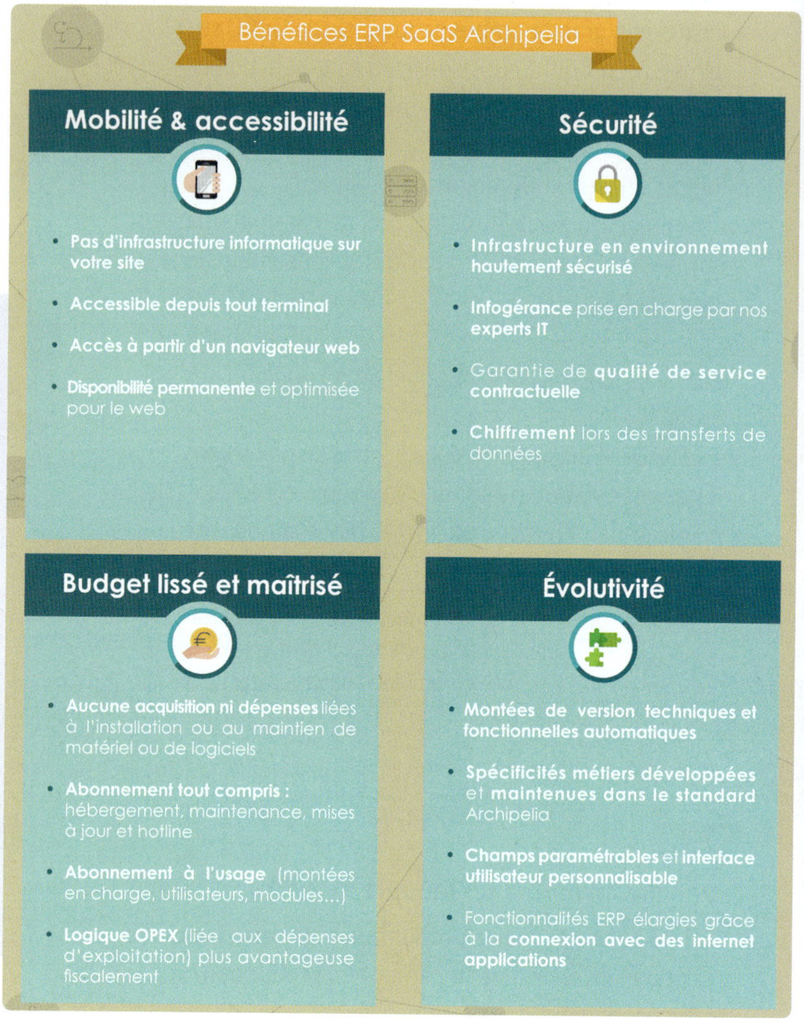

Source : © Archipelia, 2020.

DOC. 13

C'est quoi un *ERP* dans les nuages ?

Un *ERP* (ou **PGI** en français) est un système d'information, dont les données sont centralisées, qui pilote au quotidien l'activité d'une entreprise en gérant l'ensemble des informations de ses services opérationnels. Un **SaaS** ou *Software as a Service* constitue le plus haut niveau de service du *cloud computing* car infrastructure, plateforme d'exécution des applications et applications sont hébergées et gérées par l'éditeur.

Un ***ERP* Saas est donc un *ERP* hébergé et accessible depuis un navigateur web**. L'abonnement se choisit en fonction des moules et services associés ; l'éditeur est en charge de l'administration, de la maintenance et des montées de version techniques et fonctionnelles.

DOC. 14

Suivi de production : connaître l'état de son parc machine, tout le temps, partout !

« Combien de pièces ont été produites depuis ce matin ? Des machines sont-elles en panne ? Quels sont les problèmes rencontrés actuellement sur cette ligne de production ? » Tant de questions répétées au quotidien dans les usines. Les solutions *cloud* telles que *Connecti'Cloud* permettent de disposer d'une parfaite visibilité du parc machine.

De tels systèmes permettent de suivre à distance, partout dans le monde et en temps réel, les données de production sécurisées depuis un ordinateur, un smartphone ou une tablette.

Les managers de production peuvent aussi consulter la liste des événements intervenus, visualiser et analyser l'historique de production (sous forme de tableaux et graphes), examiner les valeurs moyennes, minimales et maximales de production, etc.

D'après www.connecticloud.fr, février 2020.

À partir des documents 12, 13 et 14 :

1. Proposez un schéma représentant la place du *cloud* dans les systèmes de production.
2. Expliquez quel est l'intérêt du *cloud* pour la gestion des systèmes de production.

B L'intelligence artificielle (IA)

DOC. 15

« *RPA* : qu'est-ce que c'est, à quoi ça sert ? »

Le *RPA* ou *Robotic Process Automation* est une technologie permettant d'automatiser des tâches répétitives qui nécessitaient jadis l'intervention d'un humain. Elle repose sur l'utilisation de logiciels d'intelligence artificielle ou de *Machine Learning* (apprentissage automatique), aussi appelés « robots logiciels » capables d'imiter un travailleur humain.

Le robot logiciel se connecte à une application afin de manipuler des données, d'effectuer des calculs, de communiquer avec d'autres systèmes numériques, ou d'effectuer des tâches diverses. [...]

Dans le domaine des services financiers, les *RPA* peuvent permettre d'automatiser des tâches comme l'ouverture ou la fermeture d'un compte ou la gestion des requêtes d'audits ou des réclamations d'assurance. [...] Les ressources humaines peuvent s'en servir pour automatiser certaines tâches ou pour mettre à jour les informations sur les employés. Cette technologie sert aussi dans le domaine de la logistique pour automatiser les traitements et paiements de commandes, la surveillance des niveaux d'inventaires ou le suivi d'expéditions.

Bastien L., www.lebigdata.fr, 7 novembre 2018.

3. Décrivez le principe sur lequel repose le *RPA*.
4. Trouvez d'autres applications possibles du *RPA* dans l'industrie de la santé, pour des services commerciaux ou comptables.
5. Retrouvez les avantages offerts par cette technologie.

DOC. 16

Oracle permet l'avènement d'une gestion de production intelligente grâce à de nouvelles applications *cloud* d'intelligence artificielle

Oracle Adaptive Intelligent Applications for Manufacturing permet aux industriels d'identifier les anomalies pendant la production, de localiser précisément la cause première des problèmes et de prévoir les événements avant qu'ils ne surviennent. Grâce à ces applications, les industriels peuvent surveiller toutes les étapes de leurs processus de production, prévoir les défaillances des processus et des composants et analyser l'impact des problèmes depuis la production jusqu'à la livraison au client. Bâtie sur *Oracle Cloud Platform*, une plateforme robuste et évolutive intégrant du *machine learning*, cette solution comprend notamment un lac de données (*data lake*) [...].

Communiqué d'Oracle, www.decideo.fr, 24 mai 2018..

DOC. 17

Quelles entreprises utilisent le *RPA* ?

Walmart, Deutsche Bank, American Express, Ernst & Young ou encore Walgreens figurent parmi les nombreuses entreprises qui tentent d'adopter le *RPA*. Chez Walmart, environ 500 robots sont chargés de répondre à toutes les questions, qu'il s'agisse des questions des employés ou encore de la récupération d'informations pour créer des documents d'audit. Chez American Express, le *RPA* est à l'œuvre pour automatiser le processus d'annulation d'un billet d'avion et d'émettre des remboursements. Et un projet est en cours pour automatiser certaines tâches de gestion des dépenses.

« Qu'est-ce que le RPA ? 4 points pour bien connaître les processus d'automatisation métier », www.zdnet.fr, 9 janvier 2020.

À partir des documents 16 et 17 :

6. Indiquez quels types d'entreprises utilisent l'IA.
7. Identifiez les services que l'IA fournit à chacune d'elles.
8. Repérez le lien qui existe entre IA et informatique en nuage.

Je fais le point sur 2

- Quel est le rôle du *cloud computing* dans un système de production ?
- Que permet l'IA ?

C L'Internet des objets (IoT) chez Airbus

En immersion chez... AIRBUS

SITUATION

Airbus est un groupe industriel du secteur aéronautique et spatial, civil et militaire, fruit d'une coopération internationale entre constructeurs européens.

Avec 130 000 salariés et un chiffre d'affaires de 63,7 milliards d'euros en 2018, le groupe est l'un des champions mondiaux du secteur aéronautique et spatial, toutes catégories confondues.

Cette entreprise possède 3 sites de production en Allemagne, 3 en Espagne, 3 en France (Toulouse, Saint-Nazaire et Nantes) et 2 au Royaume-Uni. Depuis 1994, le groupe Airbus a installé plusieurs usines en Chine devenant ainsi un groupe mondial de l'aéronautique.

L'internet des objets (IoT), la solution proposée par Objenious (2'21)

Lien vidéo

Vous analyserez le cas d'Airbus en répondant aux questions suivantes et en vous aidant des ressources documentaires de la page 81.

1. Expliquez comment Airbus utilise l'Internet des objets dans son activité.
2. Listez les avantages que procure l'IoT à Airbus.
3. Imaginez, d'après vos connaissances personnelles, quelles seraient les limites de cette technologie (IoT).
4. Faites le lien entre la technologie qu'est l'IoT et les autres technologies vues dans le 2.

LES RESSOURCES DOCUMENTAIRES

RESSOURCE 1

Airbus et l'IoT, une histoire qui a commencé tôt, dès 2008

Pour faire passer ses avions à l'ère de l'IoT, Airbus a constitué [dès 2008] une équipe dédiée qui regroupait [en 2016] neuf personnes. Elle coordonne les projets menés dans les différentes branches métiers du groupe. Baptisée « *Value chain visibility* », cette structure travaille avec une centaine d'acteurs de l'Internet des objets. « Cet écosystème est complexe. Nous collaborons avec des entreprises issues du monde des télécoms, de l'électronique, de la mécanique... », explique Trevor Stone, responsable du développement IoT chez Airbus qui dirige cette division.

Pour construire ses appareils, Airbus collabore avec une centaine de sous-traitants. « Aujourd'hui 72 d'entre eux posent des tags de géolocalisation sur les pièces qu'ils fabriquent pour nous. Ce nombre devrait doubler en 2017. L'ensemble des pièces qui demandent un suivi particulier, notamment pour des questions de maintenance, seront alors marquées », souligne Trevor Stone. Les ingénieurs chargés d'entretenir le matériel sauront par exemple que les trains d'atterrissage de l'avion ont été utilisés pendant 800 heures et qu'ils ont besoin d'être révisés.

Les gilets de sauvetage destinés aux passagers seront également connectés. Le personnel navigant, qui doit très régulièrement les recenser pour des raisons de sécurité, passera simplement dans la cabine avec un scanner pour vérifier que le compte est bon. « Cette opération était chronophage pour les équipages, elle ne prendra plus que quelques minutes avec ce système. C'est un gain d'efficacité important pour les compagnies aériennes », souligne Trevor Stone.

Lélia de Matharel, « L'Iot, le nouveau mantra du groupe Airbus », www.journaldunet.com, 16 décembre 2019.

RESSOURCE 2

« Airbus inaugure le nouveau réseau IoT dédié pour les industriels d'Objenious »

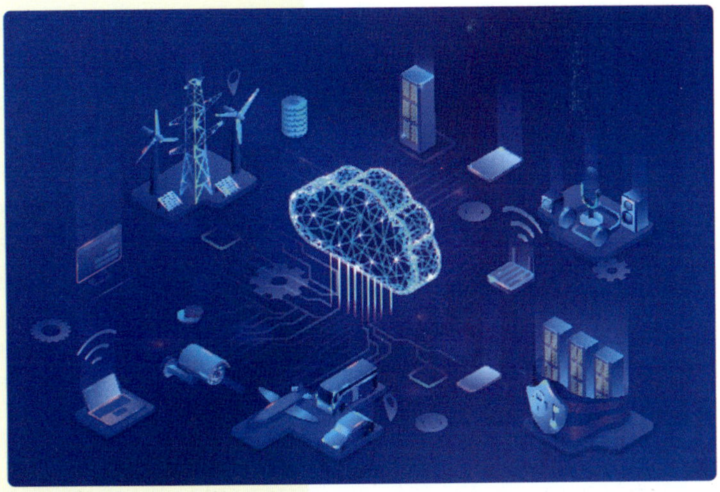

Airbus est la première entreprise à exploiter la nouvelle offre IoT pour les projets industriels d'Objenious, la filiale de Bouygues Telecom. Il s'agit d'un réseau LoRa dédié, que le constructeur aéronautique peut gérer de manière privée tout en bénéficiant de la sécurité et de la qualité promise par l'opérateur télécom.

[...] À ce jour, quelque 700 capteurs ont été installés sur trois de ses sites en France (Blagnac et Saint-Nazaire) et en Allemagne. « Nous sommes partis des différents métiers présents au sein de l'entreprise, ce qui nous a permis d'adapter le déploiement aux besoins réels », souligne Stéphane Allaire, président d'Objenious. Cette stratégie a permis d'isoler trois [usages] chez le constructeur aéronautique. Ce réseau LoRa dédié permet aujourd'hui de géolocaliser des équipements pour effectuer un inventaire en temps réel, ou encore de relever les températures pour mieux conserver les pièces détachées. La connexion des boutons de commande des chaînes de montage optimise, elle, la productivité globale. [...]

Arthur Le Denn, www.usine-digitale.fr, 19 février 2019.

ACTIVITÉS

JOUEZ AVEC KYUSHI
Quiz interactifs pour la classe !

A

B Tester ses connaissances

Exercice interactif

Cocher la bonne réponse.

1 L'automatisation du système de production consiste à :
- ☐ diminuer le nombre de tâches à réaliser.
- ☐ transférer des tâches au système d'information de gestion.
- ☐ intégrer de nouvelles tâches dans le processus de production.
- ☐ remplacer les femmes et les hommes par des machines ou dispositifs techniques.

2 Un progiciel de gestion de la production permet :
- ☐ une meilleure traçabilité des produits.
- ☐ une meilleure communication avec les consommateurs.
- ☐ un meilleur enregistrement des frais bancaires.

3 Le *cloud computing* est un service qui :
- ☐ ne concerne pas l'activité production des entreprises.
- ☐ est très coûteux.
- ☐ permet d'utiliser de nouveaux systèmes de production.
- ☐ est rendu possible par l'accès à distance des serveurs.

4 L'IA permet :
- ☐ à des machines d'accomplir des tâches et de résoudre des problèmes normalement réservés aux humains.
- ☐ d'imiter facilement ses concurrents.
- ☐ de réduire le temps de conception des produits.
- ☐ de simuler le comportement d'un équipement.

C Préparer ses arguments

Pour l'enseignant
Document PDF

GRAND ORAL

Automatiser (ou pas !) sa chaîne de production ?

Mission « *battle* » à faire en groupe :
Un groupe est chargé d'exposer oralement devant le second groupe l'intérêt d'automatiser sa chaîne de production en s'aidant du document « Pour l'automatisation ! » remis par le professeur.
Le second groupe exposera ensuite oralement devant le premier les dangers et les répercussions de l'automatisation des chaînes de production en s'aidant du document « Contre l'automatisation ! » remis par le professeur.

> Fiche méthode 4, p. 233

D L'ETLV en Management, sciences de gestion et numérique

ETLV

The RPA

1 Describe with your own words what RPA is.

2 Explain why RPA is interesting for the production systems of industrial companies.

Robotic Process Automation: What is RPA?
(3'03)
Lien vidéo

Programme de langues vivantes, Identités et échanges

E Analyser une situation de management

Mise sur le marché de solutions innovantes d'IA : les navettes autonomes Navya éjectées de la Défense !

Deux ans après son lancement, l'expérimentation est interrompue. Un échec pour le constructeur français de ces véhicules électriques.

L'expérience – présentée comme une première mondiale dans un environnement aussi complexe – avait vu le jour le lundi 3 juillet 2017. Deux ans après, l'établissement public Paris-La Défense jette l'éponge et met fin, par un sévère constat d'échec, à son expérimentation de transport en minibus électrique et autonome sur le parvis.

« Au terme de l'expérimentation, le bilan global n'est pas satisfaisant, écrit le communiqué diffusé, vendredi 12 juillet, par l'établissement. D'une part, la technologie n'a pas su s'adapter aux mutations de l'environnement urbain. D'autre part, l'objectif de passage en "*full* autonome" n'a pas abouti. Enfin, la vitesse de circulation de la navette n'a pas réussi à progresser et donc à rendre le service attractif. » [...]

L'exploitation du service a été complexe, en raison de difficultés liées à la connexion (effet de canyon urbain du fait de la hauteur des tours) et la forte mutabilité de l'environnement urbain au gré des événements (marché de Noël, *foodtrucks*, travaux...) », détaille le communiqué de Paris-la Défense. [...]

Navya, qui a pour actionnaires minoritaires Keolis et l'équipementier automobile Valeo, connaît plus de succès avec

d'autres expérimentations (dont la desserte du quartier de la Confluence, à Lyon). Mais l'échec de La Défense souligne la fragilité du modèle des « navettes autonomes », qui, jusqu'ici, n'ont jamais démontré une capacité à offrir un service de transport à la fois fiable, confortable, régulier et plus rapide que la vitesse d'un piéton.

Éric Béziat, « Les navettes autonomes Navya, lentes et inadaptées, éjectées de la Défense », Lemonde.fr, 15 juillet 2019.

1. L'article du journal *Le Monde* relate un échec de la société lyonnaise Navya, un des leaders mondiaux de solutions de transport autonome, pour l'exploitation de sa navette sur le site de la Défense.
2. Recherchez sur Internet d'autres expériences réussies de cette même *start-up*.
3. Rédigez une synthèse mettant en avant les facteurs de réussite et d'échec des projets de Navya.

Dossier Avenir

Études supérieures : savez-vous vraiment ce qui vous attend à la rentrée ?

Site Web

Quiz Onisep : pour préparer votre entrée dans le supérieur !

Les résultats de ce quiz vous surprennent-ils ? Pourquoi ?

SYNTHÈSE

Podcast

Pour l'enseignant
Synthèse rédigée
Synthèse animée

1 Comment les systèmes d'information de gestion affectent-ils le système de production ?

Le Système d'Information de Gestion (SIG)

- au moyen de :
  - **P. G.** : Ensemble de fonctionnalités permettant d'automatiser des activités de gestion
    - Informatisation des activités de : collecte, stockage, traitement, diffusion (de l'information)
  - **I.** : Rassemble les SI des principales fonctions de l'entreprise : gestion de production (GPAO), logistique, gestion commerciale, RH, comptabilité…
- rend possible l'automatisation du **Système de production**

En quoi ça consiste ?

- progiciels permettant de gérer l'automatisation
- machines spéciales, îlots robotisés, lignes de production

Dans quel but ?

- une gestion optimale des coûts
- une meilleure traçabilité
- l'obtention d'une information unifiée et partagée

Quelles conséquences ?

- optimiser la production
- améliorer la qualité des produits
- améliorer les conditions de travail du personnel
- suppléer l'homme dans des situations dangereuses

2 De quelles nouvelles technologies parle-t-on ?

Système de production s'appuie sur :

Le *cloud computing* : mettre des services matériels et logiciels à disposition sur Internet

- utiliser de de nouveaux systèmes de production : impression 3D, calcul haute performance, Internet des objets (IoT)

→ • réduire les coûts
• accroître la compétitivité.

L'intelligence artificielle : Ensemble de techniques permettant à des machines d'accomplir des tâches et de résoudre des problèmes normalement réservés aux humains

- logique « rationalisante » : le salarié est orienté par l'IA
- logique « capacitante » : le salarié est assisté par l'IA

→ • prévoir ou de simuler le comportement d'un équipement
• mise en place d'assistants virtuels (type Siri ou *chatbots*)

Les mots incontournables

> Lexique, p. 251

Automatisation • *Cloud computing* • Intelligence Artificielle • Industrie 4.0 • Progiciels de gestion intégrés • Système de production

6 Comment assurer un fonctionnement cohérent des organisations ?

Capacités

- Distinguer et justifier le type d'organisation du travail choisi
- Décrire les mécanismes de coordination mis en place

Dans les starting-blocks !

À Auch, le magasin Mr.Bricolage a adopté une nouvelle organisation du travail : l'holacratie…

Les salariés d'un magasin de bricolage sont leur propre patron
(3'31)

Lien vidéo

1. Caractérisez l'entreprise Mr.Bricolage : secteur d'activité, type de production et champ géographique.
2. Décrivez l'organisation du travail chez Mr.Bricolage.
3. Appréciez la place de l'autonomie dans ce type d'organisation du travail.
4. Dégagez les enjeux liés à ce type d'organisation du travail.

1 Comment adapter l'organisation du travail à un environnement complexe ?

A Les caractéristiques d'une organisation du travail rigide

DOC. 1

L'organisation d'un chantier de travaux publics

Le chef de chantier assure au quotidien l'organisation d'un chantier selon son importance. Il est responsable sur le site de la bonne exécution des travaux. Sous la responsabilité d'un conducteur de travaux, il dirige les équipes, contrôle, coordonne et planifie les travaux. Son travail est organisé autour de trois grandes activités : la préparation du chantier, l'organisation et le suivi de chantier, la clôture du chantier. Il veille à l'application des directives, des normes et **règlements**, notamment en matière de sécurité. Il veille à la qualité du travail mais aussi au respect des délais et du budget. Il étudie les plans de l'architecte et les résultats des études pour aider le conducteur de travaux à définir les moyens de production [...]. Le chef de chantier contrôle l'avancement des travaux et accomplit quelques tâches de gestion (suivi administratif, comptes rendus...). Toujours présent sur le chantier, il détermine la répartition des tâches entre les ouvriers. [...]

« Chef(fe) de chantier de travaux publics », ladepeche.fr, 22 mars 2019.

Valérie Jacques, cheffe de chantier. (1'06) Lien vidéo

Et en Droit

Un règlement est un texte source de droit émanant d'une autorité exécutive comme les décrets et arrêtés, par exemple. (Programme de 1re, Les sources du droit)

1. Présentez sous la forme d'une carte mentale les tâches relatives à l'organisation d'un chantier de travaux publics.
2. Justifiez l'organisation plutôt rigide du travail sur un chantier de travaux publics.
3. Recherchez les compétences indispensables à l'organisation d'un chantier de travaux publics.

DOC. 2

L'organisation du Festival des 24 heures

Le Festival des 24 heures de l'INSA[1] est organisé par une association loi 1901 à but non lucratif [...]. Grâce à une organisation et une implication toujours plus minutieuses et de plus en plus professionnelles, l'événement est aujourd'hui devenu quasiment incontournable [...]. Pour se répartir les tâches et planifier l'organisation, les membres d'une équipe se réunissent au moins une fois par semaine. [...]

L'équipe communication couvre de nombreux aspects indispensables à l'association. Garant de l'image et de la visibilité de l'événement, leur objectif est de rassembler le plus grand nombre pour un festival inoubliable. [...] L'équipe programmation procède au choix des artistes durant la première partie de l'année. [...] L'équipe courses est responsable d'un événement à part entière : les 24 heures de courses [...]. Trois équipes sont en charge des 60 animations gratuites en journée. [...] Une équipe a besoin d'un frigo, d'un canapé, [...] la log' matos est là pour planifier, louer, porter et attribuer tout le matériel nécessaire au festival. [...] La log' élec' se charge donc de tout le plan élec' de la zone, en collaboration avec un électricien professionnel.

1. Institut national des sciences appliquées de Lyon.

www.24heures.org, 2019.

4. Présentez oralement la répartition des tâches relatives à l'organisation du Festival des 24 heures.
5. Justifiez l'organisation plutôt rigide du travail nécessaire à la tenue de ce festival.
6. À partir des **documents 1** et **2**, dégagez les caractéristiques fondamentales d'une organisation du travail rigide.

B Une organisation du travail souple pour la production de biens

DOC. 3

Javey continue d'innover dans les portes de garage

La dernière des innovations de l'entreprise de métallerie Javey pourrait bien réconcilier les amoureux du patrimoine avec les matériaux contemporains. [...] « La personnalisation poussée [...] passe par des impressions en relief, de nouvelles couleurs et même des trompe-l'œil », explique Marie-France Javey, directrice générale de l'entreprise de 70 salariés (chiffre d'affaires de 10 millions d'euros) que préside son mari, Raphaël. [...]
« Nos axes de recherche sont le design, la facilité d'installation et d'utilisation », résume la dirigeante. [...] Le choix du sur-mesure a conduit à une organisation flexible de la production. [...] Le planning de fabrication alimenté au fur et à mesure des commandes est transmis en direct aux postes de travail des différentes lignes. Le suivi instantané de la fabrication permet de modifier les tâches à réaliser à tout moment, changer les ordres de priorité ou insérer une commande urgente.

Christiane Perruchot, « En Haute-Saône, Javey continue d'innover dans les portes de garage », www.tracesecritesnews.fr, 11 avril 2019.

7 Justifiez le choix de l'entreprise Javey d'une organisation du travail souple.

8 Pourquoi peut-on affirmer que cette organisation du travail favorise la réactivité ?

DOC. 4

SKF adopte la production flexible

Le site SKF de Saint-Cyr-sur-Loire se transforme et investit dans de nouvelles installations [...] qui vont lui permettre de gagner en flexibilité de production et d'accélérer le processus de livraison des commandes. En effet, l'évolution des attentes du marché implique désormais de produire davantage dans de petits volumes et surtout dans des délais réduits ; ceci afin de répondre à la réactivité exigée des distributeurs aujourd'hui.
« Créer ce centre européen de kits de rechange automobile représente une vraie différenciation sur ce marché de la rechange très disputé. Pour leurs clients réparateurs, les distributeurs ont besoin de partenaires aptes à répondre sans délai à leur moindre sollicitation [...] » explique Stéphane Gendron, directeur des ventes et du marketing [...].

Jean-Marc Gervasio, www.decisionatelier.com, 29 mai 2017.

9 Repérez les raisons qui ont conduit l'entreprise SKF à adopter une organisation du travail souple.

10 Quels avantages les deux organisations présentées dans les **documents 3** et **4** tirent-elles de leur organisation du travail souple ou flexible ?

C Une organisation du travail souple pour la production de services

DOC. 5

La gestion d'équipe de femmes de chambre dans un hôtel

Chargée de superviser et de gérer une équipe de femmes de chambre, la gouvernante est un personnage clé de l'hôtel.

Le métier de gouvernante (3'01) Lien vidéo

11 Justifiez l'organisation nécessairement souple du travail au sein de la résidence Garrigae.

12 Montrez que cette organisation du travail nécessite une polyvalence[1] des salariés.

1. Capacité à réaliser des tâches différentes au cours d'un même processus de travail.

DOC. 6

Une plateforme de communication mobile à l'Hôpital américain de Paris

L'Hôpital américain de Paris a choisi le fournisseur de technologies informatiques Ascom pour déployer sa nouvelle plateforme de communication mobile interne [...]. La solution de communication d'Ascom propose que certaines alarmes (appels infirmières, alarmes techniques, alertes patients, ou malaise d'un visiteur) soient envoyées vers les personnes en capacité « de les traiter rapidement et de manière efficace ». Ainsi, si une alerte est envoyée, le système automatique diffuse un appel de groupe [...] envoyé à plusieurs personnes prédéfinies par zone au sein de l'établissement. Alors, 4 à 5 personnes dites « mobilisables » reçoivent ainsi l'information qu'une prise en charge doit être réalisée et l'ordre d'intervenir au plus vite. [...] De façon générale, cette solution vise à améliorer la rapidité d'intervention en cas d'urgence ; [...] optimiser les coûts et réduire les frais de maintenance et assurer d'une manière unifiée la gestion des missions [...].

« Ascom déploie une plateforme de communication mobile à l'Hôpital américain de Paris », www.ticsante.com, 13 juin 2018.

13 Présentez les caractéristiques de l'organisation souple que l'Hôpital américain a mise en œuvre pour traiter les situations d'urgence.

14 Montrez que cette organisation souple du travail implique néanmoins une coordination entre les services.

DOC. 7

Le métier de restaurateur d'art : une organisation souple du travail

Faire renaître un tableau (3'38) Lien vidéo

15 Indiquez pourquoi l'organisation du travail est nécessairement souple au sein de l'entreprise Arcanes.

16 Expliquez la manière dont les tâches sont réparties entre les salariés.

Je fais le point sur 1

- Comment distinguer une organisation du travail rigide d'une organisation du travail souple ?

2 Comment coordonner le travail au sein de l'organisation ?

En immersion chez... RENAULT RETAIL GROUP

SITUATION

La filiale de Renault se lance dans le lean management afin de renforcer la performance des sites, tout en améliorant la qualité de vie au travail. La concession de Tours (37) est l'unique site pilote au monde. « Il est géré selon une méthode de gestion appelée *lean management* », présente son directeur, Fabrice Gasperato. Concept venu du Japon, développé dans le monde de l'automobile par Toyota, le *lean management*, qui signifie en anglais « gestion sans gaspillage » (*lean* pour « mince », « maigre »), vise à renforcer la performance, à gagner en productivité, en qualité et en délais, pour ainsi réduire les coûts et renforcer la satisfaction client. [...]

En après-vente, l'organisation a été repensée. [...] « Nous avons développé des ateliers de réparation rapide (pneumatique, vidange, freinage, échappement, distribution), appelés *Pit Stops* dans lesquels interviennent deux collaborateurs par voiture au lieu d'un, ce qui permet de réduire le temps de travail par deux dans une grande majorité des cas, et donc, de prendre plus de rendez-vous. » [...] Ce concept et cette logistique permettent ainsi de réaliser une partie importante des interventions en moins d'une heure. [...]

Côté atelier, d'importantes modifications ont aussi eu lieu, notamment au niveau de la pièce détachée. « Nous avons mis en place le *pré-picking*, explique Fabrice Gasparato. Les pièces nécessaires sont débloquées dès la prise de rendez-vous. » Lorsque la voiture arrive dans l'atelier, les pièces sont ainsi déjà prêtes. Cette évolution qui a nécessité une profonde évolution du système informatique a permis d'enregistrer un gain d'environ 15 minutes par intervention et un taux d'efficacité amélioré de trois points. [...]

L'aménagement des locaux s'est accompagné d'une réorganisation du temps de travail. « Nous avons intégré trois équipes (matin, journée et soir), à raison de sept heures de travail quotidien effectif », présente Fabrice Gasparato. Cette organisation offre plusieurs avantages. Dans un premier temps, elle a permis d'augmenter l'amplitude horaire. « L'accueil est ouvert de 7 heures à 19 heures, mais nos ateliers travaillent de 6 heures à 20 heures, précise-t-il. Surtout, nous pouvons désormais ouvrir l'atelier le samedi toute la journée [...]. Les collaborateurs travaillent désormais dans des ateliers à taille humaine, dans un meilleur confort, complète-t-il. Et pour certains, être en horaires décalés leur permet d'avoir un meilleur cadre de vie. »

Christophe Bougeois, « Renault Retail Group teste le *lean management* dans son site de Tours », www.pro.largus.fr, 31 janvier 2018.

Vous analyserez le cas Renault Retail Group en répondant aux questions et en vous aidant des ressources documentaires de la page 90.

A. Le taylorisme ou la spécialisation des tâches

1. Présentez les caractéristiques principales du taylorisme.
2. Montrez que le taylorisme repose sur la spécialisation des tâches.

B. Le toyotisme et le *lean management*

3. Montrez que le toyotisme implique une polyvalence des tâches.
4. Repérez les objectifs du *lean management* mis en œuvre chez Renault Retail Group.
5. Présentez de manière structurée les modalités pratiques du *lean management* de Renault Retail Group.

LES RESSOURCES DOCUMENTAIRES

RESSOURCE 1

Qu'est-ce que le taylorisme ?

De nouvelles méthodes d'organisation du travail ont été introduites dans l'entreprise pendant la révolution industrielle à la fin du 19e siècle et au début du 20e siècles, dans le but d'augmenter le rendement et la productivité des salariés en optimisant la gestion du temps de travail. Les deux principales sont le taylorisme et le fordisme.

C'est quoi le taylorisme et le fordisme ? (1'15) Lien vidéo

Frederick Winslow Taylor (1856-1916) est un ingénieur américain qui a présenté, dans son ouvrage *Principles of Scientific Management*, une méthode d'organisation scientifique du travail (OST).

Le taylorisme est une méthode de management de production [qui] applique plusieurs principes : l'organisation horizontale du travail, l'organisation verticale du management, le contrôle du travail et le salaire au rendement. L'organisation horizontale du travail désigne la parcellisation des tâches pour un rendement plus important. Ce principe est souvent traduit par le travail à la chaîne. La division verticale du travail désigne un mode d'organisation pyramidal avec division entre la prise de décision et l'exécution de la décision. Le taylorisme a été appliqué comme méthode de management dans des entreprises du secteur de l'industrie [...]. Il est aujourd'hui encore utilisé dans la restauration rapide.

« Taylorisme : définition, traduction », www.journaldunet.fr, 31 janvier 2019.

RESSOURCE 2

Les caractéristiques du toyotisme

Le toyotisme désigne une organisation du travail élaborée dans les années 1960 par l'ingénieur japonais Taiichi Ono et mise en œuvre au sein de l'entreprise Toyota pour répondre aux attentes des clients. Il est fondé sur une plus grande responsabilisation des travailleurs, dont les tâches sont enrichies, qui deviennent ainsi plus polyvalents.

Taiichi Ōno (1912-1990) est un ingénieur japonais à l'origine d'une méthode de production « juste-à-temps » impliquant la fabrication dès la commande du client.

Le toyotisme est une méthode de management dont le but est d'améliorer l'efficacité de la production en optimisant les flux et la gestion des stocks. Pour cela des techniques sont appliquées telles que le juste-à-temps (zéro-délai et zéro-stock) ou le zéro défaut. Par ailleurs, le personnel est impliqué dans l'organisation et le contrôle de la production à travers des cercles de qualité autonomes (*kaizen* en japonais).

« Le toyotisme : définition, traduction », www.journaldunet.com, 31 janvier 2019.

Le Juste-à-Temps chez Toyota (3'04) Lien vidéo

D Les mécanismes de coordination des tâches

Coup de pouce

La coordination des tâches détermine la manière dont les personnes collaborent à la réalisation des objectifs d'une organisation en général et d'une entreprise en particulier.

DOC. 8

La coordination des tâches pour rendre le travail cohérent

D'après Henri Mintzberg, professeur de management à HEC Montréal, il existe plusieurs mécanismes de **coordination des tâches** qui peuvent se combiner entre eux :

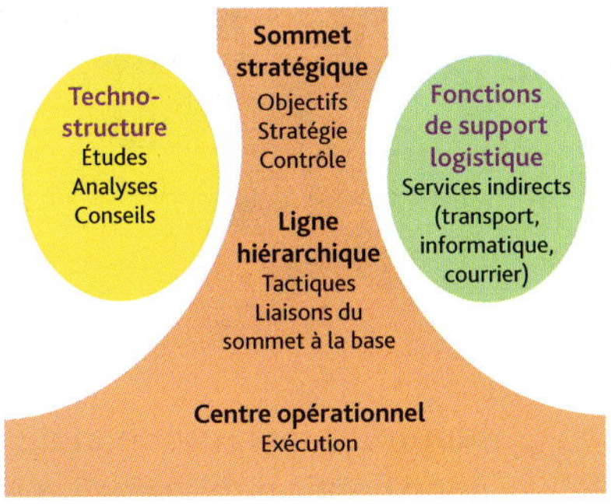

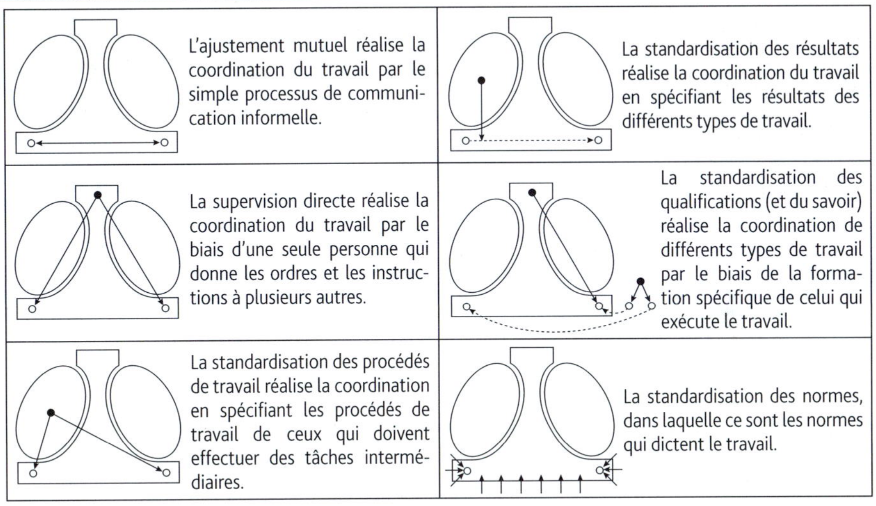

Plus récemment utilisée, la coordination par automatisation de procédures consiste à coordonner les tâches formant un *workflow* par le biais de logiciels informatiques ou encore d'outils numériques.

D'après Henry Mintzberg, *Le management, Voyage au centre des organisations*, Éditions d'Organisation, 2004.

DOC. 9

Quatre exemples de coordination des tâches

1 À la Cité de la Musique, le chargé de production gère l'ensemble des moyens matériels et humains, il établit et contrôle les plannings artistiques et définit les objectifs à atteindre.	**3** Chez l'artisan Baudier & Fils, les opérations de restauration de meubles anciens sont réparties entre les ébénistes sans règles établies par avance.
2 Chez Bonduelle, chaque unité de production respecte des normes à tous les stades de la fabrication et chaque étape est prise en charge par des salariés spécialement formés.	**4** Chez Kiloutou, le logiciel Kioskemploi permet d'optimiser le processus de recrutement grâce à des modules spécifiques (sélection, tests, entretiens...).

6 Donnez la définition d'un mécanisme de coordination des tâches.

7 Rattachez chacun des exemples de coordination présentés dans le **document 9** à un ou plusieurs des mécanismes de coordination proposés dans le **document 8**.

Je fais le point sur 2

- Quels sont les quatre grands mécanismes de coordination du travail qui permettent d'en garantir la cohérence ?

3 Pourquoi décentraliser le pouvoir de décision dans une organisation ?

A Le degré d'autonomie et de responsabilité

DOC. 10

Chrono Flex, un exemple d'entreprise libérée

Spécialiste des dépannages de flexibles hydrauliques[1], cette société a finalement réussi à se redresser. Aujourd'hui, elle est leader national dans son secteur, avec [...] un chiffre d'affaires qui frôle les 26 millions d'euros [...]. Le parachute de secours fut, d'après le fondateur de l'entreprise, Alexandre Gérard, la réorganisation totale de l'entreprise. [...] Chez Chrono Flex, la refonte de l'organisation est basée sur la décentralisation du pouvoir qui est alors remis entre les mains des salariés. [...] Les employés de la société forment différentes équipes. Chacune d'entre elles décide et est responsable des décisions à prendre au niveau de l'achat des fournitures, du contrôle des véhicules, des objectifs, plannings, et décisions d'investissements. [...] Des postes comme ceux de directeurs régionaux ou encore managers intermédiaires ont disparu au sein de l'entreprise. Ceux qui restent sont à présent appelés "capitaines" [et] font un travail d'accompagnement, de coordination [...]. Des équipes au sein de cette entreprise sont dédiées à la question de la rémunération, et sont ouvertes à tous les employés.

Chrono Flex, une entreprise libérée (3'39) Lien vidéo

1. Tuyaux par lesquels passent des fluides.

Margaretta El Khoury, « Libération d'entreprise chez Chrono Flex », www.changethework.com, 14 avril 2018.

1. Identifiez le(s) mode(s) de coordination du travail mis en place chez Chrono Flex.
2. Appréciez le degré de décentralisation du pouvoir chez Chrono Flex.
3. Expliquez pourquoi le degré d'autonomie et de responsabilité est élevé dans une entreprise libérée.

DOC. 11

« Gore Tex : à la découverte d'un management particulier »

Les tissus Gore Tex, réputés pour leur imperméabilité, se sont fait un nom sur leur marché. [...] W.L. Gore & Associates, le groupe propriétaire du Gore Tex, a décidé de faire de chacun de ses collaborateurs des associés de l'entreprise. [...] L'autonomie est une qualité très prisée pour travailler chez Gore Tex. En effet, au sein de l'entreprise, tous ses collaborateurs sont associés et bénéficient des avantages liés à ce statut. Ces derniers ont notamment la possibilité d'organiser leurs horaires de travail à leur guise. L'autonomie accordée par Gore Tex à ses collaborateurs est parfaitement adaptée à la flexibilité plébiscitée de nos jours [...].

Les managers sont considérés comme des accompagnants, des conseillers. Ils ne se comportent pas comme des managers autoritaires [...]. L'entreprise a fait le choix de créer des petits groupes qui travaillent sur des projets transversaux impliquant différents départements [...]. De plus, l'entreprise encourage ses associés à [...] proposer de nouvelles idées et des solutions innovantes [...]. Toutes ces mesures permettent d'accroître l'inventivité et la performance des collaborateurs au quotidien.

www.changethework.com, 22 février 2018.

4. Décrivez le rôle de la hiérarchie au sein de l'entreprise Gore Tex.
5. Appréciez le degré d'autonomie et de responsabilité chez Gore Tex.
6. Dégagez les effets de cette organisation du travail sur l'entreprise Gore Tex et sur ses salariés.

B L'abandon de la ligne hiérarchique

DOC. 12

FAVI, une entreprise sans patron ?

L'entreprise FAVI est un équipementier automobile [qui] emploie 380 salariés. Au début des années 80 [...] Jean-François Zobrist [...] applique les principes de l'entreprise libérée. [...] Finie l'organisation pyramidale : les ouvriers s'organisent eux-mêmes en mini-usines de 25 à 30 personnes et cooptent un leader. Chaque mini-usine travaille directement pour un client (PSA, Renault, etc.). Suppression de la pointeuse. Aux ouvriers de savoir s'ils doivent mettre un coup de collier et revenir le week-end, par exemple, pour terminer une commande. Valorisation : tous les mois, un concours récompense la meilleure idée d'un ouvrier ou d'une ouvrière destinée à améliorer la productivité ou le confort de travail sur les machines. Des primes identiques pour tous, de l'ouvrier au grand patron. [Pour] Jean-François Zobrist [...] « le bien-être au travail, c'est savoir pourquoi je travaille, être libre du comment, qu'on m'exprime un peu de reconnaissance [...]. Les ouvriers veulent juste qu'on leur dise qu'on est content d'eux [...] »

Halima Najibi, « Le bien-être au travail : la méthode de Jean-François Zobrist ex-patron de la FAVI », www.francetvinfo.fr, 28 juillet 2017.

L'entreprise libérée expliquée par Jean-François Zobrist, directeur de l'entreprise FAVI (3'13) — Lien vidéo

7 Présentez à l'aide d'un schéma les liens logiques entre les éléments suivants de l'organisation du travail chez FAVI : déroulement du projet en responsabilité / notoriété et performance de FAVI / bonne satisfaction des clients / ouvriers organisés en mini-usines / choix de l'organisation du travail / valorisation du bien-être au travail.

8 Expliquez pourquoi ce type d'organisation ne peut pas fonctionner sans confiance, autonomie, ni responsabilité.

DOC. 13

À Cravant, l'entreprise Mobil Wood fonctionne sans chef !

Moins de bureaucratie et d'intermédiaires, le concept est appliqué depuis près de 20 ans. Dans une société en holacratie, le pouvoir est délégué aux salariés les plus proches du travail à effectuer. Les employés choisissent leurs représentants, peuvent en changer. Ils sont plus libres de planifier leurs journées. Ce qui n'exclut pas de se réunir régulièrement. Les conflits ne disparaissent pas non plus par magie.

Arnaud Lefevre, www.francetvinfo.fr, 10 décembre 2018.

9 Présentez les caractéristiques de l'organisation du travail chez Mobil Wood.

10 Dégagez les valeurs fondamentales de ce type d'organisation du travail.

11 Proposez une définition de l'holacratie.

Je fais le point sur 3

- Comment peut-on caractériser la décentralisation du pouvoir de décision dans une organisation ?

ACTIVITÉS

JOUEZ AVEC KYUSHI
Quiz interactifs pour la classe !

A

B Tester ses connaissances

Exercice interactif

Cocher la ou les bonnes réponses.

1. Une organisation du travail rigide est caractérisée par :
   - ☐ une spécialisation des tâches.
   - ☐ une parcellisation des tâches.
   - ☐ une polyvalence des tâches.
2. Une organisation du travail souple est une organisation :
   - ☐ qui doit être très hiérarchisée.
   - ☐ qui s'adapte rapidement à son environnement.
   - ☐ qui fait preuve de flexibilité et de réactivité.
3. Le toyotisme repose sur les principes suivants :
   - ☐ amélioration continue de la qualité.
   - ☐ séparation entre la prise de la décision et son exécution.
   - ☐ amélioration de la gestion des flux et des stocks.
4. Le *lean management* découle du :
   - ☐ taylorisme.
   - ☐ fordisme.
   - ☐ toyotisme.
5. Les mécanismes de coordination du travail sont :
   - ☐ l'ajustement formel.
   - ☐ la supervision directe.
   - ☐ l'automatisation des résultats.
6. La délégation du pouvoir de décision implique :
   - ☐ de l'autonomie.
   - ☐ de la responsabilité.
   - ☐ de la défiance.

C Préparer ses arguments

GRAND ORAL

L'entreprise Scoot-Services est spécialisée dans l'entretien et la réparation de scooters. Dans l'atelier, les activités sont réparties entre les quatre mécaniciens polyvalents suivant un planning hebdomadaire qui prévoit les tâches de chacun. Depuis quelques mois, l'entreprise rencontre des difficultés pour satisfaire les demandes urgentes et imprévues des clients. Par ailleurs, les clients réclament désormais davantage de conseils techniques et Scoot-Services ne peut pas y répondre faute de temps.

Mission : Vous êtes chargé(e) d'identifier les avantages que l'entreprise pourrait tirer d'une organisation du travail flexible. Après avoir réalisé votre mémo, vous exposerez oralement, devant votre classe, le résultat de votre réflexion.

> Fiche méthode 4, p. 233

D L'ETLV en Management, sciences de gestion et numérique

ETLV

What is Lean Management?

1. Say what the objectives of Lean Management are.
3. Explain how Lean Management can help companies reach these objectives
3. **Interact!**
   You are a management expert. One local company wants to expand. Student A has to convince the manager to try Lean Management to do so. Student B is a manager, he or she has doubts: explain them and ask questions about them to the experts. Speak for 2 minutes.

Four Principles Lean Management (1'56)
Lien vidéo

Programme de langues vivantes, Identités et échanges

E Analyser une situation de management

Sogilis, une entreprise libérée

La PME spécialisée dans la conception de logiciels sur mesure [...] est née, en 2008, en tant qu'entreprise libérée. [...] Sogilis a été créée de cette manière « afin de répondre aux objectifs de qualité et de zéro défaut de ses logiciels », affirme Tiphaine Guittat, chargée de projet R&D[1] et de communication. « Cette capacité d'entreprise libérée nous permet d'avoir un mode de fonctionnement correspondant aux attentes de nos clients », insiste-t-elle.

Concrètement, dans cette entreprise grenobloise, pas de managers, pas d'horaires ni de lieu de travail imposé. « Les dirigeants de Sogilis font confiance aux personnes et à leur bonne capacité à se fixer comme objectif prioritaire de satisfaire le client », souligne Tiphaine Guittat. Surtout, cette PME d'une trentaine de salariés favorise l'autonomie et la prise de décision collective dans les équipes qui ont ainsi le droit de dire « non » à un projet qui ne suscite pas leur enthousiasme. [...] Dans ce système d'équipes autonomes et décisionnaires, quel rôle y-a-t-il encore pour les dirigeants [...] ? « Nous sommes quand même obligés d'avoir une personne qui soit capable de trancher, de prendre une décision finale, sans toutefois imposer quoi que ce soit d'arbitraire [...] ».

1. Recherche et Développement

« Nouveaux modes de gouvernance : l'exemple de Sogilis (entreprise libérée), www.bpifrance.fr, 17 juillet 2017.

1. Identifiez et justifiez le type d'organisation du travail en usage dans l'entreprise Sogilis.
2. Décrivez les modes de coordination mis en place dans l'entreprise Sogilis.
3. Appréciez le degré de décentralisation du pouvoir de décision dans l'entreprise Sogilis.

Dossier Avenir

Elior Services est l'un des leaders français de l'hôtellerie de santé, de la propreté et du *Facility Management* (FM).

Mon poste de responsable de secteur FM, chez Elior Services (1'05) — Lien vidéo

En quoi consiste, selon vous, le poste de responsable de secteur en *Facility Management* ?

SYNTHÈSE

Podcast

Pour l'enseignant
Synthèse rédigée
Synthèse animée

1 Comment adapter l'organisation du travail à un environnement complexe ?

Environnement simple et stable	Environnement complexe et changeant
Structure rigide	Structure souple
Rigidité et prévisibilité	Flexibilité et réactivité

2 Comment coordonner le travail au sein de l'organisation ?

Principes du taylorisme
- Spécialisation du travail et parcellisation des tâches
- Séparation entre les tâches de conception et d'exécution
- Organisation horizontale et management vertical

Principes du toyotisme
- Optimisation des flux et réduction des délais
- Polyvalence et autonomie des ouvriers, groupe de travail
- Amélioration continue de la qualité, zéro défaut

Mécanismes de coordination du travail
- Coordination par communication informelle (ajustement mutuel)
- Coordination par un individu qui ordonne et contrôle le travail (supervision directe)
- Coordination par les résultats, normes, procédures ou qualifications
- Coordination par automatisation de procédures de travail

3 Pourquoi décentraliser le pouvoir de décision dans une organisation ?

Sommet hiérarchique (dirigeant ou équipe dirigeante) — Ligne hiérarchique — Base hiérarchique (collaborateurs)

– Décentralisation du pouvoir de décision → +

Délégation du pouvoir de décision → Autonomie, Responsabilité, Confiance → ***Lean management*** : Méthode de management pour améliorer la qualité et réduire le gaspillage des ressources

Les mots incontournables

> Lexique, p. 251

Centralisation et décentralisation du pouvoir • Enrichissement des tâches • Flexibilité • *Lean management* • Mécanismes de coordination du travail • Organisation du travail • Polyvalence • Réactivité • Spécialisation

IKEA

Innover pour survivre : IKEA et la nécessaire évolution de la stratégie des entreprises

C'est en 1943 que le Suédois Ingvar Kampar décide de créer son entreprise : IKEA. Neuf ans plus tard, avec le concept du « meuble en kit », il révolutionne le monde de l'ameublement et pose les jalons d'un succès qui ne se démentira plus...

À partir de vos connaissances et des informations fournies en annexes :

1. Présentez les caractéristiques principales de l'organisation IKEA.
2. Identifiez les sources d'avantage concurrentiel d'IKEA.
3. Réalisez le diagnostic externe de l'organisation.
4. À partir du diagnostic externe, relevez les défis auxquels IKEA est confronté et qui sont susceptibles de bousculer son avantage concurrentiel.
5. Identifiez les orientations stratégiques décidées par IKEA afin de s'adapter à son environnement.
6. Dégagez l'intérêt de la veille marketing et commerciale dans le cadre de la définition de ces orientations stratégiques.

ANNEXES

Annexe 1 – L'organisation IKEA en quelques chiffres
Annexe 2 – Le succès d'IKEA
Annexe 3 – « Meubles : les gagnants et les perdants d'un secteur en pleine mutation »
Annexe 4 – « IKEA s'implante dans le centre de Paris, un tournant pour le géant suédois ? »
Annexe 5 – « Les meubles IKEA bientôt à louer ? »

ANNEXE 1

L'organisation IKEA en quelques chiffres

- **38,8... comme 38,8 milliards d'euros**

C'est le chiffre d'affaires impressionnant de la marque en 2018, ce qui en fait un des piliers mondiaux du secteur, tous univers confondus. Et pourtant, ce chiffre d'affaires n'était « que » de 9 milliards d'euros en 2000, et déjà 23 milliards en l'an 2010 ! Ce qui démontre une courbe de croissance qui fait rêver… à savoir : un quadruplement du chiffre d'affaires en moins de 20 ans !

- **422... comme 422 magasins dans le monde**

Poursuivant l'expansion de son implantation sans relâche, avec notamment 19 nouveaux magasins en 2018, la marque est désormais présente dans plus de 50 pays. À ce rythme, la barre des 500 magasins devrait être dépassée dans moins de 5 ans !

- **957... comme 957 millions de visites en magasin**

Quasiment un milliard de personnes entrent dans un IKEA tous les ans ! C'est le nombre époustouflant de visites en magasin. Il faut ajouter à ce nombre les impressionnants 2,5 milliards de visites sur le site web de IKEA, ce qui en fait un des sites les plus visités du web…

- **1943... comme la création d'IKEA**

Créé en 1943 par Ingvar Kamprad, IKEA est à l'origine une structure très modeste de vente de divers produits du quotidien. L'entrepreneur aura l'idée révolutionnaire d'imprimer un catalogue de tous ses produits disponibles dès 1951. C'est le début d'un succès fulgurant, jamais démenti depuis.

- **208 000... comme 208 000 collaborateurs IKEA dans le monde**

C'est un nombre qui est également vertigineux et fait du groupe un des plus gros employeurs mondiaux pour les enseignes commerciales. Et pourtant il y a seulement quelques décennies (à savoir en 1985) ce nombre n'était que de 10 000 collaborateurs ! La barre symbolique des 100 000 employés a été dépassée en 2006, date à laquelle l'entreprise a accéléré son développement mondial…

Clément Pennec, « IKEA, les chiffres-clés d'un mastodonte mondial », https://lifestyle.boursorama.com, 17 juin 2019.

ANNEXE 2

Le succès d'IKEA

Ingvar Kamprad s'est éteint ce samedi à l'âge de 91 ans. L'entrepreneur scandinave, parti de presque rien, lègue un géant mondial (38 milliards d'euros de chiffre d'affaires annuel).

Il laisse également derrière lui près de 400 magasins, des milliers de meubles, et une marque très connue.

- **Des innovations majeures**

Pourtant, le succès n'était pas forcément acquis dès le départ. « IKEA a innové sur quatre choses qui aujourd'hui paraissent évidentes, mais qui, à l'époque, ne l'étaient pas, rappelle Jérôme Barthélemy, professeur à l'Essec. Il s'agit du meuble en kit, du design "scandinave", de la sous-traitance de la fabrication, et du magasin séparé de l'entrepôt. »

- **Attention au virage du numérique**

De l'audace, encore de l'audace, lorsqu'il s'agit de donner des noms aux meubles. « Ils continuent à utiliser des mots imprononçables pour désigner leurs tables, leurs chaises, etc., note Rodolphe Champagne. Ce n'est pas par hasard, c'est pour imprimer leur marque partout où ils sont. Mais aujourd'hui, à l'heure des agences de "naming", aucune entreprise n'oserait faire ça. »

- **5 % seulement de ventes sur le net**

Aujourd'hui, 67 ans après la parution du premier catalogue IKEA, l'entreprise est en pleine forme. Mais jusqu'à quand ? « Vu la puissance de leur marque, ils ont encore de la marge, estime Jérôme Barthélemy. Ils ont le volume et les infrastructures qui vont avec ». Le géant suédois s'est pourtant converti tardivement au numérique : en 2017, ses ventes en ligne ne représentaient que 5 % de son chiffre d'affaires en France.

Autre évolution à surveiller, « les meubles personnalisés, qui ne sont pas du tout dans l'ADN d'IKEA pour l'instant », rajoute Rodolphe Champagne. IKEA, fabriqué de toutes pièces et qui a réussi à traverser les décennies, n'est pas à l'abri d'être détrôné un jour…

Nicolas Raffin, « IKEA : pourquoi l'entreprise a eu autant de succès jusqu'à présent », www.20minutes.fr, 28 janvier 2018.

ANNEXE 3

« Meubles : les gagnants et les perdants d'un secteur en pleine mutation »

La célèbre enseigne Conforama, touchée depuis juillet par un vaste plan social, qui se soldera par la fermeture de 42 magasins (dont 10 Maison Dépôt) et touchera 1 900 postes ; les cosys magasins Habitat, à vendre depuis peu ; les meubles Parisot (Haute-Saône), engagés dans un plan de sauvegarde de l'emploi (PSE) depuis septembre... Mais que se passe-t-il dans le secteur meuble, visiblement sens dessus dessous ?

En fait, à y regarder de près, les chiffres globaux ne sont pas si mauvais : après une mauvaise année 2018 (– 2,7 % en valeur), « sur les huit premiers mois de 2019, la hausse a atteint 4,3 % », se réjouit Jean-Charles Vogley, le délégué général de la Fnaem (Fédération française du négoce de l'ameublement et de l'équipement de la maison ; distribution de meubles). « Cela étant, nous avons moult challenges à relever », admet-il.

• Quatre enseignes « font » 50 % du chiffre d'affaires total

C'est que le monde autour bouge, et vite. « En dix ans, la part de la consommation consacrée à l'équipement de la maison est passée de 3,3 % à 2,6 % », souligne Cathy Dufour, la déléguée générale de l'Ameublement français (fabricants). Dans le même temps, la vente de téléphones portables a bondi, par exemple.

Autre fait marquant ? La tendance à la « déconsommation » : « un voyage, un bon massage, une expérience, plutôt qu'un objet qu'on possède, comme un meuble design », résume Cathy Dufour.

Dernier choc majeur, enfin : selon une étude de l'institut Xerfi, les ventes en ligne de meubles ont atteint 14 % du marché l'an dernier ! La concurrence des « *pure players* » (Cdiscount, Amazon, Veepee) est ravageuse.

Dans ce monde en mue profonde, donc, dans lequel quatre enseignes « font » à elles seules 50 % du marché (Conforama, IKEA, But et Alinéa), on distingue clairement des gagnants et des perdants.

• Cuisine et literie ont le vent en poupe

Les gagnants ? Ce sont d'abord les secteurs qui profitent de cette nouvelle sociologie. C'est ainsi que les cuisines ouvertes, devenues des lieux de vie, bouillonnent. Avec, sur ce créneau, « une montée en puissance des enseignes discount (SoCoo'c, etc.) », note Xerfi. Idem pour la literie. Mal de dos – mal du siècle –, et stress font rebondir le business des matelas, si l'on ose dire.

Les gagnants sont aussi ceux qui ont su s'adapter, notamment en prenant à temps le virage du e-commerce. Désormais, 10 % du chiffre d'affaires d'IKEA est issu de son site, et l'enseigne a ouvert 115 points de retrait depuis deux ans pour accompagner ce mouvement. Maisons du Monde, et son univers qui fait rêver, a, elle aussi, su mixer avec bonheur le « *online* et le *offline* » comme disent les experts.

Sylvie De Macido, Odile Plichon,
Leparisien.fr, 23 octobre 2019.

ANNEXE 4

« IKEA s'implante dans le centre de Paris, un tournant pour le géant suédois ? »

En annonçant mardi l'ouverture à l'été 2019 d'un magasin dans le centre de Paris, le géant suédois de l'ameublement IKEA s'adapte au particularisme du marché parisien, avant éventuellement, en cas de succès, de déployer ce format dans d'autres capitales.

« Avec l'ouverture de ce premier magasin de centre-ville en France », d'une surface de vente de 5 000 m² pour un investissement de 6,6 millions d'euros, IKEA souhaite « faciliter l'accès de son offre aux citadins » et vise une zone de chalandise de deux millions d'habitants, à proximité de nombreux transports en commun, détaille le groupe dans un communiqué.

Pour Sara Kristoffersson, professeur d'histoire du design et auteur d'un livre sur l'enseigne, ce contrepied à la stratégie habituelle d'IKEA, consistant à ouvrir de grands magasins en périphérie, est à mettre au crédit de son adaptation « aux évolutions de consommation, ils sont très bons à ce jeu. [...] S'ils constatent que de plus en plus de clients potentiels vivent dans le cœur des villes, ils font en fonction », affirme-t-elle à l'AFP.

Selon plusieurs quotidiens économiques si le magasin parisien trouve son public, l'enseigne pourrait ouvrir des formats similaires à Tokyo, Londres, New York, Vienne ou Shanghai.

- **Exception parisienne**

Leader de l'ameublement et de l'aménagement de la maison en France avec 19,4 % de parts de marché, IKEA compte déjà 33 magasins dans l'Hexagone, tous répartis en périphérie, sous forme de hangars bleu et jaune de 15 000 à 20 000 m².

Pour Emma Recco, directrice immobilier/expansion d'IKEA France, le futur magasin parisien entre dans une stratégie plus globale du géant suédois, visant à améliorer « l'accessibilité de l'offre vers le plus grand nombre », et notamment vers les citadins en manque de place.

« Aujourd'hui, on a certes une plateforme de e-commerce qui permet aux personnes éloignées des magasins de commander [leurs articles, ndlr] mais, avec un magasin physique, on répondra au besoin de toucher et de voir », explique-t-elle à l'AFP.

- **Numérique et livraison**

Réparti sur deux étages au-dessus d'un Décathlon, le futur magasin IKEA sera situé dans le centre commercial des Trois-Quartiers, boulevard de la Madeleine, en plein cœur de la capitale.

Concrètement, « on aura la possibilité de voir une partie de l'assortiment physiquement, et on en montrera également la totalité grâce aux moyens numériques », explique Mme Recco. Et si les meubles choisis ne sont pas stockés sur place, ils pourront être livrés.

AFP, Lepoint.fr, 17 avril 2018.

ANNEXE 5

« Les meubles IKEA bientôt à louer ? »

L'idée évoquée la semaine dernière par Torbjorn Lööf, le CEO d'InterIKEA [la structure qui supervise le groupe] dans une interview à nos confrères du *Financial Times* est celui d'une souscription qui permettrait aux abonnés de ramener un produit qu'ils ont acheté en magasin et d'en prendre un autre en remplacement au bout d'un période donnée. Différentes formules et tarifs sont envisagés en fonction des typologies : pour du gros mobilier, mais pourquoi pas aussi de la vaisselle, des petits objets de décoration et des cuisines. Dans ce dernier cas, l'idée serait de conserver la structure et de changer régulièrement les façades. Pour IKEA, le but de cette démarche est de séduire les *millenials* avides de nouveautés, mais aussi de s'inscrire dans une démarche écologique. La firme s'est en effet fixé comme objectif de réduire son empreinte écologique de 15 % d'ici 2030. Le corollaire de cette nouvelle expérience commerciale, c'est donc la revente de mobilier d'occasion, remis à neuf par ses services. IKEA expérimente cette formule en Écosse depuis quelques mois dans ses magasins d'Edimbourg et prochainement Glasgow. Les clients peuvent y échanger leur meuble IKEA contre un coupon de réduction valable un an. Les objets de seconde main sont ensuite disponibles à la vente à prix cassé dans une section réservée du magasin.

Jean-Christophe Camuset,
https://ideat.thegoodhub.com, 11 février 2019.

Une question de... Maude

En classe, Maude vient de terminer l'étude du thème 1 du programme de Management, sciences de gestion et numérique de Terminale : « Les organisations et l'activité de production de biens et de services. »

Après avoir réfléchi et effectué des recherches, elle a choisi une question pour l'épreuve du Grand Oral : « Quelles contraintes une organisation doit-elle analyser afin de choisir son mode de production ? »

En effet, Maude souhaite poursuivre ses études et envisage de préparer un BTS Comptabilité et gestion.

Documents qu'elle a retenus pour préparer sa question

DOC. 1

Le BTS Comptabilité et gestion (extraits)

La mission globale du titulaire du BTS CG consiste à prendre en charge les activités comptables et de gestion de l'organisation à laquelle il appartient, ou pour le compte de laquelle il agit au titre d'un prestataire extérieur. Les activités comptables et de gestion concernées rassemblent essentiellement : l'enregistrement comptable d'opérations notamment commerciales et leur contrôle, l'établissement et la vérification des opérations liées aux travaux de fin d'exercice et des documents financiers, l'examen, le contrôle des comptes et leur validation, [...] les activités d'analyse de la performance des organisations [...] Le titulaire du diplôme exerce sa mission au titre d'un « prestataire » pouvant être interne ou externe à l'organisation « cliente ». Ces activités répondent à la fois à la nécessité de respecter des obligations auxquelles les organisations sont soumises et à leur besoin d'efficience. Elles participent directement ou indirectement à la production de valeur. Elles nécessitent toutes des capacités à utiliser les ressources offertes par un environnement numérique (progiciel de gestion intégré éventuellement complété par des logiciels spécifiques, logiciels bureautiques avec tableur, accès au réseau...). [...] Les appellations les plus fréquentes sont : assistant comptable, comptable unique, collaborateur comptable, gestionnaire comptable, comptable client, comptable fournisseur, gestionnaire de paie, assistant contrôleur de gestion, assistant en gestion financière et comptable [...]. Le titulaire du diplôme peut prétendre à une insertion tant dans une entreprise que dans une entreprise spécialisée, c'est-à-dire dans un cabinet. [...] Pour l'ensemble de ses activités, le titulaire du diplôme dispose d'une autonomie et d'un champ de délégation pouvant varier selon le contexte de l'organisation qui l'emploie. Son niveau de responsabilité peut s'enrichir au fil de son parcours professionnel. Il communique en permanence avec les autres membres de l'organisation et du service dans le cadre d'un travail collaboratif et rend compte régulièrement à son responsable hiérarchique ou fonctionnel. Il l'alerte sur les événements susceptibles d'induire des risques nouveaux.

Référentiel BTS Comptabilité et gestion, JO n° 0144 du 23 juin 2019, version en vigueur au 24 février 2020, www.legifrance.gouv.fr.

DOC. 2

Comment une organisation choisit-elle le mode de production à mettre en œuvre ?

Produire nécessite de mobiliser une combinaison de ressources tangibles et intangibles. [...] Choisir quelle production mettre en œuvre nécessite d'analyser les contraintes de disponibilité de ressources financières. Plusieurs niveaux d'analyse peuvent être retenus selon l'horizon temporel dans lequel on se situe : il convient de s'interroger sur les modalités de financement des investissements : recours aux fonds propres (autofinancement et/ou augmentation de capital), financement externe (emprunt, crédit-bail, subventions, financement participatif ou *crowdfunding*). L'organisation doit arbitrer entre ces différentes solutions de financement en fonction de sa stratégie, de sa situation financière et de son environnement ; il est également nécessaire de couvrir les besoins de financement liés au cycle d'exploitation : approvisionnement, stockage, distribution. [...] Il est intéressant de comparer les besoins de financement d'entreprises appartenant à des secteurs d'activités différents et d'interroger la façon dont les autres types d'organisations appréhendent les contraintes de financement de leur activité.

Spécialité de Management, sciences de gestion et numérique de Terminale STMG, www. education.gouv.fr

À votre tour !

En classe, l'étude du thème 1 de Management, sciences de gestion et numérique est à présent terminé.
Il est temps de déterminer quelles seront les questions que vous proposerez au jury lors de la première étape du Grand Oral.

Il est également temps d'élaborer votre planning de travail.

1 Le choix de vos questions pour le Grand Oral

Où en êtes-vous de la préparation du Grand Oral ? Avez-vous, comme Maude, choisi les 2 questions que vous allez présenter au jury ?

- **Sur quel enseignement de spécialité allez-vous vous appuyer pour élaborer vos questions ?**
  → Choisissez des questions qui portent sur des domaines qui vous intéressent : cela vous aidera à trouver des entreprises, des documents, des interlocuteurs plus facilement.
- **Avez-vous déterminé votre projet personnel ?**
  → Qu'aimeriez-vous faire après le Bac ? poursuivre des études ? un BTS ? un DUT ? Préférez-vous entrer dans le monde du travail ?

  Il est impératif d'élaborer votre projet personnel avant de choisir vos questions. Vous devrez en effet faire le lien entre les deux.

  → Vous pouvez utilement vous replonger dans le Dossier Avenir de votre manuel. N'hésitez pas à visionner les vidéos proposées dans les rubriques « Comment faire un bon choix de filière après le Bac ? » ou « Comment trouver un métier qui m'intéresse ? ».
  → Vous êtes-vous rendu(e) à des salons d'orientation ? à des salons professionnels ?
  → Commencez à prendre des notes, au fur et à mesure de la construction de votre projet personnel, pour pouvoir argumenter plus tard sur la logique de votre choix.

2 L'élaboration de votre planning de travail

- **Avez-vous établi votre planning de travail de l'année ? Si ce n'est pas encore le cas, pensez à prévoir le temps nécessaire :**
  → À l'organisation de votre réponse.
  → À sa mémorisation.
  → À l'entraînement à l'oral, indispensable pour améliorer votre performance le Jour J et vous aider à contenir le stress.

ETLV SÉANCE 1

Organizations, producing goods and providing services

Programme de langues vivantes, Innovations scientifiques et responsabilités

> **Lexique**, p. 255

Technology: an asset for companies or a danger for employees ?

DOC. 1

How automation can help workers

It's no secret that technology has changed the way we live and work. As technology becomes even more accessible, available, and robust, this opens the door for more opportunities to become more efficient—and work *smarter*.

Automation is just one example of how technology has fundamentally changed the way we live and work. In fact, you probably already use some form of automation in your everyday life: auto-paying your bills, creating calendar reminders and notifications, and even setting your coffee pot or slow cooker to turn on at a specific time.

Of course, this is "automation" in its most basic form; however, automation has become a powerful tool for many teams, businesses, and project managers.

In fact, according to a report published by Wrike, nearly 70 percent of workers believe that 40 percent of their time spent at work is on routine tasks. And those tasks could be automated by adopting the right technologies.

Task automation essentially puts tasks on "autopilot" so that they are completed in the background. Think about what you could do with that extra 40 percent of time back into your work day...

In short, the purpose of automation is to delegate the repetitive, tedious tasks so people can devote their time and energy to more impactful, valuable, and meaningful work, such as decision making, problem-solving, and team collaboration.

Julie Gniadek, "How automate repetitive tasks in your workflow", www.hello.rindle.com, 2020.

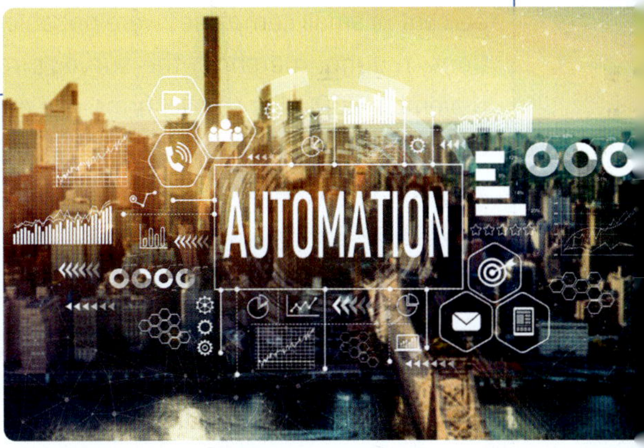

1. Say what automation changes in our daily lives. Give examples.
2. Explain how automation can help employees.
3. Say what impact automation can have on organizations.

Task

Make a presentation.

→ Introduce a technological innovation which can eliminate routine tasks.
→ Show how it works and explain why it is efficient. Speak for 1 minute.

DOC. 2

Will robots take our jobs?

Lien vidéo

Will the future workforce be entirely automated?
(jusqu'à 1'30)

4. Find in the video things we now can do thanks to robots.
5. Say what the impact of robots on the job market has been. Say what predictions for the future are.
6. Give the advantages robot workers have over human workers.
7. In groups of 4, discuss whether these predictions scare you. Give arguments, find examples and then present the results to the class.

Task

Work in pairs. Student A is an automation specialist, Student B is a company owner.

→ Student A needs to convince Student B that his/her company needs more automation, but Student B has reservations on the subject.
→ Exchange your arguments. Speak for 2 minutes.

DOC. 3

Monitoring or spying on employees?

Lien vidéo

Tracking employees
(2'28)

8 Say how this new invention works and what it can do.

9 Explain how it can help managers with their staff monitoring.

10 Say why this invention can be considered as invasive. Explain the specialist's opinion.

11 React. Give your opinion whether this invasion is helpful or invasive. Give precise situations when it can be useful and others when it can go too far.

Task

You work for a company which is testing the Humanyze system. Your CEO has asked for volunteers to try the system out.
➜ **Write** him/her **an-email** to say whether you accept or not to test the device and give a few reasons why or why not (about 120 words).

DOC. 4

Why some companies hesitate to "go digital"

Small business is starting to go digital, as smartphone apps, cloud sharing and automation help many of them get more work done in less time.

Technology is often billed as a means to replace human labor, yet recent data suggest that small businesses are actually looking to boost headcount, even as they shell out more cash to streamline operations. According to the National Federation of Independent Business Research Center, 36 percent of small companies were not able to fill open positions in June, matching the survey's record high from November 2000. For smaller firms, one method being used to attract new workers is with shorter or remote work hours. Yet data from Salesforce recently showed 53 percent of small businesses would like to employ technology, but don't because it can be expensive. Echoing that theme, a 2013 survey by the National Small Business Association showed that more than 70 percent of respondents felt it was "very important" to keep up with changing technology trends, yet more than 40 percent of them were concerned by costs and cybersecurity breaches.

Even with cost and time being a factor, many small businesses have little choice but to embrace the trend. Eric Edelson, the CEO of Fireclay Tile, which uses cloud-based technology to delegate assignments to his 150 employees, said that streamlined technology is all but a necessity in modern day commerce.

"Although some small business might be hesitant to implement newer technology, in the long run, it is beneficial to have these invaluable tools," Edelson said.

Gillian Brassil, https://cnbc.com, July 29, 2018.

12 Say in what ways automation can help small businesses. Explain what issues they are facing.

13 Explain what keeps them from embracing this technology.

14 Exchange in groups of 4. Give examples of technological devices and software which can help small businesses to grow and to develop.

Final task

Debating society: "Technology: an asset or a danger in the corporate world?"

Work in groups of 3 to 4 people. Each group is assigned a side: "technology is an asset for companies" or "technology is dangerous for workers".

➜ **Step 1**: each group prepares their arguments. Don't forget to think about counter-arguments!

➜ **Step 2**: two groups from opposite sides face off. Every member of the team has to speak. Don't forget to listen to the other team to answer their arguments. The debate must last 5 minutes maximum.

➜ **Step 3**: at the end of the debate, the rest of the class votes to decide which group was the most convincing and has won the debate.

THÈME 2 Les organisations et les acteurs

épisode # 2
Charlie et la QVT

Vidéo (1'40)

1. Montrez l'utilité d'un événement comme celui auquel participent Gus et Charlie.
2. Voyez-vous des risques ou des limites à la recherche du bien-être « à tout prix » des salariés dans les organisations ?
3. Imaginez que vous êtes salarié(e) dans une organisation : qu'est-ce qui vous rendrait heureux(se) et motivé(e) au travail ?

Le *Chief Happiness Officer* (ou « responsable du bonheur ») a pour mission de favoriser le bien-être au travail, le dialogue et la convivialité au sein de son entreprise. Il concourt ainsi à l'entretien de la motivation des équipes et à la cohésion de groupe.

7 Comment fédérer les acteurs de l'organisation ?

Capacités

- Identifier les différents acteurs dans les organisations et leurs intérêts respectifs
- Apprécier le degré de concentration du pouvoir de décision
- Reconnaître les différents types et styles de direction
- Identifier les modalités de coopération dans une organisation

Dans les starting-blocks !

Par son expertise et sa capacité d'innovation, GTT (Gaz transport & Technigaz) s'est imposé en acteur de référence du transport de gaz naturel liquéfié par voie maritime.

Challenge Innovation de GTT
(2'33)
Lien vidéo

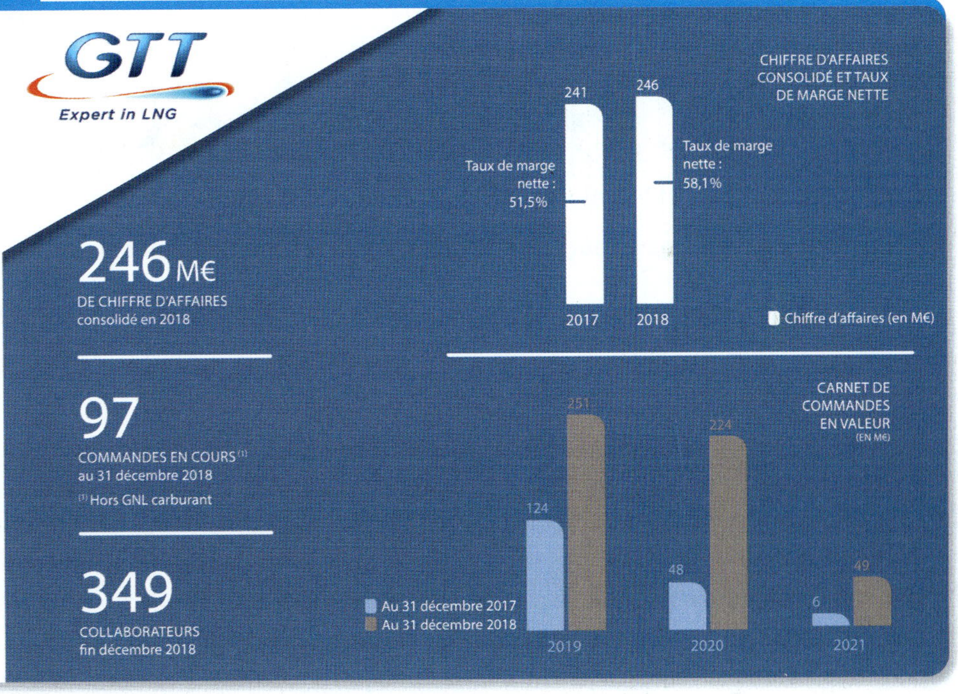

© GTT – Factotum 360°

1. Caractérisez l'entreprise GTT : secteur d'activité, taille et champ géographique.
2. Présentez les objectifs du Challenge Innovation au sein de GTT.
3. Décrivez les modalités de mise en œuvre du Challenge Innovation.
4. Montrez que le Challenge Innovation a favorisé l'implication et la cohésion des collaborateurs de GTT.

1 Les acteurs et la culture de l'organisation

A Les acteurs internes et leurs intérêts respectifs

DOC. 1

L'association Retour de Scène-Dynamusic soutient la scène locale

L'association Retour de Scène-Dynamusic a pour objet de produire, développer et promouvoir l'expression culturelle et artistique au sens large. [Elle] œuvre pour une valorisation et une découverte des musiques actuelles sur le territoire isérois et rhônalpin. Pour réaliser ses objectifs, Retour de Scène-Dynamusic est composée d'une équipe bénévole d'une centaine de personnes :

– Un conseil d'administration, gardien de l'objet et des valeurs de l'association, composé de douze membres actifs dont le bureau [...] :

- Co-présidente : C. J.
- Co-président : V. C.

– Trois commissions décisionnaires, ouvertes à tous les adhérents [...].

La réalisation opérationnelle des projets est portée par une équipe salariée permanente de trois personnes qui coordonne l'association :

- Coordinateur : D. A.
- Chargé d'administration : M. M.
- Chargé d'accompagnement : P. S.

Les salariés permanents sont secondés par des complices intermittents du spectacle, des partenaires historiques et évidemment l'ensemble de l'équipe bénévole.

www.retourdescene.net, 2019.

18e Festival Magic Bus (2'39) — Lien vidéo

1. Repérez les différents acteurs internes de l'association Retour de Scène-Dynamusic.
2. Identifiez les rôles et les intérêts de chacun de ces acteurs.
3. Montrez que tous ces acteurs internes partagent les mêmes objectifs.

DOC. 2

Le Groupe Veolia se dote d'une « raison d'être »

Présent sur les cinq continents [...], le Groupe Veolia conçoit et déploie des solutions pour la gestion de l'eau, des déchets et de l'énergie, qui participent au **développement durable** des villes et des industries. [...]

Veolia a pour première responsabilité de veiller au **bien-être et à l'épanouissement de ses 168 800 collaborateurs**. [...] Notre engagement se concrétise par la priorité accordée à la santé et à la sécurité, par l'attention portée au développement professionnel de nos collaborateurs, par l'action et l'engagement de nos managers en matière de responsabilité sociale et par le respect et le dialogue avec nos parties prenantes internes. [...] Le dividende est la part du bénéfice net annuel de la société distribué aux actionnaires. Son montant, proposé par le conseil d'administration, est soumis à l'approbation des actionnaires en assemblée générale. [...] L'assemblée générale du 19 avril 2018 a fixé le dividende en numéraire à 0,84 € par action au titre de l'exercice 2017.

www.veolia, 2019.

Veolia : ressourcer le monde (2'39) — Lien vidéo

Et en Éco

Le développement durable prend en compte non seulement les défis écologiques mais également les défis économiques et sociaux. [**9.1** Quelles sont les sources d'une croissance économique soutenable ?]

Rendez-vous en RHC

La motivation des acteurs engendrée par de meilleures conditions de travail peut conduire à un accroissement de la productivité et de la performance économique. [**2.1** La recherche du mieux vivre au travail est-elle compatible avec les objectifs de performance ?]

4. Listez les acteurs internes du Groupe Veolia et identifiez leurs intérêts respectifs.
5. Montrez que la finalité du Groupe Veolia passe par la satisfaction des intérêts de ces acteurs internes.

B Les acteurs internes : des intérêts divergents ?

DOC. 3

Les salariés de l'aciérie SAM en grève illimitée

Les salariés de la SAM [Société des Aciers d'Armatures pour le béton] à Neuves-Maisons sont en grève illimitée depuis dimanche. Ils réclament des augmentations de salaires et une meilleure répartition de l'intéressement entre les actionnaires et les ouvriers. [...] Spécialisé dans la production de bobine de fil d'acier, les machines sont totalement à l'arrêt depuis dimanche. [...]
Loic Deshayes est le délégué syndical de l'usine : « Le mouvement est suivi par une majorité des 380 salariés de l'aciérie car ils ont vu rouge lorsqu'ils ont appris qu'une poignée d'actionnaires se sont vu verser en fin d'année dernière plus de 40 millions d'euros de dividendes alors que nous notre prime d'**intéressement** a été divisée par deux [...]. »

Mohand Chibani, « Les salariés de la SAM à Neuves-Maisons en grève illimitée », www.francebleu.fr, 15 janvier 2019.

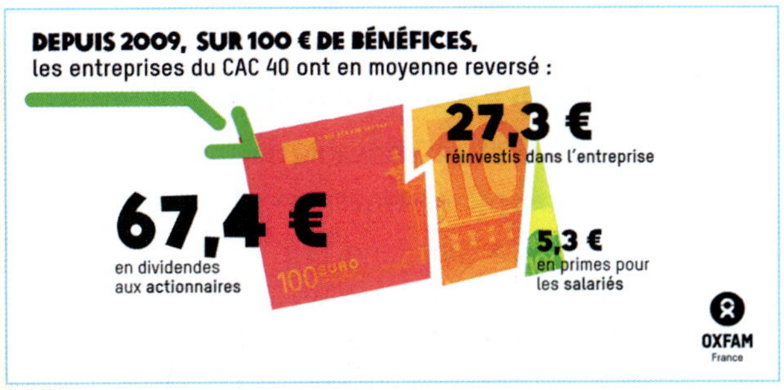

Rendez-vous en RHC

L'organisation rassemble des individus et des groupes aux intérêts variés et divergents. Par l'échange d'informations, la concertation, la négociation, ces acteurs doivent trouver des solutions adaptées permettant à l'organisation de poursuivre ses objectifs de performance globale. [3.2 À quelles conditions le dialogue social peut-il renforcer durablement la cohésion ?]

Coup de pouce

L'**intéressement** est déterminé à partir des résultats et des performances de l'entreprise.

6 Identifiez les acteurs de la SAM qui s'opposent sur la répartition de l'intéressement.

7 Expliquez pourquoi leurs intérêts respectifs sont divergents à ce sujet.

8 Proposez des arguments permettant de justifier chacune des deux positions contradictoires.

DOC. 4

Sigma fidélise ses collaborateurs grâce à l'actionnariat salarié

« Les dirigeants d'entreprise ont envie que leurs équipes s'épanouissent et gagnent de l'argent. Mais c'est difficile d'augmenter les salaires car cela revient à augmenter les charges. » Jean-Philippe Debas, président d'Equalis Capital, reprend à son compte ce postulat connu. [...] Société indépendante en développement, Sigma cherchait à « fidéliser ses collaborateurs et leur permettre de récolter les fruits de la performance du groupe, dont ils sont les principaux acteurs », expose Antoine Monnetreau, le directeur financier. Equalis Capital a assisté Sigma Informatique, l'éditeur de logiciels de la région nantaise, dans sa mise en place d'un **actionnariat salarié**. Le projet a été lancé à l'été 2017. L'achat des parts a eu lieu du 4 au 18 mars. « Il était ouvert aux 665 salariés éligibles. [...] » Aujourd'hui, les salariés détiennent 2 % du capital de Sigma. La direction de l'entreprise nantaise n'exclut pas de renouveler l'opération dans les années à venir.

François Lorin, « La Nantaise Sigma fidélise ses collaborateurs grâce à l'actionnariat salarié », www.ouest-france.fr, 19 avril 2019.

Coup de pouce

L'**actionnariat salarié** est un dispositif qui permet aux salariés d'une entreprise d'entrer sous conditions dans son capital et de devenir ainsi actionnaires.

Actionnez l'actionnariat salarié ! (2'58)
Lien vidéo

9 Expliquez la phrase soulignée dans le **document 4** et défendez ce point de vue dans un court exposé oral individuel argumenté, limité à 5 minutes.

10 Caractérisez l'actionnariat salarié puis identifiez quel est, dans ce cas, l'intérêt commun aux salariés et aux actionnaires.

C La culture de l'organisation : facteur de cohésion ?

DOC. 5

« Leroy Merlin est une enseigne où il fait bon vivre »

Caroline Desbonnet, responsable du personnel et des ressources humaines au magasin [de Tourcoing/Neuville-en-Ferrain], nous parle [...] de l'esprit si particulier qui règne à Tourcoing. [...]

« Je suis la garante [...] de la transmission des valeurs qui sont chères à Leroy Merlin : confiance, respect, engagement, autonomie, proximité, audace. [...] Aujourd'hui nous sommes 120 collaborateurs. Parmi eux, certains sont là depuis l'ouverture, certains s'apprêtent à partir en retraite, d'autres sont accueillis en formation. Pour accompagner et garantir la réussite de ces mouvements tout en préservant l'âme de notre magasin, nous attachons une grande importance à la transmission du savoir, du savoir-faire, du savoir-être, des valeurs et de la culture d'entreprise. Cela passe par des échanges entre les différents collaborateurs et notamment un vrai travail autour de l'intergénérationnel [...]. Nous accueillons en moyenne chaque année une quinzaine d'étudiants en stage ou en alternance [...]. Nous essayons de créer des binômes qui vont fonctionner et s'enrichir mutuellement, que ce soit en termes de compétences ou de partage d'affinités plus personnelles. »

www.leroymerlin.fr, 2019.

Leroy Merlin - Il fait bon travailler chez nous (1'48) Lien vidéo

11 Repérez les éléments de la culture d'entreprise de Leroy Merlin.

12 Expliquez comment le management de Leroy Merlin respecte la finalité de l'organisation tout en prenant en compte la spécificité des différents collaborateurs.

DOC. 6

Amélioration continue et respect des personnes chez Toyota

Le *Toyota Way* [...] tient une place prépondérante pour nous tous, collaborateurs Toyota. Dans un contexte international, cela nous permet de garantir une unité au-delà des langues, coutumes et nationalités diverses. Il définit les valeurs fondamentales et les méthodes de travail que nous devons tous respecter en tant que collaborateurs Toyota et appliquer dans tous les aspects de notre travail quotidien, à tous les niveaux de l'entreprise, dans le monde entier.

 **Respect**	 **Challenge**	 **Travail d'équipe**	 **Kaizen**	 **Genchi Genbutsu**
Nous acceptons la responsabilité personnelle de ce que nous faisons et établissons une confiance et une compréhension avec ceux qui nous entourent.	Nous nous engageons à remettre en question ce que nous savons et ce que nous faisons pour améliorer les choses.	Un bon travail d'équipe consiste à ce que tout le monde comprenne les objectifs et travaille ensemble pour les atteindre.	Le *Kaizen* est l'essence de l'amélioration continue.	« Aller à la source » signifie que vous devez vérifier les faits par vous-même [...] pour prendre une bonne décision.

« *Le Toyota Way* », www.toyota.fr, 2019.

13 Identifiez les différentes composantes de la culture d'entreprise du groupe Toyota.

14 Dégagez le rôle fondamental de la culture d'entreprise au sein du groupe Toyota.

15 À partir des **documents 5** et **6**, proposez une définition de la culture de l'organisation.

D L'intégration des différents statuts dans une organisation

DOC. 7

La diversité des statuts des acteurs aux Restos du Cœur

Le modèle économique des Restos du Cœur repose sur la vitalité et l'engagement de 72 000 bénévoles […] en complémentarité avec des salariés embauchés au niveau de chaque association départementale, certaines fonctions spécifiques exigeant un suivi quotidien et une technicité particulière […]. Les volontariats civiques, les personnes en statut de travaux d'intérêt général et les stagiaires complètent le dispositif. Il en est de même au siège et dans les antennes de l'association nationale où une équipe, composée de 400 bénévoles, 80 salariés permanents, quelques contrats à durée déterminée sur mission et une dizaine de jeunes étudiants en contrat d'alternance, travaille en étroite collaboration. […] Le bon fonctionnement au quotidien passe par une définition claire des rôles et responsabilités.

[…] Chaque bénévole trouve la place qui correspond à sa disponibilité et à son savoir-faire. […] Une charte d'engagement du bénévole rappelle quelques principes éthiques et l'importance de poursuivre un but d'intérêt général. […] Près de cinquante modules de formation […] accompagnent les bénévoles dans leurs missions aux Restos.

www.restosducoeur.org

16 Identifiez les différents statuts des acteurs internes à l'association Les Restos du Cœur.

17 Repérez les moyens mis en œuvre pour assurer la cohésion de ces différents acteurs.

DOC. 8

Comment intégrer les intérimaires dans l'entreprise ?

Comment faire face aux difficultés récurrentes de recrutement d'intérimaires, les intégrer dans la culture et le développement de l'entreprise […] ? Le groupe Maugin, entreprise de 300 salariés spécialisée dans la fabrication de menuiseries, a apporté une réponse. […] Les explications de Gaëlle Le Morvan, responsable des ressources humaines. […]

« Nous sommes situés à Saint-Brévin-les-Pins, en Loire-Atlantique, dans un bassin d'emploi très dynamique, où d'importantes entreprises absorbent la main-d'œuvre disponible […]. Nous rencontrions des difficultés croissantes à pourvoir à nos besoins en recrutement. Notre activité est par ailleurs soumise à une forte saisonnalité, avec des pics de charge en juillet et au dernier trimestre. […] Deux professionnels de l'agence d'intérim sont détachés dans notre entreprise et entièrement dédiés à elle. Leurs bureaux se situent à l'intérieur de nos locaux, à l'entrée du personnel. Ils animent au quotidien notre réseau d'intérimaires – pouvant dépasser une centaine de personnes en période de forte activité –, réalisent les recrutements, les visites de l'entreprise, les tournées quotidiennes de production, les points réguliers avec les responsables d'équipe… […] L'agence d'intérim hébergée […] a même aménagé ses horaires d'ouverture, pour s'adapter à notre organisation en 2×8.

Gaëlle Le Morvan, DRH, www.plasti-ouest.com, 2 juillet 2019.

18 Caractérisez le problème de gestion des ressources humaines rencontré par le groupe Maugin.

19 Montrez que la solution retenue par le groupe Maugin permet de mieux intégrer les intérimaires dans l'entreprise.

Je fais le point sur 1

- Les acteurs de l'organisation partagent-ils toujours les mêmes intérêts ?
- Qu'est-ce que la culture de l'organisation ?

2 Quels styles de direction et de *leadership* ?

A Les styles de direction au sein de l'organisation

En immersion chez... UBISOFT

SITUATION

Entretien avec Christine Burgess-Quemard, directrice générale d'Ubisoft, un éditeur français de jeux vidéo qui emploie 15 000 personnes à travers le monde.

Peu de personnes chez Ubisoft sont aussi influentes que Christine Burgess-Quemard [qui] reflète les valeurs essentielles d'Ubisoft. [...]

Comment décririez-vous cet état d'esprit ?

Christine Burgess-Quemard : C'est une entreprise tournée vers l'humain. Nous ne sommes pas une industrie lourde mais une industrie du divertissement. Notre force vient des personnes qui travaillent au sein d'Ubisoft, de leur créativité, de leur état d'esprit et de leurs idées. [...] Nous disons toujours : « Chez Ubisoft, on a toujours une seconde chance. » Vous avez le droit de prendre des risques, vous avez le droit de faire des erreurs.

Comment décririez-vous l'état d'esprit de votre propre style de management ?

CBQ : Je pense qu'il est important d'être proche des personnes que vous avez choisies pour vous aider. Je suis proche des personnes en qui je sais que je peux avoir confiance à 100 % ; nous avons la possibilité d'être proches sans être trop familiers pour autant, tout en gardant une relation professionnelle. La confiance est la chose la plus importante pour moi lorsqu'il faut créer une nouvelle équipe de management. [...]

Comment gérez-vous les conflits entre les personnes et les équipes ?

CBQ : La meilleure solution est d'écouter. Il vous faut écouter ce que tout le monde a à dire, et ne pas faire de jugements. [...] Vous avez besoin d'être assez proche de vos collaborateurs pour être capable d'écouter, de comprendre et d'analyser ce qu'ils disent. J'essaie toujours d'aider les personnes, de les amener à trouver leurs propres solutions et de les aider à résoudre eux-mêmes leurs problèmes. Je dis aux collaborateurs : « C'est OK de venir me voir avec des problèmes, mais il faut aussi venir avec des solutions à apporter à ces problèmes. » Si vous essayez d'imposer des solutions à des personnes en conflit, cela risque d'être compliqué, mais si vous essayez de leur faire prendre du recul sur leur propre situation et que vous les encouragez à se mettre à la place des autres, ils trouvent très souvent la solution par eux-mêmes.

« Ubisoft Entertainement : leçons de leadership avec Christine Burgess-Quemard, la cinquième personne à avoir rejoint Ubisoft », www.zonebourse.com, 18 janvier 2019.

Vous analyserez le cas Ubisoft en répondant aux questions suivantes et en vous aidant des ressources documentaires page 113.

1. Distinguez les quatre styles de direction selon Rensis Likert.
2. Pourquoi peut-on dire que le style de direction d'Elon Musk est paternaliste ?
3. Identifiez et justifiez le style de direction de Christine Burgess-Quemard.

LES RESSOURCES DOCUMENTAIRES

RESSOURCE 1

Les quatre styles de direction selon Rensis Likert[1]

L'américain Rensis Likert a défini 4 styles de direction :

- Le style **autoritaire** : l'autorité du dirigeant est fondée sur la peur, les menaces et les sanctions. Seul le dirigeant prend des décisions, sans consulter d'autres parties prenantes. Les subordonnés n'ont aucune marge de manœuvre et ne prennent pas d'initiative. [...]
- Le style **paternaliste** : ce style repose sur la personnalité du dirigeant, figure incontournable et incontestée de l'entreprise. Bien qu'il prenne les décisions autoritairement et qu'il applique la « politique de la carotte et du bâton » comme source de motivation [...].
- Le style **consultatif** : dans ce système, bien que ce soit le dirigeant qui décide au final, il implique et consulte ses subordonnés avant de prendre sa décision. Le travail en équipe est encouragé et les salariés méritants sont récompensés.
- Le style **participatif** : les salariés sont concrètement impliqués dans la vie de l'entreprise en participant aux prises de décision et en constituant des groupes de travail sur différents sujets. Leur motivation réside dans leur participation et intéressement au résultat. La communication se fait dans les deux sens entre direction et subordonnés et une relation de confiance est installée.

1. Rensis Likert (1903-1981), professeur de psychologie industrielle à l'Université du Michigan.

« 4 styles de direction : et vous, quel dirigeant êtes-vous ? », www.creerentreprise.fr, décembre 2019.

RESSOURCE 2

« Leadership : êtes-vous plutôt Jeff Bezos ou Elon Musk ? »

Jeff Bezos est connu chez Amazon pour être le dernier à parler lors des réunions. Il préfère écouter ce que les autres ont à dire sans les biaiser en donnant son opinion en premier. En outre, il est prêt à laisser les gens développer une idée même s'il n'est pas d'accord avec elle. [...] Jeff Bezos délègue et responsabilise ses employés pour les pousser à expérimenter et prendre des risques. [...] À l'inverse, Elon Musk fait avancer l'agenda de Tesla et SpaceX à un rythme effréné. [...] Musk surveille très étroitement ses processus, et est prêt à invalider toute décision qu'il trouve mauvaise. L'approche de Musk [...] se traduit par des objectifs ambitieux pour les employés et un processus pour les atteindre qui implique une surveillance intense de sa part. [...] Jeff Bezos est un leader qui effectue des petits pas progressifs et fondés sur des preuves vers des résultats qui lui donnent la crédibilité nécessaire pour faire sans cesse de nouvelles choses. [...] À l'inverse, Elon Musk a fait le choix de ce qui peut être vu comme une approche à haut risque et haute récompense en s'engageant dans une réflexion visionnaire pour gagner le soutien de ses idées audacieuses. Il fait ressortir une vision ambitieuse et passionnante pour ses initiatives.

www.forbes.fr, 9 septembre 2019.

RESSOURCE 3

Poult mise sur l'autonomie et la responsabilité de ses salariés

C'est l'une de ces rares entreprises qui se revendiquent « libérées » : le groupe français Poult, fabricant de biscuits sucrés pour la grande distribution, mise sur « l'autonomie et la responsabilité » de ses salariés, depuis sept ans à Montauban.

À Montauban, l'usine Poult expérimente un nouveau management. (2'43)
Lien vidéo

B Les styles de *leadership* au sein des groupes

DOC. 9

Management et *leadership*, deux notions différentes

Le *leadership* s'applique à créer, développer ou changer l'orientation du système et à encourager tant les individus que l'organisation à obtenir des résultats supérieurs aux attentes. Ainsi, on reconnaît un leader aux caractéristiques suivantes :

- Il est porteur d'une vision.
- Il anticipe les événements et les changements à venir.
- Il communique avec ses collaborateurs pour développer des relations basées sur la confiance et le respect.
- Il influence positivement les membres de son équipe.
- Il sait motiver les troupes.
- Il guide l'équipe et la mène à la réussite.
- Il sait gérer efficacement les conflits.
- Il est capable de prendre des décisions et les faire accepter à son équipe.

Ludovic Bessière, « Doit-on choisir entre management et leadership ? », *La Revue fiduciaire*, www.emploi.groupecerf.com, 24 juillet 2017.

Source : Cabinet de recrutement Hays.

4 Distinguez le manager du leader en indiquant notamment dans quel cadre chacun d'eux agit.

5 Précisez pourquoi un bon manager n'est pas nécessairement un bon leader.

6 Listez les qualités requises pour développer son *leadership* dans un groupe ou une équipe.

DOC. 10

Virginie Guyot, pilote de chasse et leader de la Patrouille de France

Devenue leader de la Patrouille de France en 2009, [Virginie Guyot] s'est d'emblée sentie investie d'une immense responsabilité : faire réussir son équipe dans des situations extrêmes tout en représentant l'excellence aéronautique française [...]. Pour Virginie Guyot, un leader a pour mission de catalyser l'esprit d'équipe, en se basant, notamment, sur le principe de la délégation. « Le leader n'est pas forcément le plus expert, mais il doit savoir déléguer au maximum pour gérer la pression. Ce qui est la meilleure façon d'impliquer les gens et leur donner confiance. » Autre qualité essentielle du leader : la communication. « Le chef doit posséder une capacité d'écoute considérable. Ce n'est pas forcément simple car il a souvent "la tête dans le guidon", accaparé à gérer un millier de choses [...]. Nous débriefons systématiquement, tous ensemble, après un vol. Dès la sortie de nos avions pour un debrief à chaud. Puis avec la vidéo, un peu après. Chacun peut s'exprimer, effectuer son autocritique si nécessaire. On ne juge personne, le droit à l'erreur est autorisé. »

« Le *leadership* au service de la performance collective », www.delville-management.com, février 2017.

Partez à la découverte de la Patrouille de France (1'18) Lien vidéo

7 Comparez les qualités de leader de Virginie Guyot avec celles présentées dans le **document 9**.

8 Montrez que l'excellence de la Patrouille de France repose en partie sur le *leadership* au sein du groupe.

9 À partir des **documents 9** et **10**, définissez le *leadership* au sein d'un groupe.

C La prise de décision collective dans le groupe

DOC. 11

Kurt Lewin et la dynamique de groupe

Kurt Lewin (1890-1947) est un psychologue américain d'origine allemande qui a développé les concepts de « dynamique de groupe » et de leadership et a étudié leur application dans des contextes professionnels.

Kurt Lewin considère que la dynamique d'un groupe est régie par des forces qui exercent parallèlement leur influence : rôles, moyens de communication, type de leadership, normes et valeurs collectives, buts que le groupe se donne et actions qu'il mène, etc. […] Certains groupes fonctionnent avec un leader adulte « démocratique », d'autres avec un leader « autoritaire », d'autres enfin avec un leader « laisser-faire ». Le leader autoritaire prend toutes les décisions d'ordre général concernant les activités et l'organisation du groupe [et] se tient plutôt à l'écart des activités du groupe, sauf pour faire des démonstrations. Le leader démocratique fait des propositions, mais les décisions sont prises d'un commun accord […] mais sans trop participer aux activités. Le leader laisser-faire se contente de répondre aux demandes […] en fournissant du matériel et des informations…

Kurt Lewin, « La dynamique de groupe » in Jacques Lecomte, Les grands penseurs des Sciences Humaines, Éditions Sciences Humaines, 2016, www.cairn.info, 4 septembre 2019.

10 Définissez la dynamique de groupe selon Kurt Lewin.

11 Caractérisez les trois types de leaders de groupe selon Kurt Lewin.

DOC. 12

Les tribus chez OCTO

« Chez OCTO, nous avons une culture forte de l'amélioration continue. Je suis fier qu'OCTO valorise la prise d'initiative et témoigne d'une grande confiance en ses collaborateurs qui souhaitent entreprendre. La création des tribus renforce notre différence : cultiver une véritable expertise, et mener des missions de conseil sur des sujets stratégiques, en partageant notre savoir acquis sur le terrain. »

Antoine Chantalou, leader de tribu chez OCTO Technology

OCTO présente sa dernière initiative managériale : les tribus
(2'18)
Lien vidéo

12 Montrez que les tribus de l'entreprise OCTO reposent sur le principe de la dynamique de groupe de Kurt Lewin.

13 Présentez les avantages de ce type d'organisation du travail pour les salariés et pour l'entreprise OCTO.

Je fais le point sur 2

- Comment identifier les différents styles de direction et comment distinguer le style de direction du style de *leadership* ?

3 La coopération et les modes d'action coopératifs

A Pourquoi la coopération dans le travail est-elle nécessaire ?

DOC. 13

Un intranet pour favoriser la coopération à la mairie d'Orly

La collectivité d'Orly est composée de 800 agents permanents. Sarah Francisco, chargée de communication interne, est à l'initiative du projet d'intranet de la mairie d'Orly dont l'objectif est d'améliorer les échanges entre les agents, faciliter la transmission d'informations et valoriser le travail de chacun. [...] « En prenant ma fonction à la mairie d'Orly, il y a près de trois ans, j'ai réalisé un audit pour connaître les besoins des agents en matière d'outils de communication interne. [...] Une **plateforme collaborative** semblait idéale pour favoriser la communication entre les agents, entretenir la cohésion d'équipe et valoriser le travail de chacun. » [...] La plateforme évolue en fonction [des] demandes. Par exemple, nous avons ajouté un module pour faciliter l'accueil des nouveaux agents. Ce *process* permet de coordonner les différents services pour mieux anticiper l'arrivée de collaborateurs (préparation du poste de travail, des clés, etc.). [...] Nous avons également digitalisé les démarches RH grâce à la plateforme Silverpeas (changement de coordonnées, déclaration de situation, demande de congés, etc.).

Silverpeas, « Retour d'expérience, Marie d'Orly », www.silverpeas.com, 23 avril 2019.

Rendez-vous en RHC

Les outils collaboratifs permettent d'assurer la cohésion de l'organisation en rapprochant les individus et en diffusant les valeurs et la culture de l'organisation auprès de tous ses collaborateurs. (**3.3** Comment la communication participe-t-elle à la cohésion et à la performance de l'organisation ?)

1. Dégagez les objectifs de la plateforme collaborative mise en place au sein de la commune d'Orly.
2. Montrez comment cet outil favorise concrètement la coopération entre les agents permanents.

Coup de pouce

Un *chatbot* ou « agent conversationnel » ou « assistant virtuel » est un programme informatique qui simule une conversation avec une ou plusieurs personnes par échange vocal ou textuel.

DOC. 14

Nexity lance sa plateforme de travail collaborative

Nexity, groupe spécialisé dans l'immobilier qui compte plus de 6 000 collaborateurs et 120 filières métiers, a lancé cette semaine une plateforme collaborative destinée à développer de nouveaux modes de travail et de management : Nexity Live. [...] Elle s'articule autour de quatre usages-clés :

– Les Talents (annuaire enrichi et personnalisé où chacun renseigne ses compétences, ses talents, ses centres d'intérêt...). Ceci permet de trouver facilement un savoir-faire pour les besoins d'un projet.

– Le Travail en communauté : des groupes de travail émergent au sein des communautés traditionnellement « régaliennes » (RH[1], finance, communication interne...) ou se créent dans le cadre d'un projet, d'un sujet d'intérêt, d'un lieu, d'un site.

– Les Services : le kiosque RH permet aux salariés d'accéder rapidement et facilement à des informations et des services RH. Nous testons actuellement un ***chatbot*** pour des réponses plus rapides et personnalisées.

– L'Information. Il s'agit de diffuser une information ciblée au bon moment et à la bonne personne, selon un projet en cours, un département, une business unit ou une région.

1. Se dit des fonctions politiques et administratives qui dépendent de l'État.

Romain Giry, www.focusrh.com, 7 juin 2017.

3. Présentez succinctement les fonctions de la plateforme collaborative Nexity Live.
4. Expliquez pourquoi cette plateforme modifie les modes de travail au sein de l'organisation Nexity.
5. Recherchez sur Internet d'autres exemples d'organisations qui ont amélioré la coopération de leurs membres grâce à des dispositifs numériques et présentez oralement celui de votre choix.

B Quels dispositifs numériques pour favoriser la coopération dans le travail ?

DOC. 15

Une communauté de pratiques consacrée aux projets vacances

Reconnue d'utilité publique, Vacances Ouvertes accompagne les professionnels de l'action sociale, de l'insertion, de la jeunesse, les collectivités, les associations, dans la construction de projets vacances avec les personnes qui en sont éloignées. [...] La CoP [...], communauté de pratiques pour l'accompagnement aux projets vacances, propose aux professionnels de l'animation, de l'éducation populaire, de l'action sociale, salariés et bénévoles, des temps d'échanges de pratiques et de savoir en lien avec la construction de projets vacances.

www.vacances-ouvertes.asso.fr, 2019.

Vacances Ouvertes - communauté de pratiques, la CoP (5'19)
Lien vidéo

Comment ça marche ?

3 TYPES D'ESPACES POSSIBLES :

01 Rencontre CoP
sans limite de taille,
1 journée par an

02 Rencontres thématiques
physiques ou à distance
par web réunion
(de 4 à 12 participant·es,
1 journée, 1 demi-journée
ou 2h)

03 Réseau social
professionnel
CERVO, 7 jours/7

Vacances Ouvertes s'engage à faciliter votre mise en réseau par l'animation des rencontres et de la plateforme collaborative.

La CoP se déplace en fonction de vos besoins ! Rendez-vous donc à Paris, en Nouvelle-Aquitaine, en Hauts-de-France, dans le sud...

La fréquence et la durée des rencontres sont ajustées aux besoins et disponibilités des membres.

Chaque rencontre est différente : sa thématique et sa **construction** se font **avec et par vous** et nécessite peu de **préparation de votre part** !

La **production** du groupe est **formalisée et partagée** sur CERVO.

6 Identifiez les acteurs de la communauté de pratiques (CoP) de l'association Vacances Ouvertes.

7 Repérez les avantages que ces acteurs tirent de cette plateforme collaborative.

8 Recherchez sur Internet d'autres exemples de communautés de pratiques et présentez oralement les caractéristiques de l'une d'entre elles.

DOC. 16

Le réseau social d'entreprise, un atout

Le groupe industriel européen Consolis, qui fournit des structures en béton pour les secteurs des transports, des services publics et du bâtiment (11 000 salariés dans 22 pays dont 500 ingénieurs), a opté [...] pour le réseau social d'entreprise Workplace [...]. « Nous voulions dépasser notre intranet [...] pour créer une identité de groupe grâce à un RSE. Il permet aujourd'hui à nos salariés de mieux se connaître entre nos pays et nos métiers [...] », explique Lionel Chenet, le directeur de la communication digitale du groupe. [...] Et pour le mettre en place, Consolis a fait appel à ses managers qui sont devenus des « ambassadeurs » auprès des salariés. [...] Des « champions », des salariés volontaires ont formé eux-mêmes d'autres salariés à Workplace. [...] « Nous utilisons Workplace pour diffuser les offres d'emplois en cours ou faire du *e-learning*, notamment des formations pour nos ingénieurs, développe Lionel Chenet. Et c'est aussi un excellent outil pour détecter des talents, des spécialistes domaines, des influenceurs internes. [...] À nous d'être créatifs et de surprendre nos salariés ! [...] Ils interagissent entre eux, *via* des fenêtres de tchat [et] partagent leurs "bests practices"... »

Audrey Pelé, www.courrierdescadres.com, 28 décembre 2018.

9 Présentez les caractéristiques du réseau social d'entreprise du groupe Consolis.

10 Pourquoi peut-on dire que le réseau social d'entreprise de Consolis est un projet technologique avec un enjeu culturel ?

Je fais le point sur 3

- Comment une organisation met-elle en œuvre des actions collaboratives grâce à des outils numériques ?

ACTIVITÉS

JOUEZ AVEC KYUSHI
Quiz interactifs pour la classe !

A

B Tester ses connaissances

Exercice interactif

Cocher la ou les bonnes réponses.

1. Dans une organisation, les intérêts des acteurs sont :
   - ☐ toujours convergents.
   - ☐ toujours divergents.
   - ☐ tantôt convergents, tantôt divergents.
2. Un style de direction est influencé par :
   - ☐ la personnalité du dirigeant.
   - ☐ la finalité de l'organisation.
   - ☐ la culture de l'organisation.
3. Le leadership est caractérisé par :
   - ☐ une capacité à anticiper les changements.
   - ☐ une aptitude à communiquer et à convaincre.
   - ☐ une incapacité à gérer les conflits.
4. La coopération peut être mise en œuvre au sein :
   - ☐ de groupes de projet.
   - ☐ de plateformes coopératives.
   - ☐ de communautés de pratiques.

C Préparer ses arguments

GRAND ORAL

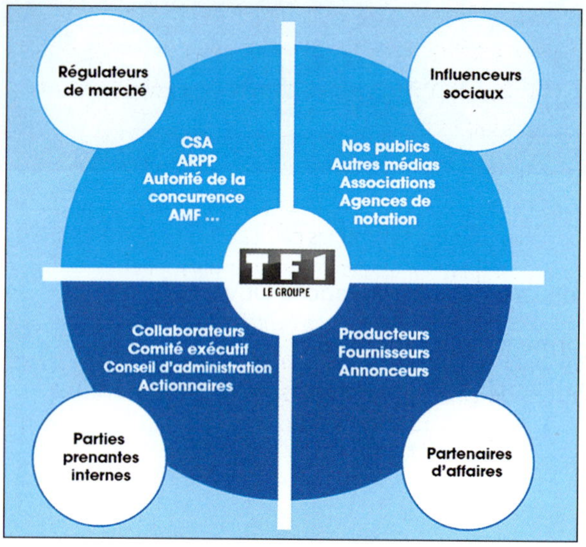

TF1 : nos parties prenantes

Les parties prenantes du groupe TF1 sont classées en 4 catégories et la cartographie ci-contre illustre cette typologie.

- ***Thèmes soulevés avec les collaborateurs et instances représentatives du personnel :***

Dialogue social, politique de rémunération, [...] hygiène santé sécurité, développement des compétences, égalité des chances.

- ***Modes de dialogue :***

Négociation d'accords avec les partenaires sociaux, publications de la communication interne, baromètre de satisfaction, entretien annuel, etc.

www.tf1.isivalue.com, 2019.

Mission : Vous êtes chargé(e) d'exposer oralement, à l'aide du mémo que vous avez préparé, devant votre classe les intérêts des acteurs internes de l'organisation TF1 sur les thèmes soulevés par le Groupe TF1.

> **Fiche méthode 4**, p. 233

D L'ETLV en Management, sciences de gestion et numérique

ETLV

Manager or leader?

1. List the differences between a leader and a manager.
2. Say what effects each management style has on employees.
3. **Interact!**
   There has been a dispute in the company about the employees' working conditions. Student A is a staff representative. He or she exposes the issues with the manager's style and advises him to become a leader himself. Student B is a manager. He or she defends his or her management style but he or she is ready to make some changes for the sake of the company. Speak for 2 minutes.

Leadership *vs* Management: Is one really better than the other? (1'45)
Lien vidéo

Programme de langues vivantes, Identités et échanges

E Analyser une situation de management

La « méthode » Decathlon pour des salariés satisfaits

© Decathlon

Pour la deuxième année de suite, Decathlon a été distinguée par le cabinet Great Place to Work comme entreprise la plus appréciée par ses salariés en France. [...] 90 % des 23 000 salariés de l'enseigne sportive déclarent être « fiers » d'y travailler, 89 % affirment que l'ambiance est « conviviale » et 88 % estiment que « le management gère l'entreprise de façon honnête et en respectant des règles éthiques ». [...] « Nous misons sur un management qui rend les équipes responsables. Les objectifs sont humains avant d'être économiques », avance ainsi Xavier Rivoire, responsable communication recrutement et marque employeur de Decathlon. Une méthode éprouvée par Kévin alors qu'il portait le célèbre gilet blanc et bleu de l'enseigne, en CDI à temps partiel. « C'était du management de proximité, avec tutoiement de rigueur, pas mal de confiance et d'autonomie », détaille-t-il. Autonomie qui peut déboucher sur de nouveaux horizons. « Pour qui est volontaire, il y a la possibilité d'évoluer très vite, à la fois hiérarchiquement, mais aussi par le biais de passerelles entre les différents métiers – nous en avons plus de 400 – et services[1] », explique Xavier Rivoire. [...]. « Parfois il y a des jours où on arrive fatigué le matin, les tâches peuvent être ingrates ou répétitives. Mais l'objectif c'est qu'une fois la journée entamée, il y ait une véritable émulation au sein des équipes. » Pour ce faire, le management est structuré autour d'événements. La gestion du personnel passe beaucoup par le *team-building* et les activités sportives entre « coéquipiers ».

1. Une plateforme interne permet à chaque salarié de visualiser les opportunités de métiers et la Decathlon Academy propose des formations pour améliorer les compétences professionnelles ou pour accompagner le développement personnel.

Clément Lesaffre, « C'est quoi la méthode Decathlon pour des salariés satisfaits ? », www.europe1.fr, 30 mars 2018.

1. Caractérisez la culture d'entreprise de Decathlon.
2. Identifiez le style de direction qui caractérise Decathlon.
3. Repérez les outils mis en place par Decathlon pour assurer la cohésion des équipes.

Dossier Avenir

Le métier de responsable de rayon chez Decathlon à travers l'expérience de Delphine et Nicolas.

Lien vidéo

Responsable de rayon, un métier passionnant
(3'09)

Quelles sont, selon vous, les compétences et les qualités d'un chef de rayon ?

SYNTHÈSE

Podcast

Pour l'enseignant
- Synthèse rédigée
- Synthèse animée

1 Les acteurs et la culture de l'organisation

Acteurs internes à l'organisation
- → Intérêts et attentes convergents → Compromis et accords
- → Intérêts et attentes divergents → Conflits et négociations

Management ⇢ Compromis et accords / Conflits et négociations

Culture de l'organisation
↓
Éléments visibles et audibles (logo, traditions, coutumes…), valeurs (tradition, développement durable, qualité…), croyances et symboles
- ↓ Cohésion des acteurs internes
- ↓ Implication des acteurs internes

2 Quels styles de direction et de *leadership* ?

Direction d'une organisation
↓
Un style de direction
- Paternaliste
- Consultatif
- Autoritaire
- Participatif

Personnalité du dirigeant (Compétences, expérience et qualités personnelles) ⇢ Un style de direction

- Type d'organisation
- Culture de l'organisation
- Environnement de l'organisation

⇢ Un style de direction

Gestion d'un groupe d'acteurs
↓
Un style de *leadership*
- Directif
- Participatif
- Persuasif
- Délégatif

Un style de *leadership* ⇢
- Dynamique des relations
- Cohésion du groupe

Un style de *leadership* ⇢
- Efficacité du groupe
- Prise de décision collective

3 La coopération et les modes d'action coopératifs

Interdépendances dans le travail
↓
Coopération entre les acteurs
↓
Modes d'action coopératifs
- Groupes de projet
- Réunions
- Techniques de créativité
- Plateformes collaboratives
- Réseaux sociaux d'entreprise
- Communautés de pratiques

Les mots incontournables

> **Lexique**, p. 251

Intérêts des acteurs internes • Culture de l'organisation • Style de direction • *Leadership* • Modes d'action coopératifs • Qualité de vie au travail

8 Comment favoriser la motivation et l'implication dans le travail ?

Capacité

- Distinguer les facteurs de motivation

Dans les starting-blocks !

Lionel est devenu responsable d'équipe chez Amazon au bout de deux ans. Un parcours qui s'explique notamment par sa motivation.

Lionel, chef d'équipe chez Amazon (1'56)

Lien vidéo

1. Décrivez les conditions de travail de Lionel Boulbes.
2. Identifiez les facteurs de motivation au travail de Lionel Boulbes.
3. Repérez les actions mises en œuvre par Amazon pour renforcer la motivation au travail de ses employés.

1 Comment favoriser la motivation et l'implication dans le travail ?

A Les facteurs de motivation au travail

DOC. 1

Quelles différences entre motivation et implication ?

La motivation au travail [résulte de] l'ensemble des facteurs personnels, économiques, sociaux, mais aussi environnementaux qui conduiront les salariés à s'investir pleinement et efficacement dans la réalisation et l'aboutissement de leurs tâches, entraînant ainsi la réussite et la prospérité globale de l'entreprise. [...]

Audrey Gervoise, « Motivation au travail : comment la mesurer ? L'améliorer ? », www.culture-rh.com, novembre 2019.

L'implication de quelqu'un dans son travail se remarque généralement à certains signes extérieurs qui caractérisent son comportement. C'est par exemple une personne qui fait systématiquement plus que ce qui est attendu d'elle, que ce soit en termes d'horaires ou de quantité de travail. [...] Elle y est tellement investie qu'elle peut aussi chercher à le faire autrement ou au-delà de ce qui est requis par la définition de sa fonction.

Antoine Véniard, « Implication et employabilité : un engagement réciproque entre salarié et employeur à construire », *Management & avenir*, n° 49, novembre 2017, p. 5.

1. Distinguez les notions de motivation et d'implication dans le travail.
2. Caractérisez la relation existant entre la motivation et l'implication dans le travail.
3. Selon vous, quels sont les avantages de la motivation au travail ?

DOC. 2

De multiples facteurs de motivation au travail

Pourquoi vous levez-vous le matin ? Quelles sont les raisons qui vous poussent à partir, la fleur au fusil, au travail ? Est-ce pour le salaire ? Pour l'intérêt de votre mission ? Pour la reconnaissance ? Pourquoi ? Bonne question... C'est d'ailleurs celle que nous avons posée à 251[1] d'entre vous [...].

1. Cette étude a été diffusée par Inside-RDT au mois de juin 2019 sur les réseaux sociaux. 251 personnes y ont répondu sur la base du volontariat.

« Quelle motivation vous tire hors du lit le matin pour aller travailler ? », www.inside-rdt.fr, juin 2019.

Source : Inside Révélateur de Talents. Organisme de formations professionnelles.

4. Pour chaque critère, calculez (en %) le rapport « nombre d'occurrences du critère » / « nombre de personnes interrogées » (251).
5. Regroupez dans un tableau les différents facteurs de motivation du **document 2** dans les catégories suivantes : Nature et exercice du travail – Environnement de travail – Évolution professionnelle et personnelle – Relation employé / entreprise.
6. Pour chacune des 4 catégories, calculez la moyenne des pourcentages des différents facteurs de motivation qui la composent.
7. À partir des résultats obtenus, indiquez quelle catégorie de facteurs de motivation au travail arrive en tête.

B L'amélioration de la motivation et de l'implication dans le travail

DOC. 3

IKEA améliore le quotidien de ses salariés

Pour ses 10 000 salariés français [...], que fait le leader mondial de l'ameublement pour l'ambiance de travail, leur évolution professionnelle ou leur bien-être ? La DRH[1] France, Majda Vincent, répond aux questions sur l'employeur IKEA [...] : « On peut arriver en tant qu'employé et progresser tous les deux ou trois ans, devenir directeur/rice de magasin. [...] Chez IKEA on communique de manière très claire et transparente avec les collaborateurs [...]. Être leader signifie que n'importe qui peut prendre des initiatives. [...] Je pense que si j'ai pu moi-même progresser au sein de l'entreprise, c'est parce que j'ai su *challenger* et présenter [...] mes nouvelles idées, proposer des choses [...]. C'est un état d'esprit. [...] On choisit des personnes qui se retrouvent dans les valeurs IKEA et dans la vision qui est « d'améliorer le quotidien du plus grand nombre ». [...] Cet ADN IKEA est basé sur le *leadership* individuel et la confiance faite à chaque collaborateur afin qu'il agisse en leader.

1. Directrice des ressources humaines.

Sylvia Di Pasquale, « Madja Vincent, IKEA France : "Tous nos employés sont des leaders, peu importe leur statut" », www.cadremploi.fr, 21 mars 2017.

8 Identifiez les facteurs de motivation au travail chez IKEA.

9 Montrez que la motivation des salariés contribue à la performance économique et sociale d'IKEA.

DOC. 4

Lukas Coreth, directeur adjoint de la production chez Hilcona

La société Bell Food Group se compose des entreprises Bell, Eisberg, Hilcona et Hügli. L'offre comprend de la viande, de la volaille, de la charcuterie, des poissons et fruits de mer [...]. Lukas Coreth, 30 ans, [...] dirige une équipe de plus de 100 collaborateurs en tant que directeur adjoint de la production. « Lorsque j'ai commencé chez Hilcona, tout était nouveau pour moi [...]. Les tâches diversifiées et la grande variété de produits ainsi que l'ambiance de travail formidable m'ont toute de suite plu. [...] Mes supérieurs m'ont dès le début accordé leur confiance et apporté leur soutien de diverses manières. [...] De nombreuses formations internes et externes m'ont permis de me perfectionner sans cesse. [...] Aujourd'hui, j'assure [...] de nombreuses tâches organisationnelles, à côté de la surveillance et de l'organisation des déroulements dans la production. Une grande partie de ces tâches concerne la direction des collaborateurs, ce qui est très important pour moi. Les nouveaux venus doivent savoir que le travail d'équipe et le respect réciproque entre collaborateurs jouent un rôle important chez Hilcona. Une attitude positive et une grande motivation [...] permettent [...] de contribuer à une ambiance de travail agréable [...]. »

« Lukas Coreth est directeur adjoint de la production chez Hilcona », www.bellfoodgroup.com, novembre 2019.

10 Repérez les éléments qui contribuent à la motivation au travail chez Hilcona.

11 Dégagez le lien entre la motivation au travail de Lukas Coreth et son implication au sein de l'organisation Hilcona.

DOC. 5

Le bonheur au travail existe-t-il ?

Nous passons un tiers de notre vie au travail, autant en faire quelque chose !
Des entreprises ayant mis en place des méthodes managériales alternatives existent...

« Le bonheur au travail », www.info.arte.tv, 27 janvier 2015.

Le bonheur au travail (2'16)

12 Identifiez les facteurs de motivation au travail au sein des entreprises présentées dans la vidéo.

13 Selon vous, peut-on parler de « bonheur au travail » lorsqu'il y a une motivation ?

Je fais le point sur 1

- Dans une organisation, quels sont les facteurs de motivation au travail ?

2 La qualité de vie au travail (QVT), source de performance ?

Coup de pouce

La démarche QVT (qualité de vie au travail) permet d'engager une réflexion collective sur l'organisation et les conditions de travail. Elle s'appuie sur une analyse de situations de travail réelles.

En immersion chez... UNITHER

SITUATION

Unither est un groupe de sous-traitance pharmaceutique qui compte cinq usines en France. L'entreprise a lancé une **démarche QVT** [...] sur l'un de ses sites. Et a signé en 2019 un accord à l'échelle du groupe.

Lorsqu'Unither, leader mondial de l'unidose[1] stérile, lance [...] à Coutances, en Normandie, une démarche autour de la qualité de vie au travail, le site fait face à des enjeux de productivité et à un accroissement de la charge de travail. En dix ans, son développement, marqué par le passage de trois à dix lignes de production, a entraîné d'importantes transformations de l'organisation. Et le DRH du groupe, Laurent Demagnez, constate à cette époque une augmentation des demandes de ruptures conventionnelles[2]. L'Aract[3] Normandie est sollicitée pour aider les acteurs de l'entreprise à définir eux-mêmes ce qui « fait QVT » sur ce site.

En suivant la méthode de la « situation-problème », les groupes de travail choisissent de se concentrer sur les étapes clés d'un projet d'investissement – réalisation des cahiers des charges, définition des modules de formation, amélioration de la réception des machines, tests interservices au moment de la mise en route – et accumulent des exemples et propositions concrètes pour démontrer l'intérêt d'associer les salariés dès la phase de conception. « Le fait de réaliser nous-mêmes un bilan grâce à l'animation d'espaces de discussion sur la base de situations de travail – reconnues par un groupe de salariés comme étant significatives des difficultés vécues – est un puissant moyen de progresser collectivement. Mais il faut le faire de manière très spécifique pour chaque site et même chaque équipe », analyse Annabelle Delcourt, DRH du site de Coutances.

C'est aussi ce que comprend Laurent Demagnez, DRH du groupe, qui décide, en concertation avec les organisations syndicales, d'étendre l'expérience de Coutances à d'autres sites. L'objectif est d'avancer sur la formation des managers, la politique RH et de créer les conditions pour la signature d'un accord qui engagerait tous les établissements à mettre en œuvre des démarches QVT. C'est chose faite en avril 2019.

1. Petite dose de médicament (ml) en conditionnement stérile.
2. Accord permettant au salarié et à l'employeur de convenir ensemble de la rupture du contrat de travail.
3. Association régionale pour l'amélioration des conditions de travail.

Anact, « QVT : la juste dose chez Unither », *Travail et Changement*, n° 372, p. 11, 5 juin 2019, www.anact.fr.

À l'aide des ressources page 125, vous répondrez aux questions suivantes.

1. Proposez une définition générale de la qualité de vie au travail (QVT).
2. Repérez et décrivez les composantes de la QVT.
3. En vous appuyant notamment sur l'accord signé entre la direction d'Unither et les organisations syndicales, caractérisez la QVT au sein d'Unither.
4. Dégagez le lien entre la QVT et la performance de l'entreprise.
5. Montrez que l'amélioration de la QVT au sein d'Unither a contribué à la performance de l'entreprise.

Rendez-vous en RHC

La motivation des acteurs engendrée par de meilleures conditions de travail peut conduire à un accroissement de la productivité et de la performance économique. (**2.1** La recherche du mieux vivre au travail est-elle compatible avec les objectifs de performance ?)

LES RESSOURCES DOCUMENTAIRES

RESSOURCE 1

La meilleure façon de livrer

Unither Pharmaceuticals développe et fabrique des produits pharmaceutiques pour le compte de ses clients. [...]
Notre compréhension toujours plus approfondie des besoins des patients, notre expérience dans le développement de produits et de la mise en œuvre des processus garantissent à nos clients les meilleures conditions de réussite commerciale. [...] Notre vision est de fabriquer des produits abordables et conviviaux que tout le monde dans le monde puisse utiliser pour améliorer sa vie.

Pour concrétiser cette vision, nous nous efforçons constamment de fournir à nos clients des solutions innovantes, compétitives et durables, tout en tenant toujours compte des besoins des patients. Grâce à notre expérience et à notre technologie, nous pouvons assister nos clients à toutes les étapes du processus de développement pour garantir le succès du produit.

« *The Single Best Way to Deliver* »,
www.unither-pharma.com, novembre 2019.

RESSOURCE 2

L'Accord d'entreprise Unither Pharmaceuticals (extraits)

Article 2 – Définition et éléments descriptifs de la QVT
Les parties s'accordent pour retenir la définition de la qualité de vie au travail suivante [...] : La perception de la qualité de vie au travail résulte des conditions dans lesquelles les salariés exercent leur travail et leur capacité à s'exprimer et à agir sur le contenu de celui-ci. [...]

Article 3.3 – Développer les temps et espaces de discussion
Les parties signataires conviennent de la nécessité de mettre en place des espaces de discussion afin de donner la possibilité aux salariés de s'exprimer sur leur travail. [...]

- Pour les salariés : il s'agit d'un moyen de s'exprimer sur son travail, de développer la professionnalisation, l'engagement et l'accès au sens de son travail.
- Pour l'entreprise : c'est un moyen d'accroître la performance collective et l'innovation, d'améliorer le dialogue social et les processus décisionnels. [...]

www.maitredata.com, 19 juillet 2019.

RESSOURCE 3

QVT, de quoi parle-t-on ?

La QVT met [...] en perspective la capacité des salariés à s'exprimer et à agir sur leur travail selon une démarche participative soutenue par le management. [...] L'ANACT (Association nationale pour l'amélioration des conditions de travail) met en avant 6 facteurs déterminants : relations au travail, climat social – contenu du travail – santé au travail – compétences, parcours professionnels – égalité professionnelle pour tous – management participatif, engagement.

« Qualité de vie au travail
"au-delà du du baby-foot..." »,
www. aqm-normandie.fr, 7 février 2019.

RESSOURCE 4

Unither recrute 75 personnes à Coutances

Selon ActuLabo, site d'information spécialisé dans la pharmacie industrielle, 75 emplois seront créés à Coutances. En effet, le groupe Unither poursuit ses investissements – à hauteur de « 40 millions d'euros » selon son président Eric Goupil – avec l'acquisition de 4 nouvelles lignes de production d'unidoses stériles dont 3 seront installées à Coutances. « Elles ajouteront 500 millions d'unités à la capacité actuelle qui s'élève à 1,5 milliard de doses », précise ActuLabo. [...]
Pour commencer, [...] Manpower et l'agence Pôle emploi de Coutances recherchent pour le laboratoire Unither 12 conducteurs de ligne en contrat de professionnalisation de 12 mois. Les candidats doivent avoir un titre professionnel de niveau bac et pourront obtenir un CDI ou CDI intérimaire à la clé.

« Manche : Unither annonce le recrutement de 75 personnes à Coutances »,
Lamanchelibre.fr, 24 septembre 2019.

Je fais le point sur 2

- La qualité de vie au travail est-elle une source de performance ?

ACTIVITÉS

JOUEZ AVEC KYUSHI
Quiz interactifs pour la classe !

A

B Tester ses connaissances

Exercice interactif

Cocher la ou les bonnes réponses.

1. La motivation au travail dépend :
   - ☐ uniquement de facteurs personnels.
   - ☐ uniquement de facteurs propres à l'organisation.
   - ☐ de facteurs personnels et environnementaux.
2. Le lien entre motivation et implication au travail :
   - ☐ motivation = implication.
   - ☐ motivation → implication.
   - ☐ implication → motivation.
3. Les principaux facteurs de motivation au travail sont :
   - ☐ la rémunération perçue.
   - ☐ les évolutions de carrière possibles.
   - ☐ la confiance accordée.
4. La qualité de vie au travail (QVT) :
   - ☐ est décidée par les dirigeants d'une organisation.
   - ☐ relève d'une démarche participative.
   - ☐ doit permettre aux salariés de s'exprimer.
5. Les facteurs déterminant la QVT sont :
   - ☐ les relations de travail et le climat social.
   - ☐ les augmentations de rémunération.
   - ☐ les parcours professionnels.
6. La QVT est un facteur :
   - ☐ de motivation au travail.
   - ☐ de performance de l'organisation.
   - ☐ d'autonomie et de confiance réciproque.

C Préparer ses arguments

GRAND ORAL

Pourquoi améliorer la qualité de vie au travail ?

« Améliorer la QVT, c'est surtout permettre aux salariés d'avoir le sentiment d'être bien intégrés dans l'entreprise », affirme Pierre Sempé, délégué régional Grand Est chez AFT […], PME de transport installée dans la région Grand Est […]. Pour les Transport Clément, la QVT s'est concrétisée par la création d'un manuel conducteur [qui] décrit l'ensemble des procédures de travail afin d'éviter les incompréhensions sur le profil du poste. Travailler sur la QVT est également un facteur de fidélisation des salariés […] comme le souligne Karine Maurel, responsable RH des Courriers de l'Aube, une entreprise de transport scolaire […].

www.pole-emploi.fr, novembre 2019.

Mission : À partir du texte et de la vidéo, vous présenterez devant la classe, dans le cadre d'un exposé oral structuré et argumenté :

1. Les actions mises en œuvre dans les entreprises de transport du Grand Est pour améliorer la QVT.
2. Les avantages de la QVT au sein des entreprises de transport du Grand Est.

Améliorer la QVT dans le transport (3'37) — Lien vidéo

> Fiche méthode 4, p. 233

D L'ETLV en management, sciences de gestion et numérique

ETLV

How to motivate employees?

1. Explain what impact disengaged employees can have on a company.
2. List solutions to make employees more motivated.
3. **Record a Youtube-style video.**
   Present the top three ways to make employees motivated in your opinion. Then justify your choices. Speak for 90 seconds.

Reasons your employees are disengaged and unmotivated (1'51) — Lien vidéo

Programme de langues vivantes,
Identités et échanges •
Espaces privés, espaces publics

E Analyser une situation de management

La qualité de vie au travail, un enjeu de performance pour le groupe Société Générale

La qualité de vie au travail est aujourd'hui une préoccupation centrale pour les entreprises et pour les collaborateurs. Pour le groupe Société Générale, elle se révèle en outre un levier d'efficacité et de performance collective durable, dans un contexte d'accélération de la transformation de ses métiers. [...]
En 2015, un accord sur la qualité de vie au travail signé avec les organisations syndicales [...] a notamment pour vocation de [...] mettre en place des temps d'expression permettant aux collaborateurs de parler de leur travail, et rechercher l'équilibre et la conciliation des temps de vie professionnelle et personnelle. [...] Avec plus de 2 600 membres actifs sur le réseau social d'entreprise dédié, le programme *Life at Work* [...] s'articule autour de 6 thématiques : l'efficacité individuelle et collective, l'environnement de travail, la santé et la prévention, les moments de vie et avantages, le télétravail et les nouveaux modes d'organisation du travail, et le management. [...]
Le programme *Move* [...] lancé début 2017 [...] se décline en 3 thèmes : développer l'autonomie et la responsabilisation, développer l'intelligence collective et s'approprier les nouveaux modes et espaces de travail. Au travers d'ateliers et de bars à expérimentations, la communauté de volontaires *Move* a testé plus de 100 innovations depuis le début de l'année. [...] « La qualité de vie au travail passe par l'exemplarité et une culture de management qui développe l'engagement et la créativité de nos équipes. [...] » déclare Caroline Guillaumin, directrice des ressources humaines du groupe Société Générale.

www.societegenerale.com, 21 septembre 2017.

1. Dégagez les objectifs de qualité de vie au travail (QVT) développée au sein de l'organisation Société Générale.
2. Caractérisez les différents outils mis en œuvre pour améliorer la QVT au sein de Société Générale.
3. Présentez les résultats bénéfiques de la QVT déployée au sein de Société Générale.

Un jour de travail #LesDunes | Qualité de vie au travail (3'32)
Lien vidéo

Dossier Avenir

Jérôme, responsable commercial régional dans un groupe d'assurance : « Notre métier consiste à prévoir l'avenir. »

Dans la peau d'un conseiller en assurance (4'42)

Quelles sont, selon vous, les trois qualités essentielles d'un bon commercial ?
Ce métier vous plairait-il ?

SYNTHÈSE

Podcast

Pour l'enseignant
Synthèse rédigée
Synthèse animée

1 La motivation et l'implication dans le travail

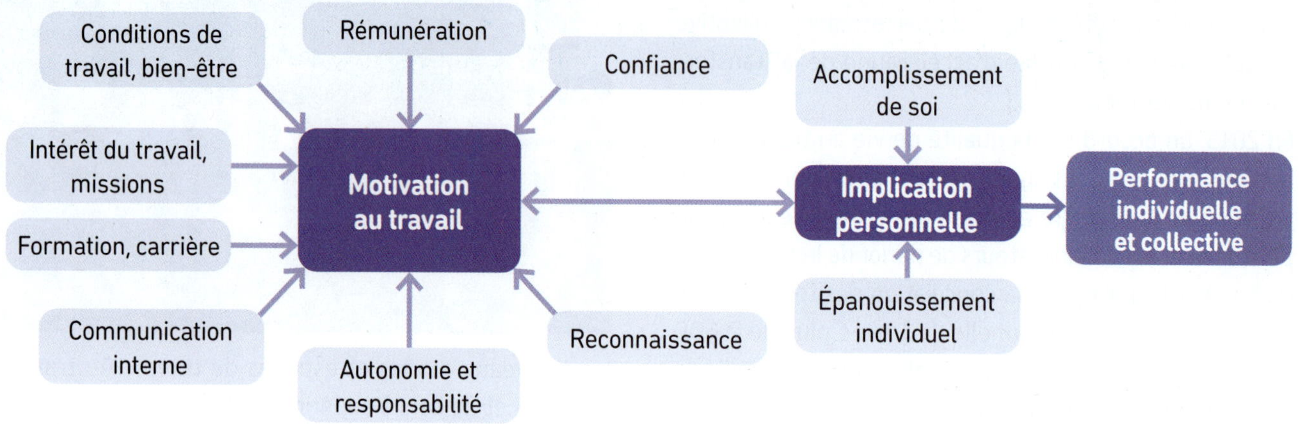

2 La qualité de vie au travail (QVT), source de performance ?

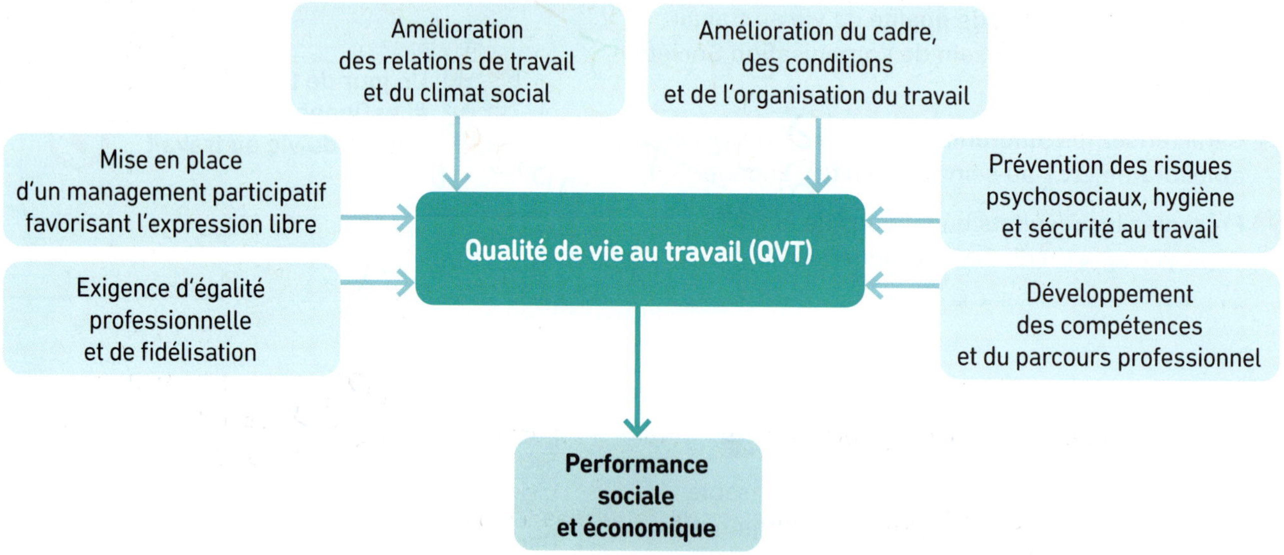

Les mots incontournables

> Lexique, p. 251

Facteurs de motivation • Implication • Motivation • Qualité de vie au travail

9 Les transformations numériques, vecteurs d'amélioration de la relation avec les clients et les usagers ?

Capacité

- Identifier le rôle des technologies numériques dans la production

Dans les starting-blocks !

Le premier magasin Amazon Go ouvre à Seattle (0'58)

Lien vidéo

1. Déterminez si les consommateurs ont tous les mêmes besoins.
2. Présentez la relation client telle qu'elle est envisagée par Amazon.
3. Expliquez comment la technologie digitale utilisée par Amazon lui permet de connaître parfaitement son client.

1 L'usager et le consommateur ont-ils des comportements différents ?

A De l'usager au consommateur

DOC. 1

Usager *versus* consommateur

L'usager utilise un service public ou un bien du domaine public. On parlera ainsi :
- des usagers des transports en commun
- des usagers de la cantine scolaire
- des usagers de Pôle Emploi, etc.

Le **service public** s'adresse à chacun et à tous afin de ne pas exposer l'usager à des discriminations liées à l'argent ou au statut social.

Un service public est une activité exercée directement par l'autorité publique (État, collectivités territoriales ou locales) ou sous son contrôle, dans le but de satisfaire un besoin d'intérêt général. Par extension, le service public désigne aussi l'organisme qui a en charge la réalisation de ce service.

Le consommateur utilise un produit ou un service pour satisfaire ses besoins personnels en ayant recours à une entreprise privée.

DOC. 2

L'accueil des usagers du service public

Vous arrivez aux « formalités administratives » et vous vous dirigez vers l'un des guichets libres quand tout à coup vous entendez : « Prenez un ticket ! » Vous vous retournez et vous demandez à quoi peuvent servir ces machines utilisées pour distribuer automatiquement des tickets puisque vous êtes seul. L'agent vous explique alors que « c'est pour nous, pour nos statistiques… » […] Bien entendu, il pourrait sembler normal que ce soit à l'usager de s'adapter à l'administration puisque c'est lui qui vient chercher un service. Cette relation ne relève pas d'une relation commerciale où le vendeur doit séduire et s'adapter, qu'il s'agisse de proposer d'autres produits ou de faire des « efforts commerciaux » : la relation de l'administration avec les usagers reste une relation de domination. Or, les comportements des agents sont culturellement imprégnés de cette caractéristique.

Samuel Hennequin, « L'accueil des usagers du service public : on peut faire mieux », www.lalettreducadre.fr, 19 janvier 2017.

1. À la lecture des **documents 1** et **2**, il apparaît que la relation qu'entretient l'administration avec ses usagers et celle qu'entretient l'entreprise avec ses clients sont de nature différente. Précisez en quoi.
2. Expliquez pourquoi il est pertinent, tant du point de vue des consommateurs et usagers que de celui des organisations, de faire la distinction entre les notions de consommateur et d'usager.

DOC. 3

Un exemple de relation client innovante dans le service public

Pour l'assurance maladie, les services en ligne sont au centre de la relation client. En effet, depuis le lancement, en 2007, de son site ameli.fr, l'organisme n'a pas cessé de proposer de nouveaux services aux assurés sur leur espace personnalisé […]. De nouveaux services ont vu le jour comme la déclaration du vol ou de la perte de sa carte Vitale depuis l'application mobile, la déclaration d'accident causé par un tiers, le suivi des arrêts de travail ou encore la prise de rendez-vous en agence. Autant de services qui viennent compléter ceux déjà présents et plébiscités par les usagers […].

Ève Mennesson, « 10 exemples de relation client innovante dans le secteur public », www.relationclientmag.fr, 11 septembre 2017.

3. Déterminez quel est le statut de la caisse primaire d'assurance maladie et précisez quel est son champ d'action et à qui elle s'adresse (client ou usager).
4. Expliquez pourquoi le terme « relation client » est utilisé dans le cadre de l'assurance maladie.

B Le processus d'achat à l'ère du numérique

DOC. 4

Processus d'achat et parcours client[1]

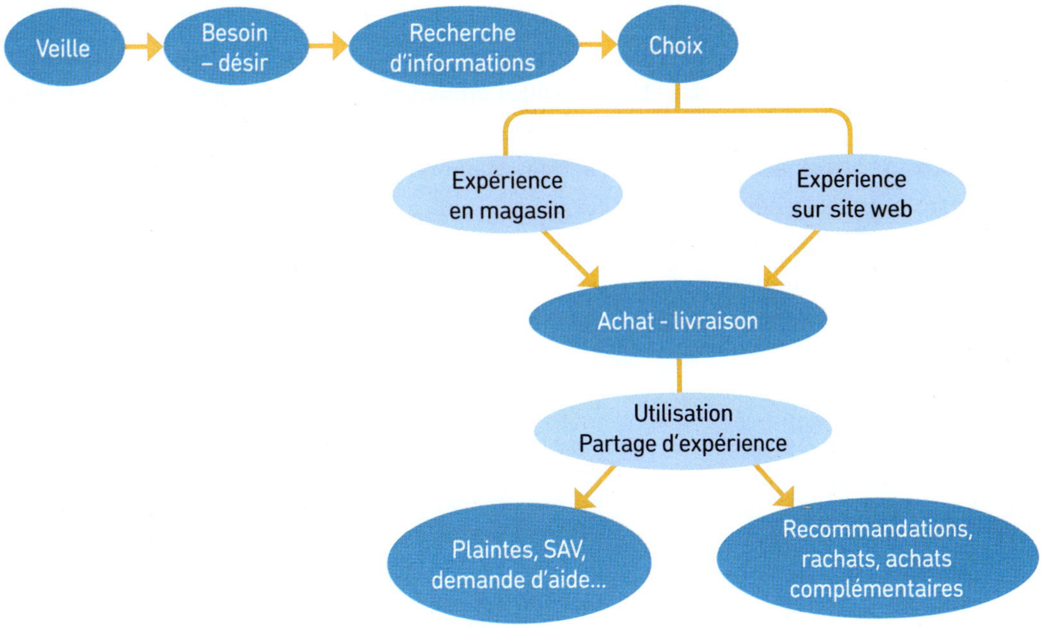

1. Les organisations travaillent le parcours client à partir de l'étude du processus d'achat des consommateurs.

5 Illustrez ce schéma à l'aide d'un acte d'achat de votre quotidien et analysez ce parcours client en listant les outils digitaux potentiellement utilisés.

6 Indiquez si, selon vous, ce parcours client est valable pour tous les processus d'achat en argumentant votre réponse.

DOC. 5

Le parcours client adapté au service public

Dans le secteur public, la construction du parcours se traduira, pour chaque besoin de l'usager, par une initiative spécifique (trouver une information, remplir un formulaire en ligne, poser une question à un interlocuteur direct, etc.). Elle pourra prendre la forme d'un service (ex. : réservation en ligne), d'un contenu (ex. : vidéo présentant le fonctionnement d'un service en ligne), ou toute autre forme d'interaction venant contribuer à l'expérience globale de l'usager, améliorer sa relation avec le service sollicité et plus généralement la qualité de service rendu. […]

De nombreux services de l'État ont désormais recours à la formalisation d'un **parcours usagers** pour l'élaboration de leurs services en ligne. Cette approche permet de placer l'usager au centre de la réflexion pour mieux répondre à ses besoins et ses attentes. C'est un élément clé pour permettre une meilleure adéquation entre les attentes des usagers et les services proposés par les administrations, et un travail indispensable au bon déploiement d'une stratégie de marque et sa déclinaison dans la sphère digitale.

Apie, « Focus : qu'est-ce qu'un parcours client/usager », www.economie.gouv.fr.

7 Listez dans un tableau les avantages pour les usagers des services publics et pour l'État d'adapter le parcours usager à la manière d'un parcours client.

8 Recherchez un exemple de service public qui a adapté son parcours usager en s'inspirant d'un parcours client.

C Comprendre le comportement du consommateur

DOC. 6

Enjeu de la connaissance du comportement du consommateur

Si vous êtes responsable marketing ou *CRM*, vous avez forcément remarqué que vos métiers ont grandement évolué ces dix dernières années. En effet, à l'heure du **big data**[1] et de l'omniprésence des services Internet, les consommateurs sont de plus en plus exposés aux publicités, aux prises de parole de marques et à la parole de leurs pairs sur les réseaux sociaux. Chacun a aujourd'hui le pouvoir de s'exprimer sur une marque, de conseiller les internautes sur l'achat de tel ou tel produit ou encore l'adhésion à telle ou telle marque. Un nouveau paradigme qui pousse les marques à se tourner vers une nouvelle tendance du marketing : l'**analyse prédictive**. L'objectif : tenter de prédire le comportement ou l'appétence des consommateurs aux diverses actions marketing d'une entreprise.

1. **Big Data** : production massive de données numériques. www.forbes.fr, 23 mai 2018.

« Analyse prédictive : comment anticiper le comportement client ? », www.forbes.fr, 23 mai 2018.

9 Listez les raisons qui poussent les entreprises à vouloir comprendre le comportement des consommateurs.

10 Démontrez l'intérêt de l'analyse prédictive pour les entreprises.

Rendez-vous en Mercatique

Face aux changements des modes de consommation (économie de la fonctionnalité, connectivité permanente de l'e-consommateur), l'organisation est amenée à repenser sa stratégie de fidélisation. La gestion de la relation client devenue un enjeu stratégique, l'organisation s'appuie sur la digitalisation du parcours client et convoque des pratiques de *community management*.(**3.2** Comment enrichir la relation client grâce au numérique ?)

DOC. 7

La modification de l'acte de consommation

11 Listez les différents besoins répertoriés dans la vidéo.

12 Précisez si tous les actes d'achats sont dictés par le désir.

13 Expliquez si les marques agissent sur les besoins ou sur les désirs du consommateur.

50 ans de consommation : du besoin au désir et à la frustration permanente
(Jusqu'à 1'22)
Vidéo

D Les facteurs qui influencent le comportement du consommateur/usager

DOC. 8

L'e-commerce alimentaire

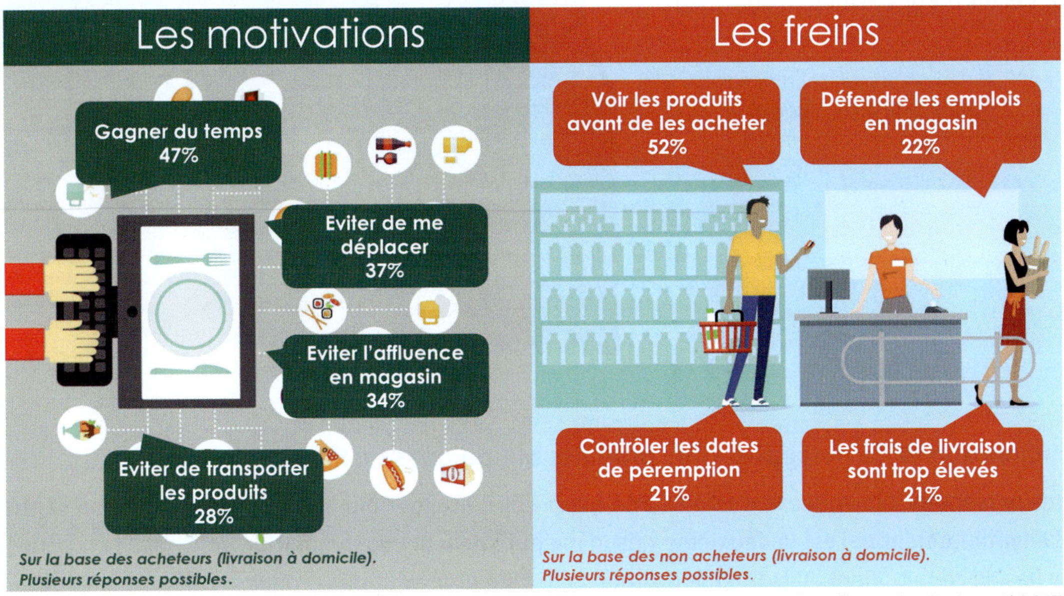

Source : © CCM Benchmar Institut, avril 2017.

DOC. 9

Les motivations et les freins

Henri Joannis identifie 3 types de motivations qui poussent les consommateurs à acheter :

- hédoniste : plaisir simple d'acheter
- oblative : faire plaisir
- auto-expression : estime et accomplissement de soi

Mais l'acte d'achat rencontre des freins : l'inhibition (le manque de confiance de l'acheteur en son jugement ou un sentiment de culpabilité) et les peurs/risques (réels ou imaginaires, liés à la difficulté d'utilisation du produit ou à la réalisation du service).

D'après Henri Joannis, *De l'étude de motivation à la création publicitaire et à la promotion des ventes*, Paris, Dunod, 1971.

14 Analyser ce qui pousse ou freine le consommateur de produits alimentaires à recourir au e-commerce (**docs. 8** et **9**).

15 Identifiez l'intérêt pour les entreprises de s'interroger sur les motivations et les freins de ses consommateurs (**doc. 10**).

DOC. 10

Comprendre le comportement de l'usager de services publics

Le kit *Personas* « Usagers des services publics numériques » est un outil à vocation interadministrative, destiné à guider les agents publics dans l'accompagnement des utilisateurs des services en ligne. [...]

Le kit présente, sous un format documenté et ludique, les différents types d'usagers des services publics numériques en précisant leurs motivations et leurs freins vis-à-vis des services en ligne proposés par les administrations.

La caisse d'allocations familiales (CAF) de Niort a fait partie des structures pilotes [...] « Nos agents ont désormais le réflexe *Personas* et en font régulièrement office auprès de nos allocataires. [...] Les *personas* permettent d'éviter certaines situations tendues, lorsqu'on pose une question qui n'est pas adaptée à la situation d'un usager par exemple. »

Le portail de la transformation de l'action publique, « Se mettre dans la peau des usagers pour mieux les accompagner vers le numérique », www.modernisation.gouv.fr, 19 janvier 2018.

16 Identifiez le but recherché par le gouvernement avec la création du kit *Personas*.

17 Présentez dans un tableau les freins et motivations des usagers des services en ligne.

18 Expliquez les améliorations que le kit *Personas* apporte à la relation avec les usagers.

DOC. 11

Attitude et perception des consommateurs de produits biologiques

« Une attitude résume les évaluations (positives ou négatives), les réactions émotionnelles et les prédispositions à agir vis-à-vis d'un objet ou d'une idée. »

P. Kotler et B. Dubois, *Marketing et management*, 11e édition, Pearson éducation, 2003.

DOC. 12

« Baromètre de consommation et de perception des produits biologiques en France »

Pour la majeure partie des personnes interrogées : c'est la santé qui prime ! **Manger bio permet de préserver sa santé mais aussi de préserver l'environnement qui est la deuxième raison majeure de leur consommation**. 56 % des personnes interrogées sont convaincues de ce fait. Vient en troisième position la qualité et le goût des produits. [...]

Les nouvelles attitudes des consommateurs bio

Pour cette édition 2018 du baromètre de perception et de consommation des produits alimentaires biologiques, SPIRIT INSIGHT a cartographié 7 grands groupes ou typologies de Français en fonction de leurs manières d'appréhender les produits alimentaires biologiques.

GROUPE 1 – les jeunes citadins peu attachés

11 % de la population française surtout représentés par les cibles les plus jeunes 18-24 ans (16 %), 25-34 ans (22 %) qui n'ont pas le réflexe de consommer bio.

GROUPE 2 – les célibataires économes (15 %)

Non-consommateurs ni acheteurs, contrôlant leur budget.

GROUPE 3 – les convaincus de la première heure (14 %)

Surreprésenté par les 50 ans et plus, avec des traditions familiales bien ancrées.

GROUPE 4 – les jeunes familles converties

14 % de la population française dont 16 % de 18-24 ans, et 22 % de 25-34 ans avec de jeunes enfants au foyer, une attention particulière sur le budget, mais consommateurs récemment convertis au bio.

GROUPE 5 – les peu confiants (13 %)

Avec une majorité de non-consommateurs. Et parmi les consommateurs bio, une surreprésentation des nouveaux entrants.

GROUPE 6 – les exigeants connectés (14 %)

Plutôt épicuriens qui apprécient la cuisine et les valeurs traditionnelles culinaires.

GROUPE 7 – les Bio citoyens ambassadeurs (19 %)

Avec une surreprésentation des plus âgés, qui sont convaincus depuis des années, mais qui peuvent avoir des difficultés à trouver l'offre correspondant à leurs besoins.

Gérard Michaut, Florent Guhl, www.agencebio.org, février 2019.

Site Web

À l'aide des documents 11 et 12 et de votre lecture du dossier de presse « Baromètre de consommation et de perception des produits biologiques en France » réalisé par l'Agence BIO, à l'adresse https://agencebio.org, répondez aux questions suivantes :

19 Précisez si l'étude (doc. 12) permet d'évaluer les trois composantes de l'attitude du consommateur face aux produits bio. Justifiez votre réponse.

20 Identifiez l'intérêt pour une marque de s'interroger sur l'attitude des consommateurs.

21 Expliquez si cette démarche est transposable aux services publics et si, selon vous, elle est pertinente.

Je fais le point sur 1

- Comment expliquer le comportement du consommateur ?

2 Quelle relation client à l'ère de la digitalisation ?

En immersion au... LOUVRE

SITUATION

Ancien palais des Rois, le Louvre épouse l'histoire de France depuis huit siècles. Conçu dès sa création en 1793 comme un musée universel, ses collections, qui figurent parmi les plus belles au monde, couvrent plusieurs millénaires et un territoire qui s'étend de l'Amérique aux frontières de l'Asie. Réparties en huit départements, elles contiennent des œuvres universellement admirées, comme *La Joconde*, la *Victoire de Samothrace* ou la *Vénus de Milo*. Avec 10 millions de visiteurs en 2019, le Louvre est aujourd'hui le musée le plus visité au monde.
Vous effectuez une formation au sein du service communication du musée. Votre responsable vous demande de réfléchir à la digitalisation de l'offre du Louvre en vue de toucher un public plus large.

À l'aide des ressources documentaires et de recherches complémentaires sur Internet, vous répondrez aux questions suivantes :

1. Listez les outils digitaux proposés par le Louvre.
2. Identifiez les moyens qui permettent au Louvre de récolter les données clients.
3. Rédigez une note sur l'intérêt et les limites que présente la récupération de ces données visiteurs pour le musée.
4. Présentez la démarche de personnalisation de l'offre du Louvre.
5. Résumez le bénéfice de cette démarche pour le visiteur et pour l'établissement public.

LES RESSOURCES DOCUMENTAIRES

RESSOURCE 1

La digitalisation au cœur du Louvre

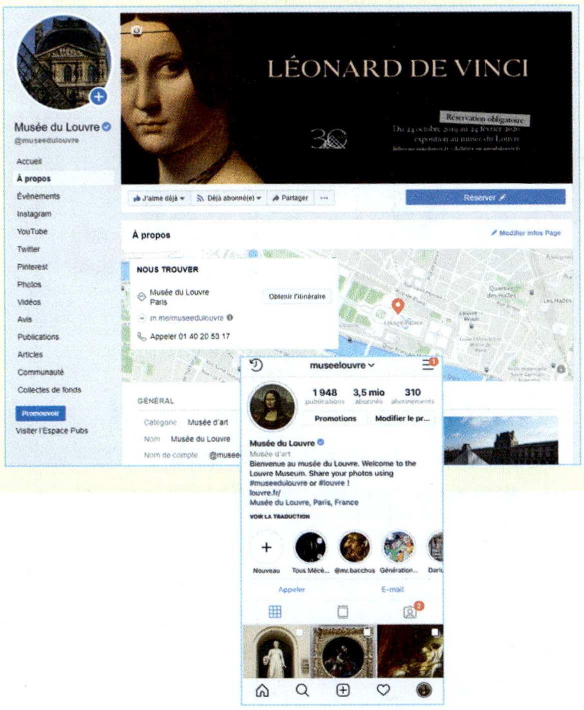

RESSOURCE 2

« Le Louvre relève le défi de l'expérience visiteurs »

L'e-billet et une meilleure information sur les créneaux moins chargés ont lissé la fréquentation : « [...] La vente en ligne aide aussi à personnaliser la relation entre le musée et le visiteur, car on se constitue progressivement un fichier clients », note Alban Lionnet, directeur qualité et audit interne du Louvre. Les outils autant que les bonnes pratiques du web marketing permettent au musée de personnaliser sa relation avec ses différents types de visiteurs et d'en élargir le spectre par des procédés innovants dans le but d'améliorer l'expérience du visiteur avant pendant et après sa visite.

Christine Monfort, www.relationmag.fr, 18 avril 2019.

Je fais le point sur 2

- Quelles perspectives la digitalisation de la relation client offre-t-elle aux organisations ?

3 Quels sont les risques de la digitalisation pour la relation client ?

A Les traces numériques

DOC. 13

British Airways : fuite de données personnelles

La compagnie aérienne British Airways vient d'hériter de la plus grosse amende jamais infligée pour une fuite de données. Suite à la brèche remarquée l'année dernière, l'entreprise s'est retrouvée en violation du **RGPD** et la Cnil britannique (*Information Commissionner Office* ou *ICO*) lui réclame la bagatelle de 183 millions de livres sterling pour « mauvaise pratique de sécurité ».
Elizabeth Denham, la responsable de l'ICO, explique que « les données personnelles sont par définition personnelles. Lorsqu'une entreprise faillit à les protéger, c'est plus qu'une simple gêne. C'est pour ce motif que la loi est claire : lorsque des clients vous font confiance avec leurs données, vous devez en prendre soin. Ceux qui ne le font pas seront examinés à la loupe par nos bureaux pour s'assurer que les mesures nécessaires ont été prises pour protéger les droits fondamentaux de la vie privée ».

Corentin Bechade, « RGPD : British Airways écope d'une amende record de 183 millions de livres sterling », www.lesnumeriques.com, 11 juillet 2019.

Données personnelles et réseaux sociaux (4'33)
Lien vidéo

Rendez-vous en SIG

La sécurité des systèmes d'information s'étend à la cybersécurité pour prendre en compte les événements issus du cyberespace et prévenir les actes de malveillance délibérés ou la négligence avec intention du nuire ; cela exige des techniques nouvelles comme la mise en place d'une cyberdéfense. (**1.2** Les évolutions numériques sont-elles exemptes de risques ?)

DOC. 14

Le RGPD

Le sigle RGPD signifie règlement général pour la protection des données personnelles. […]. Il désigne le nouveau texte de référence européen en matière de protection des données personnelles. Il a été conçu pour adapter et moderniser la législation et harmoniser le cadre juridique européen dans ce domaine. Toutes les entreprises, organismes publics et associations des 28 États membres de l'Union européenne qui collectent des données à caractère personnel sur les résidents européens sont concernés. Les organisations issues de pays en dehors de l'UE sont aussi concernées si elles collectent et traitent des données personnelles de résidents européens.

Charlie Perreau, « RGPD, signification, rôle de la CNIL », www.journaldunet.fr, 18 février 2020.

Source : © DGCCRF

1. Réalisez un schéma récapitulant les traces numériques que nous laissons sur Internet (**doc. 13**).
2. Identifiez les risques encourus par les consommateurs qui laissent des traces numériques (**doc. 13**).
3. Expliquez pourquoi la digitalisation de la relation client a conduit l'Union européenne à mettre en place le RGPD (**doc. 14**).
4. Justifiez la sévérité de l'amende infligée à British Airways (**doc. 13**).

B Service public : le rôle de l'administration électronique

DOC. 15

L'accès aux documents administratifs

La loi du 17 juillet 1978 a instauré un **droit d'accès des citoyens aux documents administratifs**. Ainsi, toute personne a le droit d'obtenir communication des documents détenus par une administration dans le cadre de sa mission de service public, quels que soient leur forme ou leur support. Ces dispositions ont été précisées dans le code des relations entre le public et l'administration (CRPA).

CEDEF, « Accès aux documents administratifs », www.economie.gouv.fr.

Depuis 1998, les pouvoirs publics ont élaboré plusieurs programmes ou plans en vue de développer l'administration électronique. [...] Une nouvelle vague de décisions a été prise pour amplifier le mouvement de transformation digitale de l'État. L'objectif du gouvernement est de dématérialiser d'ici mai 2022 les 250 démarches « phares » les plus utilisées par les citoyens. Sur ces 250 démarches, 67 % sont déjà disponibles en ligne. Fin 2019, plus de 70 % le seront, notamment le « portail du justiciable[1] » afin de suivre des affaires au civil puis au pénal.

1. Le portail de référence de la Justice : une information fiable, des simulateurs et des formulaires à destination des particuliers et des professionnels.

« E-administration : du PAGSI au programme Action publique 2022 », www.vie-publique.fr.

5 Donnez une définition de l'administration électronique.

6 Identifiez les enjeux de cette transformation pour les gouvernements successifs.

DOC. 16

Vox usagers : la parole aux usagers

www.voxusagers.gouv.fr

7 Présentez les moyens mis en œuvre par les pouvoirs publics pour entrer en interaction avec l'usager.

8 Listez les avantages offerts par l'utilisation des réseaux sociaux sur les sites proposés par les pouvoirs publics.

9 Effectuez une recherche sur le site **https://voxusagers.gouv.fr**. Peut-on rapprocher la notion d'expérience client de celle d'expérience usager ?

Site Web

Je fais le point sur 3

- Quels sont les avantages que l'administration électronique offre aux usagers ?

ACTIVITÉS

JOUEZ AVEC KYUSHI
Quiz interactifs pour la classe !

A

B Tester ses connaissances

Exercice interactif

Cocher la ou les bonnes réponses.

1 Un usager doit :
- ☐ choisir l'organisation qui lui fournit le service.
- ☐ faire jouer la concurrence pour opérer un choix.
- ☐ utiliser le service public qui correspond à son besoin.

2 Un consommateur a :
- ☐ des besoins hiérarchisables.
- ☐ des besoins dont découlent des désirs.
- ☐ uniquement des désirs.

3 Les organisations doivent :
- ☐ s'interroger sur les freins des consommateurs.
- ☐ s'interroger sur les motivations et freins de leurs consommateurs.
- ☐ créer le besoin du consommateur.

4 La connaissance client permet de :
- ☐ créer de l'interactivité client/entreprise.
- ☐ espionner le comportement des clients.
- ☐ personnaliser la relation client/entreprise.

5 Les outils digitaux sont utilisés en relation client pour :
- ☐ collecter des données.
- ☐ discuter avec les clients.
- ☐ rendre dépendant le consommateur.

6 L'administration publique utilise les outils digitaux :
- ☐ pour collecter des données sur ses usagers.
- ☐ pour améliorer la relation services/usagers.
- ☐ surveiller les usagers.

C Préparer ses arguments

GRAND ORAL

Vous avez décroché un job d'été au sein du service communication de McDonald's. Votre supérieur hiérarchique vous demande de réfléchir au processus de fidélisation du client et de présenter vos conclusions lors de la prochaine réunion d'équipe.

Réalisez un argumentaire.

1 Rédigez un email à votre supérieur hiérarchique qui explique comment l'utilisation des données clients peut jouer un rôle dans la fidélisation.

2 Présentez vos arguments devant la classe.

> Fiche méthode 4, p. 233

D L'ETLV en Management, sciences de gestion et numérique

ETLV

British supermarket adopts "finger vein" payment tech Sept 2017

1 Explain what this innovation consists in.

2 List all the advantages but also the risks

3 Work in pairs and debate.
Student A is a staunch advocate for Fingopay and wants to convince his older dad/mum to use it while Student B plays the part of the parent who is reluctant to this new risky technology. Speak for 2 minutes.

The "finger vein" payment tech (1'50)
Lien vidéo

Programme de langues vivantes,
Innovations scientifiques et responsabilités

E Analyser une situation de management

Le parcours client Sephora flash : expérience physique et digitale, le phygital

Sephora innove avec un concept de boutiques bluffant qui allie à la fois le shopping traditionnel et le shopping en ligne. L'idée : proposer les mêmes offres que dans ses magasins traditionnels mais dans un espace plus restreint de 100 m² (au lieu des 400 m² minimum) à travers toutes sortes de nouvelles technologies bien pensées.

Jeanne Dréan, « ELLEBeautySpot : la nouvelle boutique connectée Sephora Flash », www.elle.fr, 2020.

Un nouveau concept de magasins : Sephora (1'10)
Lien vidéo

New Sephora Experience

L'enseigne Sephora vient d'inaugurer un nouveau magasin « *New Sephora Experience* », son nouveau concept de boutiques connectées, au cœur de la gare Saint-Lazare (Paris 8ᵉ). [...]

Développé dans l'Hexagone et dans certains pays d'Europe depuis début 2017, le concept « *New Sephora Experience* », basé sur les services et la beauté connectée, se déploie désormais dans Paris [...]

À l'heure du e-shopping et des réseaux sociaux, Sephora a souhaité réinventer l'expérience client en magasins pour offrir une complémentarité et un lien constant entre l'e-commerce et les espaces physiques. Une démarche qui a nécessité l'introduction de nouveaux services digitaux et physiques, souvent 100 % personnalisés.

Le *Beauty Hub*, nouveau spot développé dans les boutiques « *New Sephora Experience* », est sans doute l'exemple le plus parlant de ce renouveau. Parmi les nombreux services proposés, *via* des iPads, le *Beauty Hub* permet d'accéder à un *lookbook* virtuel pour piocher des idées et des inspirations dans les nouvelles tendances, de tester virtuellement des looks beauté *via* le « *Virtual Artist* », de trouver la bonne nuance de fond de teint avec le « *Color Profile* », ou encore de partager ses looks et ses coups de cœur avec la communauté beauté grâce au « *Beauty Board* ».

« La nouvelle génération de magasins Sephora débarque à Paris », Ladepeche.fr, 20 février 2018.

1. Caractérisez l'entreprise Sephora.
2. Définissez le concept du Phygital.
3. Listez les apports du concept « phygital » pour le consommateur et pour Sephora.
4. Repérez les étapes au cours desquelles Sephora récupère des informations sur ses clients.
5. Précisez l'enjeu pour Sephora de la récupération des données clients.

Dossier Avenir

Le brevet de technicien supérieur (BTS) correspond à une cible professionnelle précise, qui répond aux besoins des entreprises.

Site Web
Dossier Onisep : tout ce qu'il faut savoir sur les BTS

Quelles sont les caractéristiques de la filière BTS ? Vous conviendrait-elle ?

SYNTHÈSE

Podcast

Pour l'enseignant
Synthèse rédigée
Synthèse animée

1 L'usager et le consommateur ont-ils des comportements différents ?

Les organisations ont besoin de comprendre ce processus pour influencer le consommateur (ou l'usager) → **Quels sont les facteurs explicatifs du comportement du consommateur ?**
- → Attitudes
- → Freins et motivations

2 Quelle relation client à l'ère de la digitalisation ?

Les organisations proposent un **parcours client/usager**

grâce à → **Outils digitaux :**
- Applications
- Statistiques
- Réseaux sociaux
- Big data...

→ Collecte de données clients/usagers = Génération de **data**

→ Relation clients → Connaissance clients → Améliorer les offres, les interactions, l'expérience client, l'utilisation des services publics, accès aux documents administratifs ... → Relation clients

3 Quels sont les risques de la digitalisation pour la relation client ?

Les consommateurs, utilisateurs d'Internet, laissent des traces numériques voulues ou non

Collecte de données clients/usagers = Génération de data
- → **Risques numériques du consommateur**
  - Contrôle des données personnelles
  - Droit à l'oubli
- → **Protection du consommateur**
  Règlement général de protection des données (RGPD)

Les mots incontournables

> **Lexique**, p. 251

Administration électronique • Consommateur, usager • Digitalisation de la relation client : connaissance client, interactivité, outils • Facteurs explicatifs des comportements du consommateur : besoins, motivations, freins, attitude • Processus d'achat • Traces numériques, réseaux sociaux grand public

10 Communique-t-on de la même manière avec tous les acteurs ?

Capacité

- Distinguer les différentes modalités de communication mobilisées par une organisation

Dans les starting-blocks !

« Cdiscount *Black Friday* : les 9 offres folles pour ce vendredi »
Cdiscount a décidé de frapper fort pour ce *Black Friday* 2019. Le leader français présente des milliers de ventes flash… »

Arthur Vera, www.presse-citron.net, 29 novembre 2019.

Cdiscount – C'est nous ! (1'59)
Lien vidéo

1. Identifiez la nature de la vidéo.
2. La vidéo se termine par : « C'est nous, Cdiscount ». Expliquez cette conclusion.
3. Listez dans un tableau les publics visés par la vidéo de Cdiscount.
4. La vidéo « C'est nous » permet-elle à l'entreprise de s'adresser à toutes ses parties prenantes ?

1 Quelles sont les différences entre communication interne et externe ?

A La communication interne

DOC. 1

La MAIF repense sa communication vidéo interne

Pour une communication interne innovante (1'29)

Lien vidéo

1. Nommez les parties prenantes auxquelles s'adresse la vidéo.
2. Différenciez les nouveaux types de vidéos utilisées par la MAIF pour sa communication interne en précisant pour chacun d'eux l'objectif recherché.
3. Précisez les résultats attendus par cette nouvelle politique de communication vidéo interne.

DOC. 2

Grande étude 2019 de l'Association française de communication interne (AFCI)

La **culture d'entreprise** est développée/renforcée par la communication interne car elle permet de :

- fédérer les collaborateurs ;
- valoriser l'action des salariés et renforcer la cohésion ;
- donner du sens ;
- créer des liens ;
- contribuer à l'émergence d'une culture d'entreprise ;
- valoriser l'engagement et le travail des collaborateurs ;
- renforcer le sentiment d'appartenance et de fierté.

Pour créer un esprit d'entreprise, il faut pouvoir provoquer des sentiments chez ses employés. Selon les répondants, la communication interne semble être un atout efficace pour le faire.

La **communication interne** accompagne également la stratégie de l'entreprise et le changement :

- accompagner le changement ;
- accompagner le changement et la transformation ;
- accompagner la stratégie.

Elle permet aussi de diffuser l'information :

- diffuser les informations ;
- transmettre les informations ;
- mieux informer ;
- améliorer la circulation de l'information.

Occurrence, « Enquête métier AFCI - Occurrence : 30 ans de communication interne », www.afci.asso.fr, avril 2019.

4. Listez les acteurs concernés par la communication interne.
5. Expliquez le lien entre la communication interne et la culture d'entreprise.
6. Indiquez si la communication part toujours des managers vers les employés.

Rendez-vous en RHC

Le processus de recrutement nécessite une communication interne (grâce aux environnements numériques de travail, aux bourses à l'emploi interne pour favoriser la mobilité ou encore aux programmes de cooptation) mais aussi externe (publication, notamment sur Internet, de l'offre).
(3.3 Comment la communication participe-t-elle à la cohésion et à la performance de l'organisation ?)

DOC. 3

Le cercle vertueux de la marque employeur

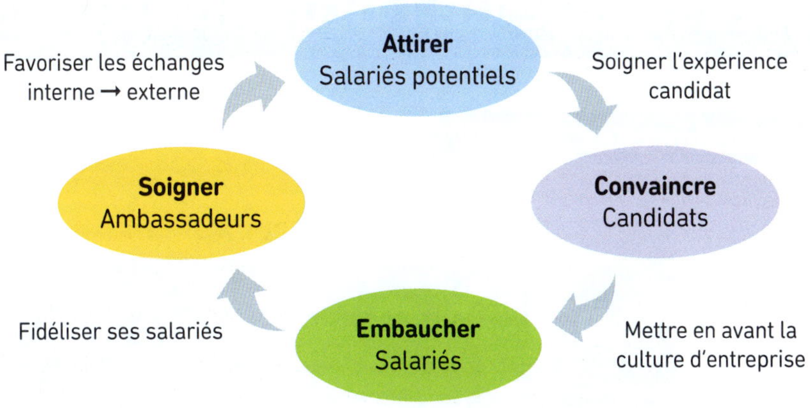

7 Listez les objectifs que se fixe une marque employeur.

8 Expliquez le terme « cercle vertueux ».

9 Analysez en quoi être une marque employeur retentit sur l'image globale d'une entreprise.

B La communication externe

DOC. 4

La MAIF communique sur son virage stratégique

En exprimant publiquement sa volonté de devenir entreprise à mission, la MAIF passe un cap inédit de sa transformation vers un nouveau modèle d'entreprise, engagé pour la société. […]
Cécile Ribour, directrice de communication de La MAIF, explique : « En franchissant cette étape, nous portons plus loin notre engagement pour un futur durable, et nous voulons le rendre visible. Notre nouveau logo traduit cet engagement réaffirmé, tout comme le choix de maintenir notre signature « assureur militant ».

Dimitri Mendez-France, « La MAIF fait appel à l'agence W pour un *re-branding* en mouvement », https://maieute.com, 4 juin 2019.

« Ce n'est pas un virage, mais un prolongement et un approfondissement de notre engagement envers toutes les parties prenantes : nos sociétaires, nos acteurs internes, le tissu associatif et économique local et plus largement la société. Ce n'est pas un renoncement à notre modèle mutualiste, mais une réaffirmation de celui-ci ! », assure le président Dominique Mahé.

Aurélie Abadie, « La Maif devient la première entreprise à mission », www.argusdelassurance.com, 3 juin 2019.

DOC. 5

Le virage stratégique de la MAIF en vidéo

(1'46) Lien vidéo

10 Nommez les parties prenantes ciblées par la vidéo (doc. 5).

11 Expliquez la raison qui a poussé la MAIF à proposer cette vidéo (doc. 5).

12 Précisez si les produits et services proposés par la MAIF sont présentés dans la vidéo (docs. 4 et 5).

13 Précisez si les parties prenantes internes sont concernées par cette communication (docs. 4 et 5).

Je fais le point sur 1

- Pourquoi est-il important pour une organisation d'harmoniser ses communications interne et externe ?

2 Comment la communication influence-t-elle l'image de l'organisation ?

En immersion chez... UBER

SITUATION

Uber, anciennement UberCab1, est une entreprise américaine créée en 2009 qui développe et exploite des applications mobiles de mise en contact d'utilisateurs avec des conducteurs réalisant des services de transport. Le succès a été très rapide et aujourd'hui Uber est présent dans de nombreux pays dont la France. Depuis 2017, l'entreprise souffre d'une mauvaise image et d'un problème de réputation suite à plusieurs déboires : dénonciation des conditions de travail des chauffeurs, piratage informatique, etc.

En votre qualité de stagiaire au sein du service communication d'Uber, vous participez à la mise en œuvre de la nouvelle stratégie de communication qui vise à restaurer l'image de l'entreprise.

À l'aide de la documentation proposée (pages 144 et 145) et de recherches complémentaires sur Internet, vous répondrez aux questions suivantes :

1. Listez les médias sociaux qui permettent à Uber de gérer sa e-réputation.
2. Résumez les problèmes d'e-réputation de l'entreprise Uber depuis 2017.
3. Identifiez les objectifs recherchés par la nouvelle campagne de communication de l'entreprise Uber.
4. Présentez l'intérêt pour une organisation de mettre en œuvre en parallèle une communication interne et une communication externe.
5. Justifiez la nécessaire harmonisation entre les deux types de communication.

RESSOURCE 1

Un exemple d'erreur de communication chez Uber

Alors que les taxis faisaient grève ce dimanche à New York pour protester contre le décret anti-immigration de Donald Trump, Uber donnait l'impression sur Twitter de vouloir en profiter en promettant un blocage des prix. Une campagne de boycott sans précédent de la plateforme s'en est suivie. [...]

#DeleteUber, voilà un des *hashtags* (mot-clé) les plus utilisés sur Twitter le week-end dernier, soit littéralement « Supprimer Uber ». Il s'agissait pour les internautes de supprimer l'application de transport de personnes de leur smartphone afin de protester contre l'attitude de la société jugée indigne par de nombreuses personnes. [...]

Frédéric Bianchi, « La belle bourde d'Uber en pleine polémique sur le décret de Trump », https://bfmbusiness.bfmtv.com, 30 janvier 2017.

RESSOURCE 2

« Comment changer son image de marque : l'heure de l'Uberédemption ? »

[...] le service de VTC veut prendre une nouvelle direction et redorer son blason, en commençant par faire son mea culpa.

« Chaque jour nous prenons des milliers de routes différentes, des bonnes, des mauvaises, des risquées. Nous sommes allés [...] là où aucune route n'existait encore. Nous avons toujours voulu aller plus loin, mais parfois trop vite. Et nous n'avons pas toujours su écouter. [...] Mais il faut avoir tort, se perdre, revenir en arrière, s'arrêter, pour mieux repartir. » Pour sa première campagne TV en France diffusée à partir du 17 septembre [2017], Uber joue la carte du repentir, de l'écoute et en bonne *star-tup*, fait l'éloge du *test & learn*. [...]

Les outils déployés par Uber dans cette campagne répondent à un double objectif : redorer l'image de marque d'un service apprécié de tous mais qui semblait sourd aux attentes de certains, tout en crevant l'abcès et en libérant la parole de ses utilisateurs. « [...] avant ce revirement stratégique, nous avons créé [...] une campagne qui mettait en scène le service, nos chauffeurs et nos utilisateurs dans une logique de visibilité, loin des problématiques que nous avons aujourd'hui. Cette plateforme a donné satisfaction mais il fallait passer à autre chose, avec une prise de parole plus forte. Nous ne voulions plus d'une campagne produit. » [...]

Clément Fages, www.e-marketing.fr, 15 novembre 2017.

RESSOURCE 3

Les chauffeurs, ambassadeurs de la marque

Une opération séduction qui doit mobiliser les chauffeurs pour qu'ils soient les premiers vecteurs de l'image de marque de l'entreprise [...]. Pour Michelle Lamberti, « les chauffeurs sont cruciaux. En tant qu'autoentrepreneurs, ce sont nos premiers clients. Il faut que nous adaptions nos outils de communication en conséquence. » Mais garder une bonne relation avec les institutionnels est également essentiel [...] : « Nous travaillons aussi beaucoup avec les collectivités afin de mieux s'inscrire dans l'écosystème des villes, et les préfectures, en marge des démarches réalisées par nos chauffeurs auprès de ces dernières pour obtenir une carte de VTCiste. » [...]

« De nouveaux outils d'échange comme un podcast sur *soundcloud* ou des tables rondes ont été lancés pour qu'ils obtiennent des conseils sur la gestion de leur activité tout en pouvant s'exprimer et en nous aidant à améliorer le service. » Dans cette optique, le lancement de la campagne a été l'occasion d'organiser un premier « *Driver Day* « , appelé à se renouveler : « Nous avons voulu mettre à l'honneur les chauffeurs en invitant plus de 500 d'entre eux à l'Élysée-Montmartre. L'occasion de leur présenter la campagne. »

Clément Fages, www.e-marketing.fr, 15 novembre 2017.

Je fais le point sur 2

- Quel est l'intérêt pour une organisation de maitriser sa communication globale ?

3 Quels sont les enjeux de la communication financière ?

A La communication financière au-delà des chiffres

DOC. 6

La communication financière, à quoi ça sert ?

La communication financière correspond à l'ensemble des actions de communication mises en place par une entreprise cotée en bourse, ou envisageant de l'être, afin de présenter ses perspectives de développement, sa trésorerie, ses capacités de financement auprès d'un public spécialisé tel que les actionnaires, les investisseurs, les analystes ou les régulateurs.

www.wearecom.fr, décembre 2019.

DOC. 7

Page d'accueil du site L'Oréal Finance

La communication financière, à l'écoute des actionnaires et des investisseurs

Parce que la santé financière de L'Oréal est suivie par les investisseurs et actionnaires, l'équipe de la communication financière met tout en œuvre pour informer en continu ces parties prenantes capitales pour l'entreprise

L'Oréal, « rapport annuel 2018 »,
www.loreal-finance.com, décembre 2019.

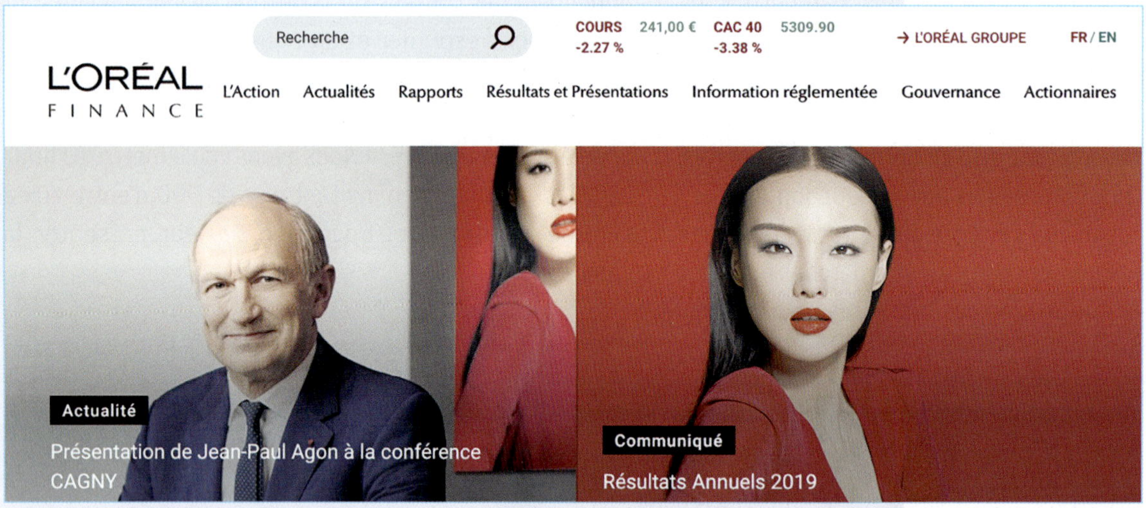

1. Listez les différentes informations disponibles sur le site Internet de L'Oréal Finance (https://loreal-finance.com).
2. Identifiez les parties prenantes concernées par la communication financière de l'Oréal à l'aide du **document 7**.
3. Montrez en quoi ce type de communication travaille sur des **données sensibles**.

Coup de pouce

• Une **donnée sensible** est une information dont l'importance est telle que sa détention peut apporter à son détenteur un avantage et sa divulgation ou sa destruction non maîtrisée est susceptible de porter préjudice à l'entreprise.

B Communication financière : réglementations et transparence

DOC. 8

« L'enjeu de la communication financière, c'est de raconter une histoire »

Interview de Bertrand Deronchaine, directeur des relations actionnaires du groupe Orange.

[...] la communication financière pour les entreprises cotées est une communication encadrée d'un point de vue légal par le Code de commerce, par l'**AMF** (information permanente et périodique), les autorités de régulation nationales ou européennes... [...] Malgré tout, il subsiste quelques espaces de libertés et c'est là que se situe le VRAI enjeu de la communication financière : comment réussir à raconter l'histoire et embarquer tous les actionnaires ? Il ne faut donc pas voir la communication financière uniquement comme une obligation légale. C'est une opportunité de communiquer plus globalement sur ce que fait l'entreprise. Une manière de contribuer à raconter l'histoire de cette communauté d'intérêts que représente l'entreprise. [...]

Comment réussir à communiquer de manière adaptée alors que la communication financière s'adresse à toutes les parties prenantes ?

La communication financière a des publics très variés : il y a des publics individuels très nombreux et des publics institutionnels [ndlr : qui ont un pouvoir plus important de par leur poids dans le capital]. [...] On peut parler à un acteur institutionnel dans des termes très techniques, mais lorsqu'on s'occupe des actionnaires individuels, le métier devient celui d'un « traducteur ». Il faut expliquer des notions compliquées dans des termes simples vis-à-vis d'un public de non-professionnels mais sans pour autant travestir la réalité. [...]

La communication financière est inévitablement en lien avec l'image globale de l'entreprise. [...]

La communication financière s'adresse aux communicants de toutes les entités. [...] Le dialogue est particulièrement crucial sur des sujets comme la RSE, les RH, l'innovation. L'objectif commun est d'alimenter la communication *corporate*[1]. Elle est un carrefour de nombreuses compétences, expertises que l'on doit sublimer pour porter le message global de l'entreprise. C'est ce qui crédibilise une histoire. [...]

1. Nom anglophone pour désigner la communication institutionnelle de l'entreprise, c'est-à-dire qui concerne son image, ses valeurs.

Éléonore Dumont, www.wearecom.fr, octobre 2019.

Coup de pouce

- L'**AMF** est l'Autorité des marchés financiers, l'autorité publique indépendante qui a pour mission de veiller :
  - à la protection de l'épargne investie dans les produits financiers ;
  - à l'information des investisseurs ;
  - au bon fonctionnement des marchés financiers.

4. Identifiez le principal objectif de la communication financière.
5. Relevez les obligations de communication financière des entreprises cotées en bourse.
6. Selon vous, les entreprises non cotées ont-elles intérêt à mettre en œuvre une communication financière ? Pourquoi ?
7. Démontrez en quoi la communication financière de l'entreprise a une incidence sur sa communication globale.

Je fais le point sur 3

- En quoi la communication financière est-elle stratégique pour les organisations ?

ACTIVITÉS

JOUEZ AVEC KYUSHI
Quiz interactifs pour la classe !

A

B Tester ses connaissances

Exercice interactif

Cocher la ou les bonnes réponses.

1. La communication interne :
   - ☐ permet aux managers de surveiller les actions des salariés
   - ☐ joue un rôle dans le sentiment d'appartenance des salariés
   - ☐ doit être cohérente avec les autres formes de communication de l'entreprise
2. La communication externe :
   - ☐ repose sur la stratégie globale de l'organisation
   - ☐ cible les parties prenantes externes
   - ☐ ne reprend pas les mêmes messages que la communication interne
3. La communication financière :
   - ☐ est obligatoire pour toutes les organisations
   - ☐ implique de la transparence de la part des organisations
   - ☐ permet à l'entreprise d'attirer des investisseurs
4. La communication globale...
   - ☐ concerne l'ensemble des parties prenantes de l'organisation
   - ☐ ne concerne que la communication externe
   - ☐ permet à l'organisation d'harmoniser sa communication interne et externe

C Préparer ses arguments

GRAND ORAL

Mission : À l'aide d'une recherche sur Internet, et notamment à l'adresse http://bit.ly/39Lsg1G, préparez un argumentaire qui explique l'importance pour un hôtel de veiller à sa e-réputation et à l'impact de celle-ci sur son identité globale.
Vous le présenterez ensuite à l'oral devant les élèves de votre classe.

> Fiche méthode 4, p. 233

D L'ETLV en Management, sciences de gestion et numérique

ETLV

The epic fail of the Tesla Cybertruck's launch

Tesla's Cybertruck launch goes terribly wrong (1'33)
Lien vidéo

1. Comment on what the product was supposed to deliver.
2. Explain where the product presentation failed and the impact it had on Tesla's image.
3. **Interact! Work in pairs.**
   Student A is a representative for Tesla. He has been asked to repair the damage done to the image of the company on the Cybertruck's launch. Find arguments to justify what happened. Student B is a journalist for a car magazine. He was not convinced by the Cybertruck's presentation. Exchange on what happened on launch night. Speak for about 2 minutes.

Programme de langues vivantes,
Innovation scientifique et responsabilités

E Analyser une situation de management

DOC. 1

L'entreprise LEGO

Créé en 1932, LEGO est, malgré l'arrivée du digital et des jeux vidéo, l'un des leaders mondiaux sur le marché du jouet. Ce jeu de construction a su défier le temps et les tendances tout en les embrassant. Le 17 septembre dernier, LEGO présentait sa toute nouvelle campagne de marque mondiale, créée par BETC Paris en collaboration avec l'agence *in-house* de la marque, LEGO Agency. Cette **campagne de marque**, la première depuis 30 ans, met l'accent sur la dimension ludique et créative de LEGO et les perspectives infinies qui s'offrent aux enfants pour construire, déconstruire et reconstruire le monde tel qu'ils l'imaginent.

« Comment LEGO est restée l'une des marques les plus innovantes au monde », https://lareclame.fr, 19 septembre 2019.

DOC. 2

Interview d'Anne Besson, *senior marketing director* France-Iberia (Espagne-Portugal)

Qu'est-ce qui vous a poussée à travailler sur une campagne globale alors que cela n'était pas arrivé depuis 30 ans ?

Anne Besson : La décision a été, comme pour toute grande marque globale, d'avoir une seule communication, plus institutionnelle, qui résonne auprès des familles, parents comme enfants, et qui communique les valeurs et les bénéfices de la marque. Nous sommes dans un monde où il y a une transparence de communication évidente – par le digital notamment –, avoir un seul message coordonné fait donc sens.

Ensuite, la marque a les mêmes valeurs et résonne de la même façon à travers le monde ce qui justifie également cette communication globale.

« Comment LEGO est restée l'une des marques les plus innovantes au monde », https://lareclame.fr, 19 septembre 2019.

DOC. 3

Campagne « Rebild the world »

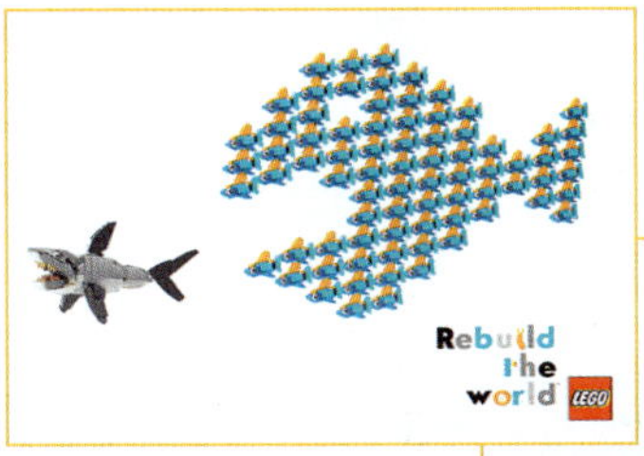

DOC. 4

« Visite chez LEGO : les salariés doivent rester de "grands enfants" »

Les collaborateurs doivent rester de grands enfants. « [...]. Parce que travailler en s'amusant c'est motivant. » Les nouvelles recrues n'échappent pas au « *brick mate* » : un parcours d'intégration de deux jours au Danemark avec les collègues internationaux. [...]. Enfin, les salariés peuvent dédier une journée annuelle de travail à des enfants hospitalisés en allant jouer avec ces derniers. De quoi (re) donner du sens aux équipes du groupe.

Léa Lucas, Lefigaro.fr, 26 juin 2019.

1. Caractérisez l'entreprise LEGO.
2. Listez les différents publics visés par la nouvelle campagne de communication.
3. Décrivez la culture d'entreprise LEGO et indiquez son rôle dans la communication interne.
4. Montrez la cohérence qui existe entre les différentes communications de l'entreprise.

Dossier Avenir

Qu'est-ce que le diplôme universitaire de technologie (DUT) proposé par les universités ?

Site Web

Dossier Onisep : tout ce qu'il faut savoir sur les DUT

Quelles sont les caractéristiques de la filière DUT ? Vous conviendrait-elle ?

SYNTHÈSE

Podcast

Pour l'enseignant
Synthèse rédigée
Synthèse animée

1 La communication des organisations

L'organisation élabore sa communication interne et externe pour s'adresser à ses parties prenantes

Communication interne
- Identité de l'entreprise
- Culture d'entreprise
- Multiplicité des formes : ascendante, descendante, horizontale

Communication externe
- Commerciale
- Institutionnelle

Cohérence de la communication globale

2 Communication et image de l'organisation

La communication permet de

Fédérer les salariés : marque employeur

Maîtriser son image
- Identité de l'organisation
- Réputation et e-réputation

En utilisant notamment les technologies numériques
- Réseaux sociaux
- Outils numériques (vidéos, site web...)

3 Enjeux de la communication financière

Dimension légale

Obligation légale pour les entreprises cotées en bourse

Dimension stratégique

Communiquer sur sa santé financière pour attirer les investisseurs

Enjeu de transparence, de confiance, d'image pour les organisations

Les mots incontournables

> Lexique, p. 251

Communication financière : les besoins d'information financière des partenaires internes et externes, plan d'affaires (*business plan*) • Communication globale et intégrée • Communication interne et externe • Identité de l'organisation : marque employeur, e-réputation, identité numérique • Stratégie de communication

Le Groupe Pierre Fabre

L'apport du numérique aux relations entre l'organisation et ses clients

C'est en 1962 que sont créés les laboratoires du Groupe Pierre Fabre par un pharmacien qui leur donne son nom. Présent dans le domaine de la santé avec des médicaments utilisés en psychiatrie, oncologie ou encore cardiologie, le Groupe est également présent dans le domaine de la cosmétique, avec les marques Klorane ou encore Avène...

À partir de vos connaissances et des informations fournies en annexes :

1. Présentez les caractéristiques principales du Groupe Pierre Fabre : finalités, type de production, ressources, secteur d'activité et champ géographique.
2. Identifiez les différents clients du Groupe Pierre Fabre.
3. Distinguez les clients du Groupe Pierre Fabre des consommateurs de produits Pierre Fabre.
4. Présentez les différentes modalités de communication mobilisées par le Groupe Pierre Fabre à destination de ses différents clients.
5. Expliquez, à l'aide d'exemples concrets, comment les technologies numériques ont permis au Groupe Pierre Fabre d'adapter son offre aux besoins du consommateur final.
6. Dégagez les effets de la digitalisation de la relation client du Groupe Pierre Fabre sur la gestion de ses ressources humaines.

ANNEXES

Annexe 1 – Les chiffres-clés du Groupe Pierre Fabre SA
Annexe 2 – Pierre Fabre : les bonnes formules d'un pharmacien très discret
Annexe 3 – Le Groupe Pierre Fabre optimise les tournées de ses commerciaux
Annexe 4 – Le consommateur intégré dans la conception du produit
Annexe 5 – Le Groupe Pierre Fabre repense sa relation avec le consommateur
Annexe 6 – Les 5 clés de la stratégie omnicanale du Groupe Pierre Fabre
Annexe 7 – *E-retail* et *e-retailer*, les mots du commerce connecté

ANNEXE 1

Les chiffres-clés du Groupe Pierre Fabre SA

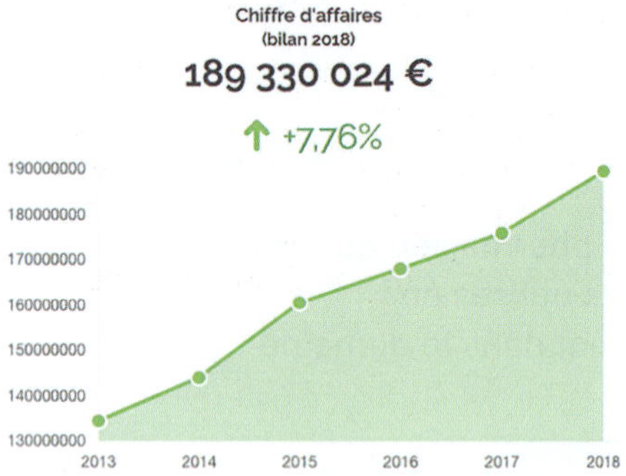

Résultat d'exploitation
– 8 651 K€
– 965,18 %

Effectif 2018
733
– 1,21 %

Avec un capital social de 272 367 035 euros, PIERRE FABRE SA a été lancée au début du premier semestre 1966. […] L'entité est présente sur le web : elle a un site Internet et est présente sur *Facebook*, *Twitter* et *LinkedIn*. Sur la base des données ouvertes de l'Institut national de la propriété intellectuelle (INPI), l'entité a procédé à l'enregistrement de la marque Kerlution […], la marque Sidobre […] et la marque Kerlumyl.

www.manageo.fr, décembre 2019.

ANNEXE 2

« Pierre Fabre : les bonnes formules d'un pharmacien très discret »

Depuis son fief du Tarn, le Groupe Pierre Fabre est devenu leader de la dermo-cosmétique en France, et numéro 2 mondial derrière l'autre français L'Oréal […]. Avène est une des marques incontournables de dermo-cosmétique dans le monde. Et le joyau du discret Groupe Pierre Fabre, qui a fait de la pharmacie son terrain de jeu. […] Elle serait la seconde marque de dermo-cosmétique, tout juste derrière la Roche-Posay, la marque de L'Oréal […]. Le vrai client pour Pierre Fabre est d'abord le professionnel de santé. […] 60 à 70 % des crèmes ou des dentifrices vendus en pharmacie le sont grâce aux conseils des dentistes, des dermatos ou des pharmaciens […]. Ici, donc, pas ou peu de publicité classique à destination du grand public. Avène ou A-Derma n'ont jamais fait de télé ou de radio. […] Pour les seuls dermatologues, Pierre Fabre a créé un site d'information et de conseils, *Dermaweb*, qu'ils sont 27 000 à consulter à travers le monde. En France, 93 % d'entre eux reçoivent la visite d'un expert Avène, et ce, quatre fois par an ! Le Groupe a même monté son propre forum international de dermatologie à Barcelone en juin. « Pour chacun de nos domaines médicaux, nous nous appuyons sur un conseil d'une dizaine de spécialistes internationaux que nous réunissons une à deux fois par an », explique le directeur de la communication, Marc Alias. […] Pierre Fabre chouchoute les pharmaciens. Rien que pour les soins de la peau en France, une armée de 450 commerciaux fait le tour des 22 000 officines. « Sur 100 pharmacies, Avène en visite 63 quand le premier concurrent, La Roche-Posay, n'en voit que 44 », compte Nicolas Benoliel, du cabinet de conseil Gallileo. […] « Ils ne font pas de meilleurs prix que les autres, mais ils savent nous parler », confie Pierre Charles, un pharmacien parisien.

Sophie Lecluse, www.capital.fr, 9 mai 2018.

ANNEXE 3

« Le Groupe Pierre Fabre optimise les tournées de ses commerciaux »

Avec une force de vente de 180 commerciaux, la filiale allemande du groupe pharmaceutique Pierre Fabre est confrontée à un problème d'organisation des déplacements. […] Pour coordonner l'action des forces de vente sur le terrain tout en optimisant les déplacements, le laboratoire a donc cherché un outil permettant d'améliorer les tournées en priorisant les rendez-vous les plus profitables. […] Décision est prise de déployer la solution *SwingBusiness* auprès des forces de vente. Ce qui a séduit Thomas Mulitze, le directeur administratif et financier (pilote du projet) et l'ensemble du comité chargé du dossier, c'est « la simplicité d'utilisation de l'application », qui a pu être facilement interfacée avec *iScala*, le système d'information *ERP*[1] utilisé par le Groupe. […] Comment cela fonctionne ? « De façon assez simple, répond Éric Volle, directeur de la *business unit CRM*[2] du groupe Divalto, éditeur de l'outil. Grâce à un module de ciblage intégré, les commerciaux peuvent établir la liste des comptes se trouvant à proximité d'un lieu donné. » Des filtres permettent de créer des segments par activité, par aire géographique, ou même par niveau de chiffre d'affaires potentiel. « Sur le terrain, lorsqu'un rendez-vous est annulé, il est possible de repérer les clients à proximité n'ayant été visités récemment. » […] Depuis leur tablette, les commerciaux créent des plans de tournée et utilisent le GPS pour localiser

…/…

ANNEXE 3 (suite)

les pharmacies à proximité, *via* une carte interactive. « Cela facilite la planification des rendez-vous : les tournées sont plus rapidement organisées, et les commandes sont prises sur les tablettes et aussitôt notifiées au client par mail. » affirme Thomas Mulitze. [...] Avec des données synchronisées en temps réel et la possibilité de partager des fiches clients entre commerciaux, les déplacements sont mieux pensés, gagnent en pertinence et en réactivité.

1. *Enterprise Resource Planning* ou *ERP* correspond en français à un progiciel de gestion intégrée ou PGI.
2. *Customer Relationship Management* ou *CRM* correspond en français à la gestion de la relation client.

José Roda, www.actionco.fr, 21 décembre 2018.

ANNEXE 4

Le consommateur intégré dans la conception du produit

Eric Ducournau, directeur général du Groupe Pierre Fabre, revient sur la gestion de la politique de transformation de l'entreprise. Extrait. [...]

Vous expliquez qu'intégrer le consommateur dans votre chaîne de valeur serait l'étape la plus aboutie de la digitalisation. Comment est-ce que cette intégration se fait-elle chez vous ?

Hier, les tests que nous menions avaient un impact uniquement sur le marketing. L'utilisateur nous disait que le produit n'était pas assez ceci ou cela, nous l'adaptions pour qu'il le soit davantage. Surtout, ils n'étaient menés qu'avec [...] les médecins et pharmaciens. On ne peut plus procéder ainsi : [...] si nous n'intégrons pas le consommateur dans la conception du produit, sa survie est en jeu, car le digital permet au consommateur de s'exprimer en permanence sur ce produit ; mieux vaut donc l'intégrer au plus tôt dans sa création. Finalement, nous avons fait évoluer les deux phases de conception de nos produits :

– La phase de préparation des propositions produits intègre les besoins exprimés, en amont, par nos consommateurs et nos clients [...].
– À différentes étapes de production du produit, nous menons des tests consommateurs qui ont la faculté de nous faire retravailler le produit si nous faisons fausse route.

Eric Ducournau, « Le marketing ne dupe plus personne », www.e-marketing.fr, 9 septembre 2019.

ANNEXE 5

Le Groupe Pierre Fabre repense sa relation avec le consommateur

Si le Groupe Pierre Fabre a toujours placé l'humain au cœur de sa stratégie, comment sa relation avec les consommateurs évolue-t-elle à l'heure du digital et de la data ? [...] Entretien avec Karine Cottin, *Chief Marketing Officer* de l'activité dermo-cosmétique.

Les profils consommateurs sont nombreux. Comment arrivez-vous à rendre l'expérience utilisateur unique pour chacun ?

[...] Le sur-mesure devient « le nouveau luxe » que nous intégrerons à nos futures offres. Pour cela, nous pouvons nous appuyer sur l'analyse des données que nous fournissent les consommateurs. Le *CRM*, le *search*[1] et le *social listening*[2] sont de merveilleuses opportunités pour mieux connaître nos consommateurs et leurs besoins. Nous pouvons alors anticiper des offres de contenus et de services susceptibles de les intéresser. [...] Nous utilisons aussi une technique appelée « *design thinking* », un processus [...] qui intègre l'observation ethnographique d'une personne volontaire. Son comportement est décrypté par l'observation de ses usages des produits au quotidien. Suivront des phases de *brainstorming* et de prototypage. Parfois nous pouvons aller jusqu'à la cocréation avec des consommateurs. [...]

Dans ce contexte, l'entreprise est-elle amenée à recruter de nouvelles compétences ?

Gérer la relation client à l'ère du digital [...] impose de repenser de nombreux métiers de l'entreprise. Par exemple, les équipes du marketing sont particulièrement impactées, ils deviennent des managers d'expériences. [...] Parallèlement, nous développons les métiers de la data tels que *Data scientist* (maîtriser les données), *Data stewart* (s'assurer de la qualité des datas récoltées), Data architect (définir la stratégie de données et garantir l'optimisation de ces données).

1. Activité de recherches d'informations commerciales sur les médias sociaux.
2. Activité de veille informationnelle du consommateur sur les réseaux sociaux.

« Human Centricity : comment le Groupe Pierre Fabre repense sa relation avec le consommateur », www.pierre-fabre.com, 29 octobre 2019.

ANNEXE 6

Les 5 clés de la stratégie omnicanale du Groupe Pierre Fabre

Parce qu'il place le consommateur au centre du processus, l'omnicanal est la voie toute tracée pour Pierre Fabre. Le Groupe entend satisfaire un omniconsommateur qui sollicite tous les canaux simultanément dans son parcours d'achat. Où trouve-t-on le patient-client ? en train de chercher une information sur les réseaux sociaux, de s'intéresser à l'avis d'un influenceur, de tester un produit en magasin et de s'informer sur Internet pour acheter en ligne ou en pharmacie. [...] Quel que soit le lieu, l'horaire ou le support utilisé, il faut [...] délivrer un contenu d'expert, sur un produit pour un consommateur parfaitement ciblé et en assurer la transaction depuis un smartphone partout dans le monde est devenu une performance obligatoire. [...]

Le choix des partenaires *e-retailers* et la fiabilité de l'information animent aussi le cœur de la transformation omnicanale. [...] Lorsqu'un client-patient interroge l'*e-retailer* sur un produit ou son mode d'utilisation, les réponses doivent être à la hauteur de l'expertise du Groupe. [...] Avec la possibilité de partager un avis sur un produit, de commenter, d'interagir, le consommateur devient acteur à part entière de cette stratégie. [...] Des informations partagées à l'initiative du consommateur sur le canal de son choix. Analysées, elles permettent un ajustement efficace de l'offre.

www.pierre-fabre.com, 13 mai 2019.

ANNEXE 7

E-retail et *e-retailer*, les mots du commerce connecté

On parle de commerce connecté, ou *e-retail*, dès lors que le digital s'invite dans une boutique physique [...]. Un *e-retailer* dispose [...] d'un magasin physique auquel s'ajoute un *e-shop*. Le commerce connecté passe [...] par la présence d'outils digitaux pouvant aider le vendeur, comme des tablettes connectées. [...] Elles lui permettent d'avoir accès au stock de sa boutique [et] vont également l'aider côté client, en ayant accès plus rapidement à un historique et donc à des habitudes d'achat.

Aujourd'hui, ce sont près de 88 % des clients qui prospectent d'abord sur Internet avant d'aller finaliser un acte d'achat en boutique. [...] Lier *retail* et *e-retail* va permettre au commerçant de ne plus voir Internet comme un concurrent, mais bien comme une source de revenus additionnels.

« Définition : *e-retail* & commerce commecté »,
https://business.wishibam.com, décembre 2019.

Une question de... Lakdar

En classe, Lakdar vient de terminer l'étude du thème 2 du programme de Management, sciences de gestion et numérique de Terminale : « Les organisations et les acteurs. »

Il prépare l'une des questions qu'il a choisies pour l'épreuve du Grand Oral : « Comment les outils et usages numériques transforment-ils la relation entre les parties prenantes de l'organisation ? »

En effet, Lakdar souhaite poursuivre ses études et envisage de préparer un BTS Support à l'action managériale.

Des documents qu'il a retenus pour préparer sa question

DOC. 1

Le BTS Support à l'action managériale (extraits)

La personne titulaire du diplôme apporte son appui à un ou plusieurs cadres, à une équipe projet ou au personnel d'une entité, en assurant des missions d'interface, de coordination et d'organisation dans le domaine administratif. [...] Le décloisonnement des organisations et le développement du management par projet conduisent à un partage de l'information et à une collaboration accrus au sein des équipes. [...] L'activité de la personne titulaire du diplôme est davantage orientée vers un mode de fonctionnement collaboratif. La coproduction en équipe se généralise dans les petites et moyennes organisations comme dans celles de grande taille où la démarche intrapreneuriale se développe pour répondre au besoin d'innovation et d'adaptation à l'environnement. En outre, le développement du nomadisme [...] et la multiplication des partenaires de la personne titulaire du diplôme conduisent à un travail de coopération plus important mais aussi à une plus grande autonomie dans l'accomplissement de ses missions. [...]

Ces évolutions des organisations s'accompagnent de nouveaux outils numériques pour la gestion et la communication tels que les progiciels de gestion intégrés (PGI) ou les réseaux sociaux d'entreprise. Les titulaires du diplôme utilisent de plus en plus des applications spécifiques à l'organisation accompagnant des procédures standardisées dans un processus de flux de travaux (*workflow*). [...] Les besoins de fédérer autour d'une culture d'entreprise partagée et d'impliquer les salariés conduisent les organisations à développer des réseaux sociaux d'entreprise créant ainsi une communauté d'utilisateurs. En externe, l'utilisation raisonnée des réseaux sociaux est devenue une nécessité en matière de communication avec les clients, les usagers ou encore les futurs collaborateurs [...] La responsabilité sociétale s'est imposée dans le management des organisations : il s'agit d'intégrer des considérations sociales, environnementales et éthiques dans les activités et les relations avec les parties prenantes. [...] La personne titulaire du diplôme doit prendre en compte ces préoccupations dans la conduite de ses propres activités.

Référentiel BTS Support à l'action managériale,
JO n° 0054 du 06 mars 2018, www.legifrance.gouv.fr

DOC. 2

Comment les outils et usages numériques transforment-ils la relation entre les parties prenantes de l'organisation ?

Au sein des organisations, il existe une diversité d'acteurs [...] auxquels le management doit porter une attention constante [car] les intérêts des acteurs sont tantôt convergents tantôt divergents et générateurs de conflits. [...] La qualité du groupe se construit à partir de la dynamique et des relations qui s'y développent. [...] La mise en œuvre de la coopération [dans le travail] peut être accompagnée par des dispositifs numériques (plateformes collaboratives, agendas partagés, messagerie instantanée, interne, intranet, extranet, gestion informatisée des flux de travail, réseaux sociaux d'entreprises, communautés de pratiques). La mobilisation des ressources humaines consiste, pour l'organisation, à rassembler ses membres afin qu'ils conjuguent leurs énergies pour atteindre des objectifs dans une logique de performance. Mobiliser ne suffit pas, encore faut-il que chacun soit motivé. Or la motivation ne se décrète pas non plus ; elle dépend de facteurs internes et externes à l'individu qui influencent son comportement. Le cadre et les conditions de travail, la rémunération, la communication, le contenu du travail sont autant de facteurs qui peuvent renforcer la mobilisation, la motivation et la satisfaction.

Spécialité de management, sciences de gestion et numérique,
Terminale STMG, www.education.gouv.fr

À votre tour !

En classe, l'étude du thème 2 de Management, sciences de gestion et numérique est à présent terminé.

Vous devriez avoir achevé vos recherches pour préparer les questions que vous proposerez au jury lors de l'épreuve du Grand Oral. Il est maintenant temps de finaliser votre argumentaire !

1 Vos recherches

• Avez-vous achevé vos recherches ?

→ Êtes-vous certain(e) d'avoir exploité toutes les pistes ?
→ Avez-vous suivi régulièrement l'actualité de votre sujet, par exemple dans la presse spécialisée ?
→ Avez-vous rencontré des professionnels susceptibles de vous éclairer sur les carrières qu'ouvre le diplôme que vous avez choisi de préparer ? Leurs témoignages vous ont-ils aidé(e) ? Vous ont-ils conforté dans votre choix ?
→ Avez-vous réussi à établir des liens entre la question que vous avez choisie et le diplôme que vous préparez ?
→ Pensez à rassembler le résultat de vos recherches sur un même support (cahier, fichier numérique...).
→ N'hésitez pas à vous rapprocher de votre professeur(e) pour lui soumettre vos idées, vos réflexions.

2 Votre argumentaire

• Où en êtes-vous de la rédaction de votre argumentaire ?

→ N'oubliez pas de formuler le sujet que vous avez choisi sous la forme d'une question appelée « problématique ».
→ En vous servant des notes que vous avez prises au cours de vos recherches, vous devez à présent ordonner vos idées de manière logique pour rédiger votre argumentaire.
→ Votre argumentaire devra justifier le choix de votre question mais aussi montrer de manière évidente son lien avec votre projet d'orientation.
→ Vous devez répondre clairement et directement aux questions posées. Vos réponses doivent également mobiliser des notions vues en cours.
→ Pensez aux questions que le jury est susceptible de vous poser après votre exposé et préparez les réponses.

Adapting companies to a more diverse society

Programme de langues vivantes, Diversité et inclusion / Identités et échanges
> **Lexique**, p. 255

DOC. 1

The diversity issue in the tech world

As the tech industry continues to struggle to improve diversity, Dell diversity and inclusion head Brian Reaves argued that companies must work together with a shared goal of improving representation of women and people of color.

Reaves made the case for collaboration in an interview with *Business Insider* during the World Economic Forum in Davos.

"If you really want to continue to be a leader in whatever type of innovation, you must have more inclusive teams," Reaves said. "We're not going to do it alone."

Diversity – especially gender diversity – is still lacking at most tech companies. Dell itself recently committed to increasing the women in its workforce from 30% today to 50% by the end of the decade. The company has also formed a new partnership with 20 companies for the Women in Technology Consortium, which aims to identify roadblocks that prevent women from working in tech.

"We're actually going to use technology and analytics to help not only ourselves and each of our companies, but ultimately other companies do things like demystify technology for young girls," Reaves said.

According to Reaves, improving diversity in tech may hinge on increasing outreach to underrepresented groups in high school and college programs. Reaves also emphasized the importance of recruiting from a more diverse pool of potential employees.

"College is very expensive for many. So there's a socioeconomic element that biases against certain groups of people. We need to expand in our aperture with regards to where we go and find talent, and look at nontraditional things like apprenticeships," he said. "I think we can all do better." (265 mots)

Aaron Holmes & Cadie Thompson, "The tech industry's diversity problem won't get better unless tech companies unite to solve it, Dell exec urges at World Economic Forum", *Business Insider*, January 21, 2020. www.businessinsider.my

1. Say what "lack of diversity" means according to this article.
   Say what categories of people are missing in a lot of companies.
2. Explain why it is a problem for many companies.
3. Give some solutions that can be found to improve the situation.
4. In groups of 4, discuss whether the corporate world today is inclusive enough or not. Find arguments and examples, then present them to the rest of the group.

Task

Make an awareness campaign.

→ Create a poster denouncing the lack of diversity in many companies and asking for change.
→ Find a convincing motto, illustrate your poster and write a short text (80-100 words) detailing your arguments.

DOC. 2

Fixing a lack of diversity: Facebook Austin's initiative

Lien vidéo

A look inside Austin's Facebook offices
(1'46)

Say what the document says about the diversity issue in many companies.

5. Explain how Facebook Austin has decided to tackle this issue.
6. Say how it makes employees feel.
7. In groups. Discuss whether you feel those initiatives are sufficient to make a more diverse company.
   Give arguments and offer other examples of initiatives.

Task

You are a Human Resources representative for a high-tech company.

→ Make proposals to make your business more diverse and to make employees feel more included and accepted.
→ Use an animated presentation to illustrate your proposals.
Speak for 90 seconds.

DOC. 3

"Revamping" a company's identity: E.L.F.Cosmetics make up their image

E.l.f.'s rebranding effort follows **its previous influencer marketing strategy** from 2017, though the brand will enlist influencers with more followers this time around. The beauty brand tapped social creators with larger followings, including Raye Boyce and Ryan Potter, which could extend the reach of the campaign that aims to deepen e.l.f.'s memorability and relatability among consumers.
«We knew we had to create a digital campaign that would be ownable, stoppable and memorable and that we needed to be clever about how we activated it through the right influencers,» Enoch Palmer, Case's founding partner and creative director, said in the announcement.
Through its «e.l.f.-isms» and use of diverse influencers, the brand also appears to be following a broader industry trend of embracing inclusion and diversity over the past few years. Beauty retail giant Ulta in September introduced Spanish-language ads with a diverse cast to redefine how beauty is portrayed and position itself as more inclusive. As the cosmetics space continues to grow more crowded and competitive, brands are looking for fresh ways to connect with younger consumers. Recognizing diversity may be a way to create resonance with millennials and Gen Zers, who are among the most eclectic generations and tend to favor brands that spotlight diversity in their marketing.

Tatiana Walk-Morris, "E.l.f. Cosmetics highlights diversité with brand messaging revamp", www.marketingdive.com, June 26, 2019.

8. Explain what the ELF Cosmetics company has chosen to do.
9. Say how they aim to reach that goal.
10. Explain what the expected results on customers are.
11. In groups, discuss whether a company image is important for you. Give examples.

Task

Present a brand or product overhaul.

→ Make research on the Internet and introduce to the class a brand or product which was revamped or transformed to attract a larger customer base.
→ Introduce this product, present the communication before and after the revamp, and say what the effects on the consumer are. If you can, say whether this change was efficient or not.

DOC. 4

When communication goes wrong: a "bad buzz"

Lien vidéo

What's Up With That Peloton Commercial?
(1,57)

12. Explain what the intention was with this ad for Peloton.
13. Say how people reacted to that video.
14. Imagine what the consequences for this company can be.
15. Listen to the specialist at the end of the video. Say whether this "bad buzz" is only negative for this company.
16. In groups of 4 students, discuss this ad. Say whether you think this video is inappropriate or not. Give arguments and present your thoughts to the class.

Task

You are a PR (Public Relations) representative for Peloton.

→ Following the controversy, you have been asked to make a statement.
→ Apologize for the ad or justify the message the ad conveys. Speak for one minute.

Final task

You are a management expert. You have been asked to deliver a speech in a convention in front of CEOs. You will defend the point of view "Why diversity and inclusion matter in today's corporate world".
→ Use the documents you have studied in this sequence and your personal knowledge.
→ Present your arguments and illustrate them with arguments. Be convincing. Speak for 3 minutes.

THÈME 3 Les organisations et la société

épisode # 3 Gus et l'éthique

Vidéo (1'58)

1. Donnez des exemples de comportements éthiques qu'une entreprise peut adopter à l'égard de ses salariés ou à l'égard de son environnement.
2. Recherchez les obligations des entreprises vis-à-vis des salariés en situation de handicap puis imaginez des solutions concrètes permettant d'améliorer leur accueil au sein des organisations.
3. Montrez l'intérêt pour une organisation de favoriser la diversité dans ses recrutements et de s'engager dans la lutte contre tout type de discrimination.

11 Les organisations peuvent-elles s'affranchir des questions de société ?

Capacité

- Préciser les enjeux éthiques de l'activité d'une organisation, d'une entreprise

Dans les starting-blocks !

Spécialiste de l'agrochimie et racheté en 2018 par l'allemand Bayer, Monsanto est au cœur de scandales à répétition et accusé de pratiques douteuses…

1. Recherchez les raisons pour lesquelles des anonymes ont manifesté contre le groupe Bayer-Monsanto en mai 2019.
2. Identifiez les démarches engagées par le groupe pour garantir l'éthique et la transparence à l'aide d'une recherche sur Internet.
3. Recherchez une définition de l'éthique.

La politique L'Oréal des Droits de l'Homme
Interview d'Emmanuel Lulin, 13 mars 2018
(3'23)
Lien vidéo

4. Identifiez les démarches éthiques dans les activités du groupe L'Oréal.

1 Pourquoi l'éthique est-elle devenue une question centrale dans les organisations ?

A L'éthique et la déontologie en entreprise

DOC. 1

« Veja et ses baskets éthiques, un contre-pied à la *fast-fashion* »

Quinze ans après sa création au Brésil, la marque de chaussures, fondée par les français Sébastien Kopp et François-Ghislain Morillion, a inauguré la première boutique à son nom, à Paris [...].

Les modèles sont vendus au prix des grandes marques type Nike et Adidas. Mais ils sont fabriqués à partir de fil de coton biologique, de caoutchouc sauvage, de « B-Mesh » un tissu polyester issu de bouteilles de plastique ramassées dans les rues de Rio et de Sao Paulo. La production sort d'une usine de Porto Alegre. Et elle est distribuée par un centre logistique géré par Ateliers sans frontières, association de réinsertion située à Bonneuil-sur-Marne (Val-de-Marne). [...]

Alors que l'industrie de la mode est décriée pour son empreinte carbone et critiquée pour son *green-washing* opportuniste, la marque entend démontrer que la production de chaussures est compatible avec des engagements environnementaux et sociétaux. L'entreprise a choisi pour banques des établissements dépourvus de filiales dans des paradis fiscaux. Dans l'Hexagone, elle se fournit en électricité auprès d'Enercoop, énergéticien vert français, depuis 2008. [...]

La marque prend le contre-pied des enseignes de *fast-fashion* qui font fabriquer dans des pays à faible coût de main-d'œuvre et incitent leurs clients à acheter régulièrement à petits prix. [...]

Juliette Garnier, Lemonde.fr, 6 novembre 2019.

DOC. 2

Mode, les désastres écologiques de la « *Fast Fashion* »

Les chiffres donnent le tournis. [...] D'après l'Ademe[1], la mode émet chaque année 1,2 milliard de tonnes de gaz à effet de serre, soit davantage que les vols internationaux et le trafic maritime réunis. Un impact climatique majeur, qui s'ajoute aux autres effets de la filière, comme la pollution et le gaspillage.

Ceux de l'eau, par exemple : selon la Fondation MacArthur, 4 % de l'eau potable est utilisée pour produire nos vêtements. Fabriquer un tee-shirt nécessite l'équivalent de 70 douches et un jean, 285 ! Des substances chimiques sont par ailleurs utilisées pour la production des fibres, naturelles (le coton est cultivé à grand renfort de pesticides) et synthétiques (à base de pétrole) mais aussi leur traitement, leur teinture, etc.

« Tout cela s'inscrit dans la course folle de la *fast fashion* ou mode rapide, qui veut que les collections soient sans cesse renouvelées », rappelle la sociologue Majdouline Sbai. Des excès conduisant même certaines marques à brûler leurs invendus pour ne pas les retrouver à prix cassés, à l'instar de Burberry. En 2017, la griffe britannique – qui s'est depuis engagée à mettre fin à ces pratiques – avait provoqué le scandale en brûlant l'équivalent de 31 millions d'euros de vêtements et cosmétiques.

Une prise de conscience est à l'œuvre. « Le consommateur est lassé par un système à bout de souffle qui propose des produits de mauvaise qualité, il attend autre chose », assure la sociologue. [...]

1. Agence de l'environnement et de la maîtrise de l'énergie.

Marine Lamoureux, www.la-croix.com, 8 janvier 2019.

1. Distinguez l'éthique de la déontologie en vous aidant d'une recherche sur Internet.
2. Listez les différentes critiques que l'on attribue généralement à la mode rapide, ou *fast fashion*, après avoir défini ce terme (docs. 1 et 2).
3. Montrez que Veja tient compte de la dimension éthique dans sa stratégie (doc. 1).
4. Identifiez les bonnes pratiques du secteur textile en matière d'éthique à l'aide de recherches sur Internet.

B L'éthique dans les organisations à but non lucratif et les organisations publiques

DOC. 3

Pour sa sécurité, Nice expérimente la reconnaissance faciale

À l'occasion de la 135e édition de son carnaval, la ville la plus « vidéosurveillée » de France (avec une caméra pour 145 habitants, revendique-t-elle) [...], expérimente les 19 et 20 février une nouvelle technologie sécuritaire, la reconnaissance faciale. « Nous avons reçu, pour la première fois, l'autorisation d'expérimenter la reconnaissance faciale, s'est réjoui le maire sur Twitter. Nous devons utiliser toutes les innovations possibles au service de notre sécurité ! » Concrètement, un logiciel développé par la *start-up* israélienne Anyvision va être expérimenté durant deux jours. Un millier de participants volontaires, dont les opérateurs de vidéosurveillance ont la photo, ont accepté d'être repérés par six caméras de vidéosurveillance positionnées sur une partie de l'enceinte du carnaval. Le logiciel fonctionne avec des clichés de très basse qualité ou vieux de vingt ans, a assuré le maire en présentant le dispositif [...]

Alors que Christian Estrosi revendiquait d'avoir eu son « autorisation », la **Cnil** a indiqué qu'elle ne l'avait pas donnée, tout simplement parce que l'expérimentation n'était pas soumise à autorisation préalable. [...] La reconnaissance faciale pose, de fait, de lourdes questions éthiques, en matière de respect des libertés publiques et au regard du risque de l'émergence d'une société de surveillance généralisée. [...] Cette technologie est en effet de plus en plus utilisée, par exemple par l'iPhone ou le réseau social Facebook. [...] La réflexion éthique est pourtant peu développée en France. [...]

Flore Thomasset (avec Loup Besmond de Senneville), www.la-croix.com, 19 février 2019.

Et en Droit

Dans l'univers numérique, la Commission nationale de l'informatique et des libertés (CNIL) est le régulateur des données personnelles. Elle accompagne les professionnels dans leur mise en conformité et aide les particuliers à maîtriser leurs données personnelles et à exercer leurs droits.

5 Présentez les risques inhérents à la reconnaissance faciale sur un plan éthique.

6 Montrez que l'éthique est une question centrale non seulement pour les entreprises, mais aussi pour les organisations publiques et les organisations à but non lucratif.

Coup de pouce

Le terme ONG (organisation non gouvernementale) désigne toute organisation d'intérêt public qui ne relève ni de l'État, ni d'une institution internationale.

DOC. 4

Qu'est-ce que MSF ?

Médecins sans frontières est une association médicale humanitaire internationale, créée en 1971 à Paris par des médecins et des journalistes.

www.msf.fr, octobre 2019.

MSF : la transparence financière avant tout (3'08) — Lien vidéo

7 Caractérisez l'organisation MSF.

8 Identifiez l'origine des ressources de MSF.

9 Recherchez une définition de la transparence financière.

10 Expliquez pourquoi et comment MSF doit faire preuve de transparence financière.

Je fais le point sur 1

- Quelles raisons ont fait de l'éthique une question centrale pour les organisations ?

2 Comment les organisations s'inscrivent-elles dans une démarche citoyenne ?

A La lutte contre les discriminations

DOC. 5

La diversité et l'inclusion chez AXA

La diversité et l'inclusion, au cœur de notre ADN et de notre culture d'entreprise.
Pour preuve, notre politique volontaire menée depuis plusieurs années, pour reconnaître et valoriser les différences individuelles, et développer un environnement de travail et une société inclusifs !

Nos objectifs

- Favoriser le bien-être de tous les collaborateurs, quels que soient leur origine sociale, leur genre, leur âge, leur orientation sexuelle et toute autre forme de diversité.
- Accompagner l'intégration dans l'entreprise des personnes en situation de handicap.
- Prévenir toute discrimination envers les collaborateurs.
- Avoir une égalité, une équité de traitement de tous les collaborateurs.
- Promouvoir la diversité parmi nos clients et dans la société.
- Soutenir la mixité sociale et les initiatives en faveur de l'égalité des chances.

https://recrutement.axa.fr, janvier 2020.

DOC. 6

La politique parentale d'AXA

Jeanie et Soufiane, collaborateurs AXA, témoignent
(2'40)
Lien vidéo

DOC. 7

AXA et la semaine du handicap

Une histoire de confiance : le témoignage de Cyril et Gaëlle
(2'03)
Lien vidéo

À partir des documents 5, 6 et 7 :

1. Rappelez les différents types de discrimination dont peut être victime un salarié.
2. Montrez en quoi l'assureur AXA est engagé dans la lutte contre les discriminations.
3. Analysez les bénéfices de cet engagement pour l'entreprise AXA.
4. AXA lance un nouveau programme destiné à promouvoir l'égalité femme/homme. Vous êtes chargé, en qualité de stagiaire, d'aider à mettre en œuvre le plan « Diversité et Inclusion » au niveau régional.
Imaginez un outil ou un événement de promotion de l'égalité femme/homme dans les agences de votre territoire.

B L'organisation au cœur de la société

DOC. 8

Un nouvel écrin pour *La Joconde*

Chaque année, *La Joconde* attire près de huit millions de visiteurs dans la salle des États, la plus fréquentée du musée du Louvre. [...] Pour améliorer l'expérience du public et les conditions de conservation de *La Joconde*, le musée du Louvre a donc décidé de la rénover.

Entre février et octobre 2019, la salle des États a fait l'objet d'importants travaux de remise en état avec le soutien d'AXA. L'ensemble des œuvres ont été décrochées, à l'exception du très volumineux tableau de Véronèse *Les Noces de Cana*, pour permettre de poncer et de repeindre l'intégralité des murs. Une nouvelle vitrine sécurisée et climatisée a également été installée pour *La Joconde*, une œuvre extrêmement fragile qui n'est déplacée dans le musée qu'à de très rares occasions. [...]

Dans le cadre de ce partenariat, AXA est également mécène de l'exposition Léonard de Vinci. [...] Cette rétrospective d'envergure internationale rassemble un corpus d'œuvres uniques autour des tableaux et dessins conservés au musée du Louvre, parmi lesquels *La Joconde*. [...] Comme le souligne Céline Soubranne, directrice de la responsabilité d'entreprise du Groupe AXA : « *Cette action s'inscrit parfaitement dans la stratégie philanthropique du Groupe qui contribue ainsi à la préservation et au rayonnement mondial du patrimoine national. Deux dimensions très affinitaires avec notre métier d'assureur engagé et nos racines de Groupe français au rayonnement international.* »

www.axa.com, 7 octobre 2019.

DOC. 9

Le mécénat de compétences chez AXA

AXA Expérience Solidaire
(4'08)

5. Recherchez les définitions suivantes : mécénat, philanthropie.
6. Identifiez différents types d'acteurs qui peuvent bénéficier du mécénat (**doc. 8**).
7. Expliquez pourquoi AXA s'est engagée dans la rénovation de la salle des États, en lien avec sa stratégie (vous pouvez vous appuyer sur le paragraphe en italique, **doc. 8**).
8. Décrivez les principes du mécénat de compétences chez AXA à l'aide de la vidéo (**doc. 9**).

DOC. 10

AXA et la démocratie participative : quelques exemples

1. Le représentant des salariés actionnaires est membre du conseil d'administration, organe collégial qui détermine les orientations de l'activité de la société et veille à leur mise en œuvre. À ce titre, le représentant des salariés actionnaires a les mêmes droits et les mêmes responsabilités que les autres membres du conseil d'administration.

2. Dans le cadre du dialogue social, AXA s'engage, au moment d'aborder des réorganisations ayant des conséquences sur l'emploi, à fournir des informations pertinentes et, selon les cultures et réglementations locales, à consulter les collaborateurs et leurs représentants.

3. En 2017, en lien avec sa stratégie, AXA a décidé de lancer une nouvelle approche d'enquêtes : Pulse. Les enquêtes Pulse sont courtes et visent à mesurer un nombre réduit d'indicateurs, ce qui facilite l'identification rapide et ciblée de leviers d'amélioration. Pulse est plus agile que les méthodes de mesure de l'engagement traditionnelles grâce la rapidité de sa mise en place et à la collecte immédiate des résultats. Avec cette nouvelle méthode, AXA s'engage à écouter plus fréquemment ce que ses collaborateurs ont à dire.

www.axa.com, octobre 2019.

9. Montrez qu'AXA permet à ses collaborateurs de participer à la vie de l'entreprise.

Je fais le point sur 2

- Comment les organisations s'inscrivent-elles dans une démarche citoyenne ?

ACTIVITÉS

A

JOUEZ AVEC KYUSHI

Quiz interactifs pour la classe !

B Tester ses connaissances

Exercice interactif

Indiquez si chacune des affirmations suivantes est vraie ou fausse.

	Vrai	Faux
1. Une entreprise peu éthique ne fait courir aucun risque à son activité.	☐	☐
2. La déontologie est un terme plus adapté à une profession qu'à une entreprise.	☐	☐
3. Il existe des secteurs d'activité dans lesquels la dimension éthique n'est que très peu prise en compte.	☐	☐
4. Le respect des marchés publics par les collectivités locales a une dimension éthique.	☐	☐
5. Puisque les associations ont un but non lucratif, elles n'ont pas besoin de se soucier de l'éthique et de la transparence.	☐	☐
6. Des normes comptables spécifiques viennent assurer la transparence financière en entreprise.	☐	☐
7. L'égalité femme/homme est désormais une réalité.	☐	☐
8. Les personnes souffrant d'un handicap sont très souvent victimes de discriminations.	☐	☐
9. Un mécène peut être une personne physique ou une personne morale.	☐	☐
10. Le mécénat ne se traduit pas toujours par le versement d'une somme d'argent.	☐	☐

C Préparer ses arguments

GRAND ORAL

Vous êtes assistant du responsable des ressources humaines d'une petite PME en pleine croissance. Certains salariés se plaignent de ne jamais être consultés et se sentent parfois victimes de discrimination. Le directeur des ressources humaines souhaite rendre les procédures plus claires, à la fois pour les recrutements, l'accès à des postes à responsabilité et la participation des salariés à la vie de l'entreprise.

Mission : Il vous charge de construire un argumentaire pour convaincre le dirigeant de l'entreprise qu'il faut faire quelque chose. Vous le présenterez à l'oral devant votre classe après avoir rédigé le plan de votre exposé.

> Fiche méthode 4, p. 233

D L'ETLV en Management, sciences de gestion et numérique

ETLV

Taking care of environmental issues

1. Recap what the situation is like.
2. Explain what the message of this ad is.
3. **Organise a debate.**
   Student A is a Greenpeace official.
   He/she wants to ask an industrial to stop using palm oil in their products. Be convincing!
   Student B is an industrial. Palm oil represents a cheap and efficient way to make his/her products even though he/she is aware of its bad environmental impact.
   Exchange your arguments for 2 minutes and reach some compromise. Speak for 2 minutes.

Rang-Tan: the story of dirty palm oil (1'30)

Lien vidéo

Programme de langues vivantes, Innovations scientifiques et responsabilités

E Analyser une situation de management

LivingDNA, Myheritage, 23andme, Ancestry DNA : le boom des tests génétiques récréatifs

Outre-Atlantique, 18 millions d'Américains ont déjà succombé aux sirènes de ces tests dits « récréatifs ». Cette tendance a aussi fait des émules en France pour les fêtes de Noël et a déclenché un grand nombre de publications sur les réseaux sociaux. Un marché juteux que se partagent une dizaine d'entreprises, dont LivingDNA, Myheritage, 23andme, Ancestry DNA, tous des sites étrangers. Si frotter un coton-tige à l'intérieur de sa bouche pendant environ une minute peut paraître anodin, ce geste est pourtant interdit en France. Seul un juge peut faire la demande d'un test génétique, à moins qu'il ne soit effectué à des fins médicales ou de recherche scientifique, avec le consentement éclairé de la personne concernée.

Ce cadeau peut d'ailleurs coûter cher : une amende de 3 750 euros pour le client et 15 000 euros pour l'entreprise. Sur la dizaine d'entreprises de ce secteur d'activité, certaines ne proposent d'ailleurs pas la livraison en France, pour se prémunir de toute poursuite judiciaire. Pour les autres, la menace reste théorique. Aucune d'entre elles ne dépend de la législation française et ne peut être poursuivie, à la différence du consommateur français. [...]

Protection des données

Une fois récoltées, celles-ci sont stockées par des entreprises privées, qui les utilisent pour des partenariats, y compris avec des sociétés à but lucratif comme des groupes pharmaceutiques. En août dernier, le laboratoire pharmaceutique Glaxosmithkline a d'ailleurs annoncé le rachat des données génétiques recueillies par l'américain 23andMe pour 300 millions de dollars. Cinq millions de clients étaient concernés par ce partenariat.

Un filon commercial important

Pour rester compétitives, les entreprises du secteur misent donc sur des coffrets de test ADN à des prix plus qu'attractifs. Jusqu'à hier, vous pouviez vous en procurer un sur le site de Myheritage pour 49 euros, au cours d'une promotion d'après Noël.

Avec de tels prix, ces sites souhaitent exploiter un filon commercial juteux en devenir et ne sont pas prêts à abandonner le marché français ou européen.

Justine Benoit, « Ces tests génétiques qui sont à manier avec précaution », www.estrepublicain.fr, 27 décembre 2018.

1. Rappelez la législation française vis-à-vis des tests génétiques.
2. Identifiez les risques inhérents à ce type d'activités pour les clients.
3. Montrez comment ces entreprises tentent de rassurer les clients potentiels.
4. Recherchez des influenceurs qui ont mis en avant ce genre de tests.
5. Portez un jugement personnel et argumenté sur l'éthique dans les pratiques commerciales et marketing de ces entreprises.

Lien vidéo
Squeezie : je découvre mes origines
(jusqu'à 2'16)

Dossier Avenir

Les domaines de la comptabilité, de la paie, des ressources humaines et de la gestion vous intéressent ? Découvrez le métier de consultant en progiciels de gestion.

Consultant en progiciels de gestion
(5'44)

Quelles sont les missions d'un consultant en progiciels de gestion ?

Et en Droit

« L'examen des caractéristiques génétiques d'une personne ne peut être entrepris qu'à des fins médicales ou de recherche scientifique. »

« Nul ne peut faire l'objet de discriminations en raison de ses caractéristiques génétiques. »

Articles 16-10 et 16-12 du code civil.

SYNTHÈSE

Podcast

Pour l'enseignant
Synthèse rédigée
Synthèse animée

1 Pourquoi l'éthique est-elle devenue une question centrale dans les organisations ?

Les organisations (entreprises, organisations publiques, OBNL), en cohérence avec les normes morales en vigueur dans la société, veillent à :

L'éthique = ensemble des règles morales observées par l'organisation en lien avec ses valeurs

La déontologie = ensemble des règles à respecter dans le cadre d'une profession donnée

… en lien avec la politique de Responsabilité Sociale de l'Entreprise (RSE) ou de l'Organisation (RSO) et dans toutes les dimensions de la chaîne de valeur (RH, marketing, finance, production, informatique…)

+ Avantages
- Amélioration du CA et de l'image
- Bien-être des salariés
- Avantage concurrentiel

– Risques
- Éthique « de façade » écoblanchiment / *greenwashing*
- *Boycott* ou mise en cause publique de l'organisation

2 Comment les organisations s'inscrivent-elles dans une démarche citoyenne ?

Respect des parties prenantes – **Impact positif sur la société**

à travers

La lutte contre toutes les formes de discrimination : égalité femme/homme, inclusion des personnes handicapées, politiques de diversité et d'inclusion…

Le **mécénat** culturel, social, sportif, de santé…
Le **mécénat de compétences**

Démocratie participative = participation active des salariés à la vie de l'entreprise ancrée dans son écosystème

Les mots incontournables

> Lexique, p. 251

Démocratie participative • Discrimination • Éthique • *Greenwashing* • *Lobbying* • Mécénat • Parties prenantes • *Socialwashing* • Transparence financière

12 Les changements de modes de vie s'imposent-ils aux organisations ?

Capacité

- Analyser les évolutions des modes de vie et de consommation à prendre en compte par le management des organisations

Dans les starting-blocks !

Revolution@work : de la peur à l'attente
Les résultats d'une étude internationale sur le futur du travail et les attentes des salariés en France, aux Pays-Bas, au Royaume-Uni et aux États-Unis…

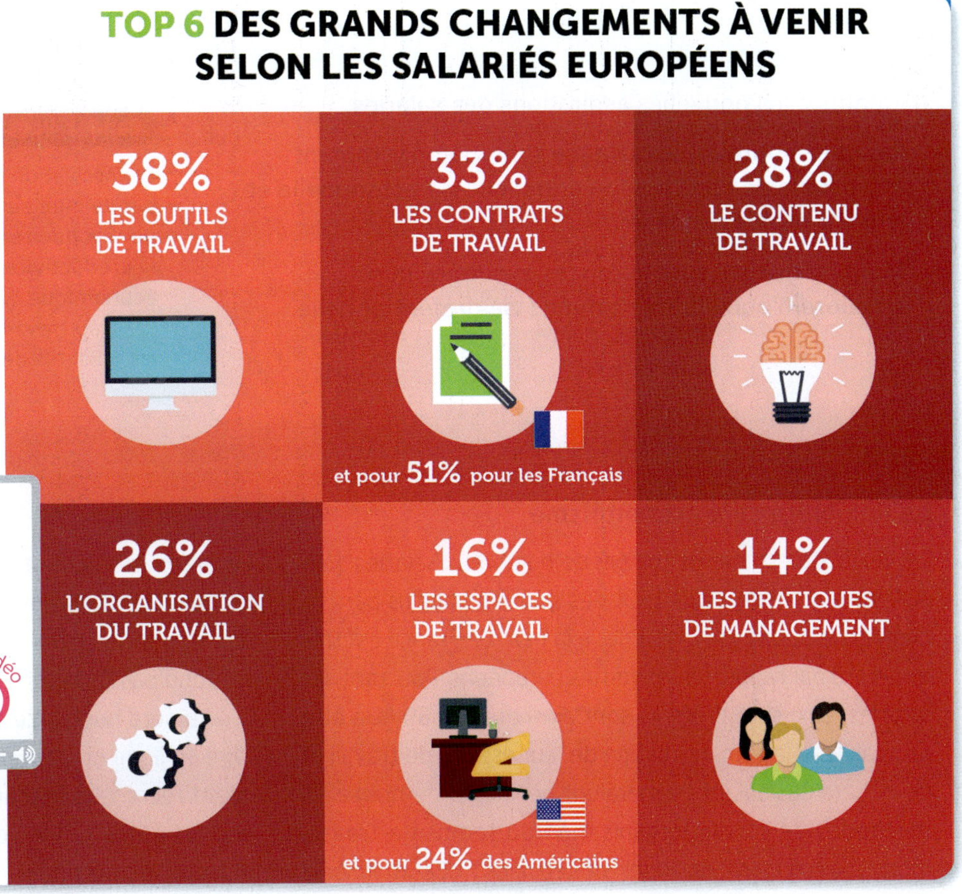

« Nous entrons dans un moment de consommation plus responsable » (1' à 2'40)

Lien vidéo

Source : Revolution@work - sondage Ipsos.

1. Imaginez les aspects positifs et les aspects négatifs de chacun de ces grands changements prévus par les salariés européens. Présentez vos réponses dans un tableau.
2. Pensez-vous que ces changements soient de nature à améliorer le bien-être des salariés au travail ? Justifiez votre réponse.
3. Relevez les grandes tendances actuelles sur le marché des biens de consommation courante.

1 Quels sont les nouveaux comportements au travail ?

A Les nouvelles aspirations des individus au travail

DOC. 1

Le subtil équilibre entre vie privée et vie professionnelle... ce qu'en disent les salariés

64 % des salariés insatisfaits de leur employeur. [...]

Manque de temps

Cette donnée va de pair avec un sentiment massif de « manquer de temps au quotidien » : 71 % en moyenne, et jusqu'à 88 % pour les parents d'enfants de moins de 3 ans. Parmi eux, s'ils en avaient plus, ces salariés souhaiteraient consacrer leur temps à leur famille et à leurs proches (38 %). Quelque 32 % souhaiteraient l'utiliser pour leurs loisirs et leur bien-être. Enfin, 15 % voudraient l'utiliser pour se reposer et ne rien faire. [...]

Ce que les salariés voudraient

Quand on les interroge, les salariés mettent en avant le souhait d'une plus grande flexibilité dans l'aménagement des horaires famille-travail. 45 % trouvent prioritaire d'avoir la possibilité d'organiser leurs heures de travail en fonction des contraintes parentales alors qu'ils ne sont que 39 % à dire que cette mesure est mise en place dans leur société. Enfin, 44 % des Français interrogés souhaiteraient plus de souplesse non seulement dans les horaires, mais également dans les modalités (comme le télétravail). Ce n'est pas gagné.

Mylène Bertaux, http://madame.lefigaro.fr, 31 juillet 2017.

1 Identifiez les nouvelles aspirations des salariés.

2 Indiquez pourquoi les salariés sont majoritairement insatisfaits de l'articulation entre leur vie personnelle et leur vie professionnelle.

3 Montrez quelles sont les pistes évoquées pour améliorer l'équilibre vie privée / vie professionnelle.

Rendez-vous en RHC

La motivation des acteurs engendrée par de meilleures conditions de travail peut conduire à un accroissement de la productivité et de la performance économique. (**2.1** La recherche du mieux-vivre au travail est-elle compatible avec les objectifs de performance ?)

DOC. 2

La flexibilité et le présentéisme

La flexibilité est plébiscitée par de nombreux salariés. [...] À l'heure actuelle, seuls 15 % des salariés français bénéficient de la possibilité d'accéder à la flex'. La France est très en retard par rapport à ses voisins européens. Pourtant, les salariés, eux, sont prêts. Ils sont ainsi près de 80 % à être favorables à la transformation de leur espace de travail et deux tiers des salariés aimeraient bénéficier de nouvelles méthodes de travail (organisation du temps de travail, modes de collaboration au sein des équipes...). Les managers apparaissent donc de plus en plus en décalage avec les aspirations des salariés [...].

Le grand problème des managers à l'heure actuelle, c'est qu'ils veulent absolument garder leurs collaborateurs près d'eux physiquement. C'est très handicapant car cela ne correspond pas du tout aux attentes des collaborateurs. [...] Aujourd'hui, on travaille en mode agile, [...] on peut tout faire en ligne ou par téléphone. Il faut collaborer en partageant l'écran. Le management doit évoluer au même titre que les outils. On le voit dans les *start-ups* [...] Dans les entreprises traditionnelles, il y a un vrai frein. Or, à côté, nous avons des jeunes collaborateurs qui arrivent sur le marché et qui savent travailler comme cela. [...]

Adélaïde Haslé, « Le présentéisme, un modèle de maturité managériale »,www.blog-emploi.com, 21 février 2019.

4 Analysez le décalage observé dans les entreprises françaises entre le management et les attentes des salariés.

B Les aspirations des millennials au travail

DOC. 3

Les millennials et le travail : au-delà des clichés

D'après une enquête Cegos, ils ont entre 25 et 35 ans, sont plus de 16 millions en France. On les nomme aussi génération Y, « *digital native* ». Ils représentaient un tiers des actifs en 2017 et représenteront la moitié de la population active en 2020…

58 % d'entre eux se disent satisfaits de leur emploi, mais 48 % sont prêts à le quitter à court ou moyen terme…

Apec RH, *Numéro millennials*, novembre 2018.

Les critères de sélection d'une entreprise par les millénials
93% des jeunes considèrent la **bonne ambiance** comme le critère n° 1
66 % des jeunes considèrent la **rémunération** comme le critère n° 1
55% des jeunes considèrent les **horaires** comme le critère n° 1

Source : Corner Job, *millenials et le monde du travail*, 2018.

Et si c'était le moment de laisser les millennials tranquilles ? (5'44) Lien vidéo

Face au recrutement, quelles sont les attentes des millennials ? (0'48) Lien vidéo

DOC. 4

« Les clichés sur les millennials ont la vie dure ! »

D'ici 1 an à peine, ils représenteront un tiers de la population mondiale. Scotchés à leurs écrans, infidèles à leurs employeurs, peu engagés dans l'entreprise… que de préjugés ! Les sociologues ont toujours adoré catégoriser les générations : « Baby-boomers », « Génération X », « Génération Y »… D'après eux l'âge serait synonyme d'une certaine vision du monde, de codes ou même d'une personnalité.

Ce qu'ils veulent vraiment

Les 19-30 ans sont flexibles et s'adaptent facilement. Ils cherchent à travailler au service d'une entreprise qui les laisse s'exprimer et qui correspond à leur éthique. Pour eux, le monde du travail ne se limite plus seulement au travail justement. Ils accordent une importance significative au développement personnel et au bien-être.

Contrairement à ce que la majorité des DRH peut penser, ils sont aussi plus fidèles qu'avant. En effet, le nombre d'interrogés de l'étude a montré qu'ils restent de plus en plus longtemps chez le même employeur. On pourrait aussi croire que les millennials seraient les premiers séduits par les espaces de *coworking* modernes et art déco, mais pas forcément ! La plupart estiment en vérité qu'on y est moins efficace. […]

Le plus : leur adaptabilité

En plus, ils semblent tout particulièrement préparés à la digitalisation des environnements de travail. D'après une étude de Deloitte, plus de la moitié estiment que ces technologies vont accélérer leur productivité. Vous avez donc tout à gagner à faire évoluer votre environnement de travail, car finalement, c'est plutôt aux entreprises de devoir s'adapter.

Laure Espinosa, www.myrhline.com, 26 mai 2019.

À l'aide des documents 3 et 4, et des vidéos :

5. Recensez les principales aspirations des millennials en matière de travail et de conditions de travail.
6. Analysez ce qui les distingue de leurs aînés.

Je fais le point sur 1

- Quelles sont les nouvelles aspirations des travailleurs en termes de conditions de travail ?
- Ont-ils tous les mêmes aspirations ?

2 Quels sont les nouveaux comportements de consommation ?

A Les nouveaux usages de consommation

DOC. 5

Les nouveaux comportements d'achat

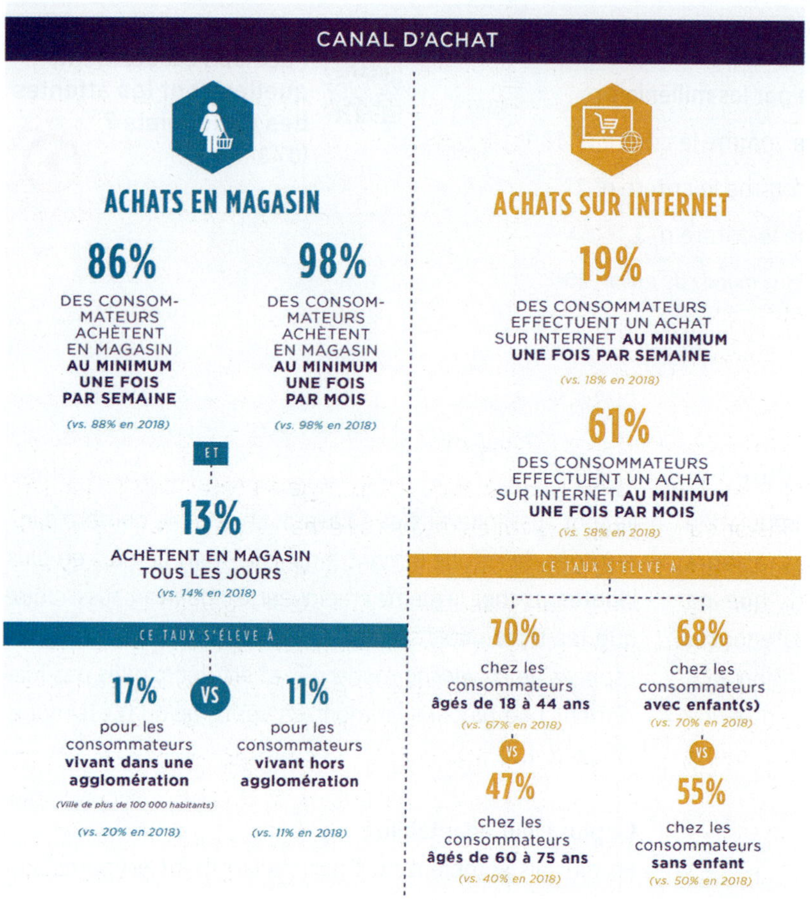

Source : Wavestone, 2019.

Rendez-vous en Mercatique

Les nouveaux comportements de consommation ont pour corollaire le développement de plateformes d'intermédiation. Le recours à des intermédiaires permet dans certains cas un apport de valeur à l'offre initiale du producteur. [**2.1** Distribution de l'offre : peut-on se passer d'intermédiaires ?]

DOC. 6

Les nouvelles tendances de la consommation

Une enquête menée fin 2018 auprès d'un panel de plus de 1 000 consommateurs par le cabinet Wavestone a permis d'identifier les tendances qui émergent et celles qui se confirment dans trois domaines :

- Comportement d'achat et expérience client.
- Relation client et réseaux sociaux.
- Innovations, technologies et nouveaux modes de consommation.

Baromètre des nouvelles tendances de la consommation 2019 (2'27)

Lien vidéo

1 Montrez, à l'aide de la vidéo et/ou des infographies des **documents 5** et **6**, quels sont les nouveaux usages et comportements d'achat des consommateurs.

B Une consommation plus responsable

DOC. 7

Consommation : les bonnes résolutions des Français en 2019

Consommer mieux et plus responsable : c'est la volonté d'une majorité de Français en 2019, selon une récente enquête publiée par l'Observatoire Cetelem. Un engagement qui risque toutefois de se heurter à des contraintes budgétaires.
D'un côté, consommer, se faire plaisir et faire fonctionner l'économie ; de l'autre, réfléchir aux impacts de cette consommation sur soi et sur la planète [...].

L'alimentation en première ligne

Principale préoccupation du citoyen-consommateur français : mieux manger. Parmi les pistes proposées par l'étude pour faire évoluer leurs comportements vers une consommation plus responsable, les sondés plébiscitent celles liées à l'alimentation.

- 74 % d'entre eux ont ainsi l'intention, certaine ou probable, de consommer davantage de produits locaux ;
- 73 % veulent limiter leur consommation de produits transformés ;
- 68 % comptent acheter plus de produits responsables ;
- 64 % plus de produits en vrac, pour limiter les emballages ;
- 57 % envisagent de réduire leur consommation de viande, dont 26 % de façon certaine. [...]

Vincent Mignot,
www.cbanque.com, 24 janvier 2019.

2 Identifiez les intentions des Français en matière de consommation.

DOC. 8

La consommation alternative s'ancre dans les habitudes des Français

Lors des années de crise, de nouveaux comportements de consommation, dits alternatifs, ont émergé à l'instar du partage, du glanage, de l'occasion... Les habitudes ont évolué et l'aspiration à consommer mieux persiste. Selon le 4e observatoire des consommations émergentes [...] 77 % des répondants affirment avoir modifié leurs habitudes de consommation afin d'agir en faveur de l'environnement [...].
Mais alors que le pouvoir d'achat repart et que le chômage recule, les pratiques alternatives perdurent-elles ? Si le don, l'achat d'occasion et l'emprunt reculent, de nombreuses activités sont en croissance à l'instar du covoiturage, de l'achat mutualisé, du glanage... Par exemple, 41 % des Français ont pratiqué le glanage au cours des 12 derniers mois, 8 % ont eu recours à l'échange de service contre 4 % en 2012... Des comportements qui ne sont pas uniquement une pratique liée aux contraintes budgétaires.
[...] Enfin, le faire soi-même est une pratique qui se généralise. Environ 80 % des Français ont eu recours à cette méthode et la raison principale reste le plaisir plutôt que l'économie. [...] « Ces habitudes prospèrent mais elles sont moins basées sur le rejet de la consommation que sur la défiance à l'égard du système. [...] »

Camille Harel, Philippe Moati,
www.lsa.fr, 1er mars 2018.

3 Relevez les comportements alternatifs de consommation des Français et définissez-les en vous aidant, si besoin, d'une recherche sur Internet.

4 Recherchez les fondements de ces nouvelles pratiques.

DOC. 9

La tendance du locavorisme

Alimentation : la tendance du locavorisme (1'30)
Lien vidéo

5 Présentez le locavorisme.

6 Précisez pourquoi cette nouvelle tendance est en adéquation avec la volonté des Français de « consommer mieux et plus responsable » (doc. 7).

Je fais le point sur 2

- Quelles sont les nouvelles tendances de consommation ?

3 Quelles sont les incidences des nouveaux comportements sur les organisations ?

A La réorganisation des lieux de travail

DOC. 10

Nouveaux espaces de travail en entreprise

Open spaces nouvelle génération, *flex offices*, lofts, salles de sieste, cuisines, salles de jeux, salles de sport, terrasses et espaces extérieurs... De plus en plus d'entreprises font le choix de repenser leurs espaces de travail.
Objectifs ? Matérialiser une ouverture au monde, un positionnement stratégique, un style de management... souvent à l'occasion d'un changement politique ou géographique, d'une réorganisation... Mais aussi favoriser la communication entre les personnes et les équipes, la transversalité, la collaboration et la créativité avec au final des objectifs en termes de performance.

Christelle Thouvenin, « Espace de travail et engagement des collaborateurs », www.wonderfoodjob.com, 22 mai 2017.

1. Listez et définissez (à l'aide d'Internet si nécessaire) les nouveaux espaces de travail et de détente en entreprise.
2. Précisez les objectifs que poursuivent les entreprises avec la mise en place de ces nouveaux espaces de travail.

DOC. 11

« La révolution du *Coworking* »

[...] on travaille côte-à-côte avec d'autres personnes de sociétés différentes dans un espace partagé... Mais c'est un petit mot qui en dit long sur les mutations du travail, le développement des territoires et le vivre ensemble. [...]
Avoir son bureau dans plusieurs villes, sur plusieurs continents, c'est facile ! Une possibilité qui séduit de plus en plus les indépendants et salariés, qu'ils soient nomades ou sédentaires.
[...] Les espaces de *coworking* poussent comme des champignons et le marché s'organise. [...] dans toute la France et [...] dans le monde entier où l'on peut venir travailler, organiser une réunion, rencontrer d'autres personnes... [...]
L'espace de travail et de réunion classique remplit parfois aussi d'autres fonctions selon son implantation. Plusieurs raisons à cela : la rentabilité du lieu tout d'abord, mais aussi le souhait de créer du lien entre les différentes communautés d'un territoire. [...]

Un public qui se diversifie

Cette diversification des fonctions des tiers-lieux va de pair avec une **diversification des publics**. D'abord imaginés pour les *freelances*, les indépendants et les nomades (les commerciaux par exemple), les espaces de *coworking* séduisent de plus en plus les salariés en télétravail qui souffrent de l'isolement et des conditions de travail à domicile. [...]

Christelle Thouvenin, www.wonderfoodjob.com, 2 octobre 2017.

Les espaces de *coworking* atypiques (1'50) Lien vidéo

3. Définissez le *coworking* en vous aidant du **document 11** et de la vidéo.
4. Identifiez puis précisez le profil des différents « *coworkers* ».
5. Recensez les avantages du *coworking* pour les « *coworkers* » et pour les entreprises. Déterminez les limites (inconvénients) de ce nouveau type d'organisation du travail.

DOC. 12

La France et le télétravail

La frilosité des entreprises françaises vis-à-vis du travail à distance va-t-elle bientôt s'estomper ?

[...] Selon cette étude de perception, menée par l'Ifop auprès de 1 604 travailleurs (dont 581 managers), 29 % des salariés le pratiquent aujourd'hui, contre 25 % fin 2017. Sur l'ensemble des salariés du secteur privé en France, ils représentent environ 5,5 millions d'individus. [...]

97 % des salariés qui télétravaillent sont en CDI, 63 % sont des CSP[1]+, 49 % travaillent dans des entreprises de plus de 1 000 salariés... et 51 % sont des cadres. « En effet, les grandes entreprises sont mieux structurées que les PME et TPE pour organiser le travail à distance. [...] »

1. **CSP** : catégorie socio-professionnelle.

Fabien Soyez, « 29 % des salariés font du télétravail en 2019 », http://courriercadres.com, 20 février 2019.

DOC. 13

Le télétravail dans la fonction publique

Alors que le télétravail connaît un développement progressif dans le secteur privé, la sphère publique semble avoir des difficultés à déployer ce dispositif [...]

L'analyse des entretiens menés par les enquêteurs permet d'ores et déjà de pointer les avantages et les difficultés de l'organisation du travail à distance. [...] Ainsi, les agents télétravailleurs soulignent « la réduction de la fatigue liée au temps de transport et la diminution du stress lié à l'urgence du quotidien ». Ils observent dans le même temps que le dispositif génère des problèmes techniques, notamment en raison des accès distants aux applications informatiques [...].

En revanche, l'encadrement semble plus réticent sur le déploiement du télétravail. Beaucoup de managers interrogés font part de leur crainte de voir le relationnel altéré par le management à distance. Ils redoutent également une diminution du volume et de l'efficacité du travail réalisé par l'agent télétravailleur. Quant aux employeurs publics, ils s'inquiètent des difficultés à gérer le télétravail dans les administrations et les collectivités et plaident pour une plus grande souplesse du dispositif. [...]

AMF, www.maire-info.com, 5 février 2019.

DOC. 14

Le télétravail « ce n'est pas devant la télé »

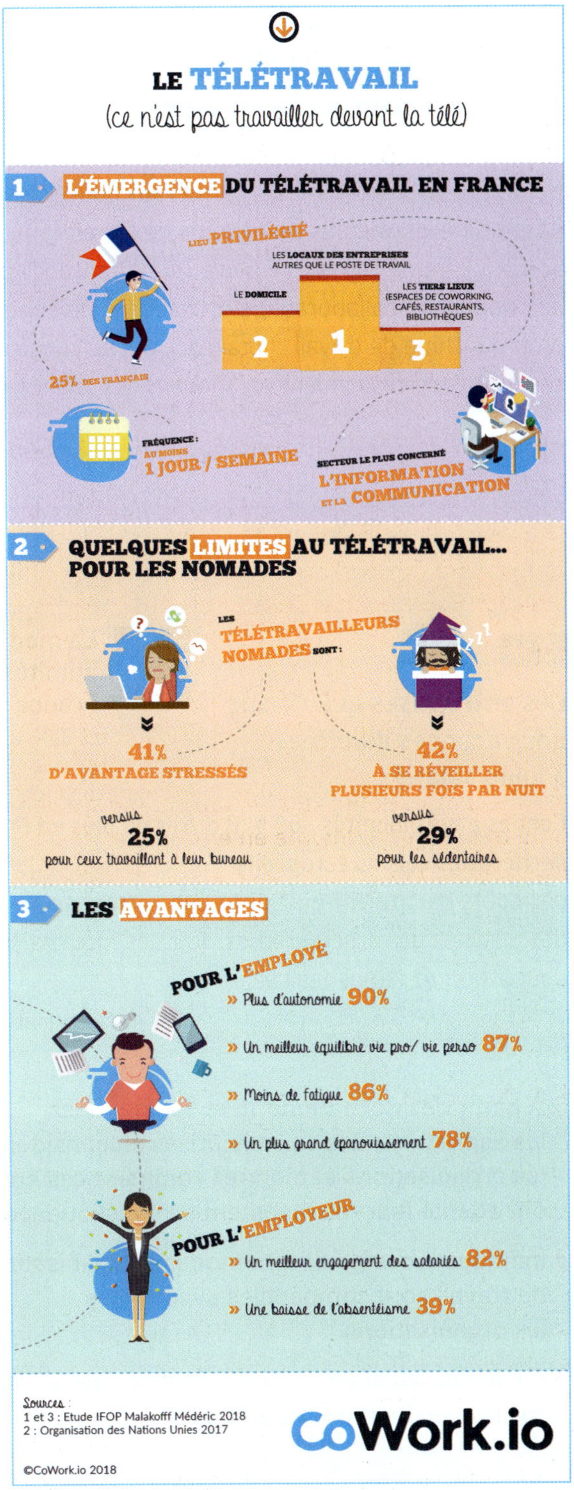

À partir des documents 12, 13 et 14 :

6 Indiquez comment évolue le télétravail en France et listez les éléments favorables à son développement.

7 Précisez dans quels types d'organisations le télétravail se développe.

8 Présentez le profil actuel des télétravailleurs.

9 Regroupez dans un tableau les motivations des salariés et celles des employeurs pour le télétravail.

B Évolution des rapports sociaux et du temps de travail dans les organisations

DOC. 15

Cette entreprise laisse ses salariés travailler quand ils veulent

Le cabinet international PwC a lancé « *Flexible Talent Network* », un programme qui permet aux nouvelles recrues de choisir elles-mêmes leur rythme de travail. [...]

Son programme baptisé « *Flexible Talent Network* » permet aux nouveaux collaborateurs embauchés de choisir leur propre rythme de travail : horaires, jours de congés... tous ces critères correspondent aux souhaits des salariés, et sont définis à l'embauche. La liberté est – presque – totale. La seule condition est de remplir son quota d'heures travaillées. Depuis l'annonce de ce programme, il y a quelques jours, PwC a déjà reçu plus de 2 000 candidatures, précise sur son site la chaîne BBC. Preuve que l'initiative reflète les envies.

Quentin Périnel, Lefigaro.fr, 4 septembre 2019.

DOC. 16

Ces entreprises qui offrent des vacances illimitées à leurs salariés

La mode des congés illimités décolle en France
(2'30)
Lien vidéo

Congés payés illimités : 60 % d'offres en plus en France mais loin derrière ses voisins européens

Les coûts d'un talent qui quitte une entreprise s'élève souvent à des dizaines de milliers d'euros. Tous les moyens sont donc bons pour attirer et retenir les talents.

www.joblift.fr, 22 mai 2018.

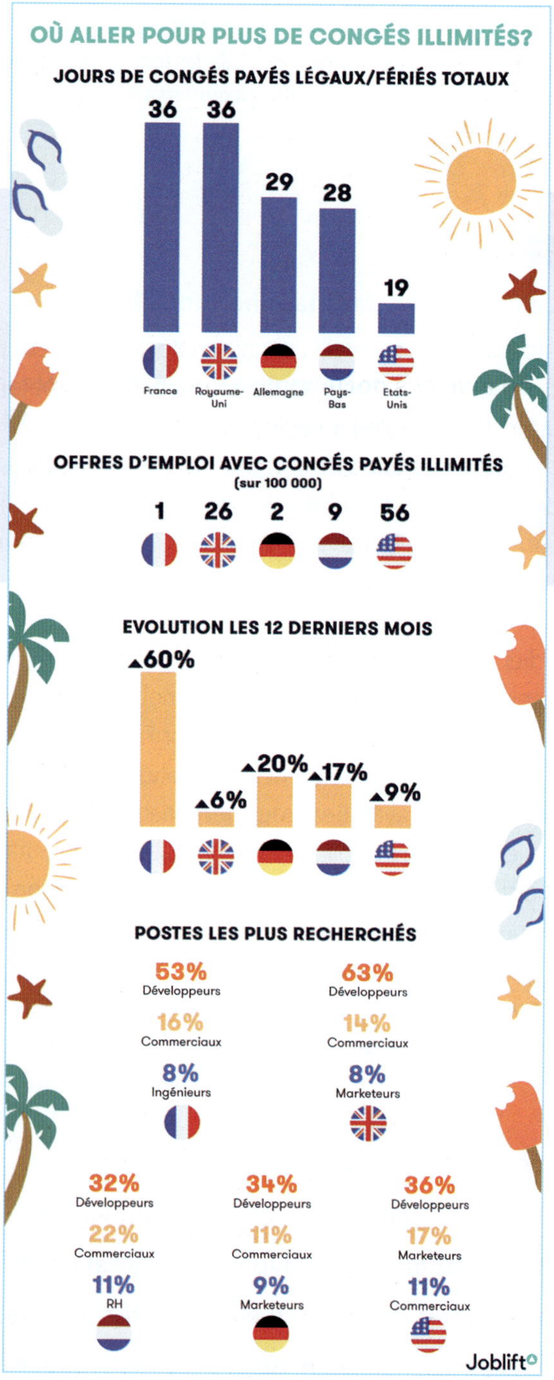

10 À partir des **documents 15** et **16**, identifiez les aspirations des salariés prises en considération par les organisations et montrez comment ces entreprises ont adapté leur management en conséquence.

11 Indiquez si ces nouveaux modes d'organisation du travail sont compatibles avec toutes les organisations.

12 Présentez les enjeux pour les entreprises d'intégrer ces nouveaux rapports au travail.

DOC. 17

Une entreprise libérée, c'est quoi ?

Une entreprise sans managers : comment ça marche ? (1'02)

Lien vidéo

13 Après avoir expliqué ce qu'est une entreprise libérée, montrez comment ce type d'organisation prend en compte les nouveaux modes de vie des salariés.

DOC. 18

Treize millions de Français sont des travailleurs indépendants

Les personnes tirant l'essentiel ou une partie de leurs revenus d'une activité non salariée sont bien plus nombreuses que ne le laissent penser les statistiques officielles. Selon une étude du cabinet McKinsey, elles représentent un quart des Français de plus de 15 ans.

La France compte un peu plus de 26 millions de salariés. Bien plus donc que de travailleurs indépendants. Mais ces actifs qui, en échange d'une prestation, perçoivent une rémunération autre qu'un salaire sont tout de même plus nombreux que les statistiques officielles ne le suggèrent. Selon [...] un sondage réalisé par le cabinet de conseil McKinsey, ils seraient [...] 13 millions de personnes, soit un quart des Français âgés de plus de 15 ans.

Il est vrai que la définition retenue par le cabinet est plutôt large : est considérée comme travailleur indépendant toute personne autonome dans son travail, qui a des relations contractuelles ponctuelles avec ses clients et se voit payée à la tâche, aussi bien pour des services ou que la vente ou la location de biens.

[...] Dans les faits, 5 millions de travailleurs en tirent leur revenu principal et 8 millions se contentent par ce biais, de compléter leur salaire.

Jean-François Doridot, www.ipsos.com, 12 septembre 2018.

14 À l'aide des **documents 17** et **18**, définissez le travail indépendant et indiquez son importance sur le marché du travail.

15 Analysez les avantages du travail indépendant pour les travailleurs, les entreprises et l'emploi.

DOC. 19

Le droit à la déconnexion fait son entrée dans le code du travail

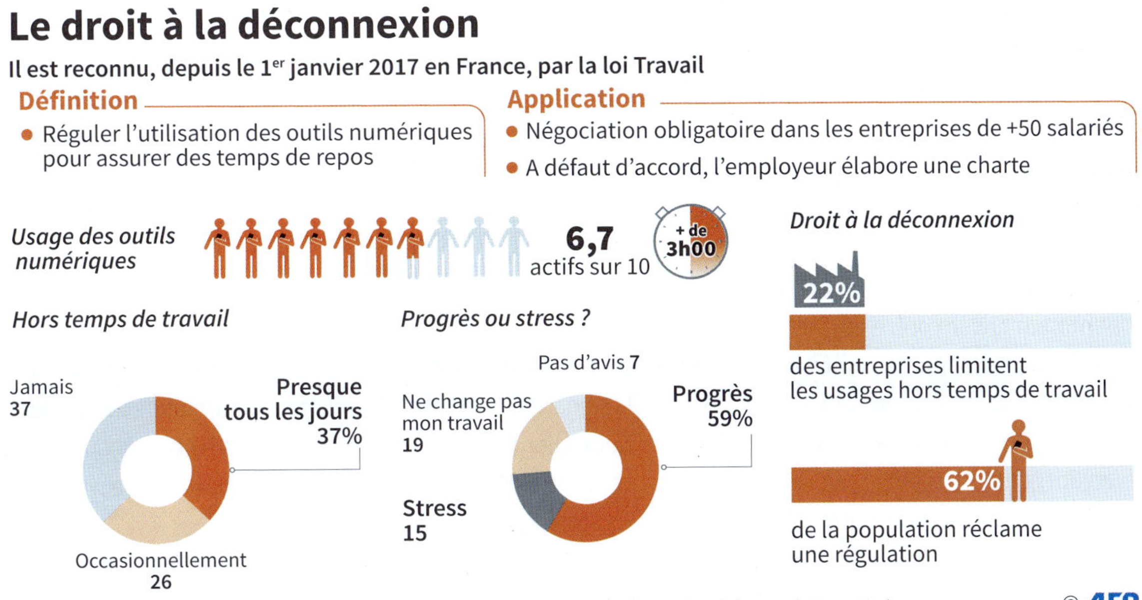

Source : cabinet Éléas (sondage de septembre 2016 auprès de 1 010 personnes réprésentatives de la population active)

16 À l'aide d'une recherche sur Internet, précisez quels sont les outils numériques soumis au droit à la déconnexion.

17 Expliquez pourquoi le législateur a instauré un droit à la déconnexion.

C Les méthodes de production et de distribution pour répondre aux attentes des consommateurs

DOC. 20

L'usine du futur et la consommation 4.0

Impossible de séparer usine du futur et processus de production : en effet, automatisation, robotisation, intelligence artificielle, toutes ces technologies permettront aux usines de demain de profiter d'outils de production plus performants et compétitifs. [...]

Aujourd'hui, les attentes des consommateurs évoluent rapidement.

Non seulement nous ne voulons plus acheter des produits uniformisés voire aseptisés, mais nous attendons également que le marché réponde de manière quasi immédiate à des besoins qui évoluent sans cesse. En ce sens, l'usine du futur paraît armée. En automatisant les chaînes de production et en généralisant l'impression 3D, l'industrie se donne les moyens de proposer des produits ultra-personnalisés et disponibles dans des laps de temps très réduits.

C'est là qu'apparaît une nouvelle façon de consommer pour les clients finaux : la possibilité de posséder un produit parfaitement adapté à ses besoins, au moment où il en a besoin.

Pierre Thouverez, www.techniques-ingenieur.fr, 26 février 2019

18 Identifiez les nouveaux besoins des consommateurs.

19 Montrez comment l'usine du futur devrait permettre de répondre à ces nouvelles attentes.

DOC. 21

L'économie de la fonctionnalité

Qu'est-ce que l'économie de la fonctionnalité ? Site Web

20 À partir des **documents 21** et **22**, dégagez les grandes « tendances » des nouvelles économies.

21 Indiquez quelles sont les organisations qui s'adaptent à ce nouvel environnement.

DOC. 22

L'économie collaborative

La quasi-totalité des Français a déjà eu recours à l'économie collaborative, avec à la clé un gain moyen de 495 euros par pour chaque consommateur. Uber, Airbnb, Pretoo... Depuis plusieurs années, l'économie collaborative fait partie du quotidien des consommateurs. Une étude CSA pour la société de crédit à la consommation Cofidis permet de chiffrer l'utilisation que font les Français de ce nouveau secteur. Il apparaît que 95 % des Français ont recours à l'économie collaborative dont 62 % régulièrement. Et les utilisateurs en tirent un pécule non négligeable : 495 euros en moyenne. Autre enseignement : les jeunes sont beaucoup plus familiers de ces pratiques que la moyenne. [...]

Clément Lesaffre, www.europe1.fr, 12 janvier 2017.

DOC. 23

La lutte contre le gâchis alimentaire s'organise

Dans le monde, près de 40 % des aliments sont jetés avant d'être consommés. [...] Des initiatives collaboratives et solidaires se développent pour lutter contre ce gâchis.

La fin des invendus grâce aux promos dans son Smartphone

Gaspiller moins est aussi à la portée de tous grâce à des applis gratuites. La plus récente, *Too Good To Go*, met en relation les commerçants et leurs clients pour revendre les produits périssables non écoulés dans la journée, à détecter en un coup d'œil sur son smartphone.

Avec OptiMiam, vous êtes prévenu par *push* quand vous arrivez à proximité des commerçants qui proposent des promotions dans votre quartier. Et Zéro-Gâchis affiche les promos en tête de gondole. Grâce à la géolocalisation, et à la signalétique dédiée, il suffit de vous armer de votre caddie pour aller les dénicher. Avec plus de 70 partenaires dans toute la France, son utilisation a déjà « sauvé » plus de 315 tonnes de denrées alimentaires.

www.livingcircular.veolia.com, 19 janvier 2017.

22 Déterminez pourquoi les entreprises de l'alimentaire sont entrées dans une démarche « antigaspi ».

23 Identifiez les raisons et les outils qui permettent maintenant de lutter contre le gâchis.

24 À l'aide d'une recherche sur Internet, présentez et caractérisez les organisations citées dans l'article.

DOC. 24

Intermarché change la recette de 900 produits mal notés sur Yuka

Le distributeur français, l'un des seuls à fabriquer lui-même ses produits de marques distributeurs, a annoncé qu'il allait changer 900 recettes afin que ces denrées obtiennent un meilleur score sur l'application.

Les consommateurs font de plus en plus attention à ce qu'ils mangent. En atteste le succès de Yuka, l'application qui note les qualités nutritionnelles des aliments. Elle est numéro 1 des applis les plus téléchargées dans la catégorie « alimentation » depuis des mois. Une tendance qui commence à avoir des effets très concrets sur l'industrie agroalimentaire : Intermarché vient d'annoncer qu'il allait changer la recette de 900 produits de ses marques distributeurs pour qu'ils soient mieux notés sur Yuka.

Pour y parvenir, le 5e distributeur français a demandé à ses fournisseurs de bannir de ses produits une liste de 140 additifs. Des colorants, conservateurs et autres exhausteurs de goût que Yuka note très mal. [...]

Nina Godart, www.bfmtv.com, 16 septembre 2019.

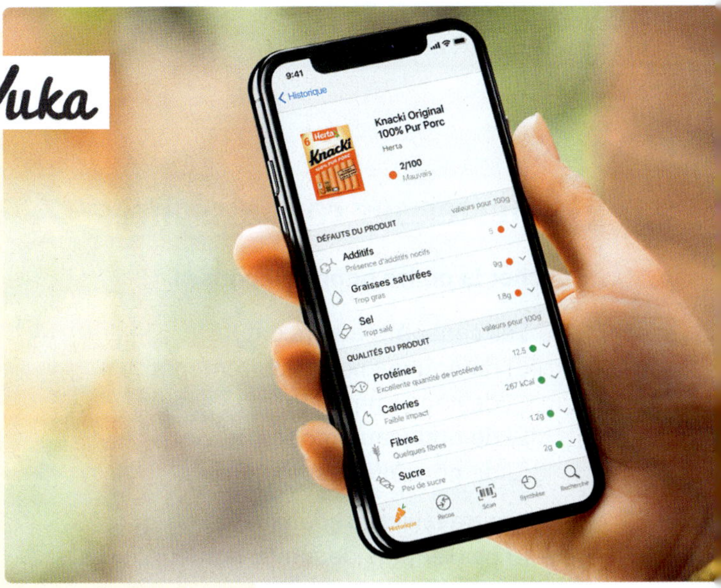

Intermarché a présenté son nouveau concept (1'14) — Lien vidéo

25 À l'aide d'Internet, présentez l'application Yuka et expliquez son influence sur les producteurs de l'industrie agroalimentaire.

26 Montrez comment et pourquoi Intermarché a pris en compte les scores de ses produits sur l'application Yuka.

DOC. 25

Signature en 2019 d'un « *Fashion Pact* » par 150 marques

Alors que la mode est aujourd'hui l'un des marchés les plus polluants au monde, ils sont 30 grands groupes d'habillement à vouloir en faire plus pour la protection du climat, de la biodiversité et des océans. Un triple engagement au cœur de cette nouvelle initiative collective pour tenter d'enrayer le 1,2 milliard de tonnes d'émissions de gaz à effet de serre, les 500 000 tonnes de microfibres de plastique, et les centaines de milliers de litres de pesticides générés chaque année par le secteur.

Hortense de Montalivet, www.huffingtonpost.fr, 23 août 2019.

Produits polluants (2'33) — Lien vidéo

27 Expliquez pourquoi les industriels de la mode ont décidé d'agir en faveur de la planète.

28 Relevez les différentes actions envisagées dans le « *Fashion Pact* » en termes de développement durable.

Je fais le point sur 3

- Comment les organisations se sont-elles adaptées aux nouveaux modes de vie, de comportement au travail et de consommation des individus ?
- Quelle est la place des outils numériques et connectés dans ce nouveau management ?

ACTIVITÉS

JOUEZ AVEC KYUSHI
Quiz interactifs pour la classe !

A

B Tester ses connaissances

Exercice interactif

Cocher la ou les bonnes réponses.

1. Les consommateurs ont :
   - ☐ de nouveaux comportements de consommation.
   - ☐ de nouveaux modes de vie.
   - ☐ de nouvelles aspirations.
2. Les travailleurs souhaitent :
   - ☐ passer plus de temps sur leur lieu de travail.
   - ☐ plus d'équilibre entre leur vie professionnelle et leur vie privée.
   - ☐ travailler uniquement dans leur entreprise.
3. Les organisations :
   - ☐ sont influencées par les nouvelles aspirations des consommateurs et travailleurs.
   - ☐ ont toujours les mêmes méthodes de production.
   - ☐ intègrent de nouvelles économies.
4. Les outils numériques :
   - ☐ permettent plus de flexibilité pour les travailleurs.
   - ☐ génèrent uniquement des effets positifs pour les salariés.
   - ☐ ont permis le développement de nouvelles méthodes de production et de distribution

C Préparer ses arguments

GRAND ORAL

Les organisations évoluent dans un contexte sociétal en pleine mutation (nouvelles technologies, nouvelles aspirations des travailleurs...).

Mission : À l'aide de vos connaissances, commentez le dessin à l'oral devant votre classe.
Vous montrerez, en argumentant, comment les outils numériques et connectés ont permis l'émergence de nouveaux comportements de consommation, ainsi que de nouvelles méthodes de travail.

> Fiche méthode 4, p. 233

D L'ETLV en Management, sciences de gestion et numérique

ETLV

Digital nomads

1. Say what a 'digital nomad' is. Explain how they work.
2. In groups, discuss what the advantages and limits of this working method are.
3. **Act out a conversation.**
   Student A is a young professional who wants to become a digital nomad. He/she needs to convince his/her boss (student B), who is more reluctant to let his/her staff work this way. Exchange your arguments and speak for 2 minutes.

Digital nomads work remotely from anywhere
(2'19)
Lien vidéo

Programme de langues vivantes, Espaces publics, espaces privés

E Analyser une situation de management

La tente des glaneurs, « Jeter c'est jeté. Donner c'est mangé. »

La Tente des Glaneurs est née un dimanche de Noël, au marché de Wazemmes à Lille, en 2010.

Depuis, elle redistribue chaque dimanche du pain, des légumes, des fruits et des fleurs – sous forme de panier solidaire – à une population en grande précarité alimentaire qui n'a pas accès à l'aide alimentaire (familles monoparentales, étudiants, retraités, sdf, salariés pauvres).

Ce qui est redistribué – à la fin du marché – est collecté dans la matinée auprès des commerçants non sédentaires et de la population qui donnent de la nourriture et des fleurs.

Ce qui est glané, ce sont également des aliments « sauvés » de la poubelle, qui ne correspondent plus aux critères de vente et sont parfaitement comestibles, conformément à la loi de 2016 relative à la lutte contre le gaspillage alimentaire. [...]

La Tente des Glaneurs propose également aux entreprises et associations des *team building* pour sensibiliser le plus grand nombre à la solidarité alimentaire. [...]

www.latentedesglaneurs.fr, octobre 2019.

Un dimanche avec La Tente des Glaneurs (2'29) — Lien vidéo

Sébastien Cortez, confessions d'un chef privé qui réhabilite le glanage

Il incarne l'une des tendances les plus atypiques du microcosme culinaire provençal. Son approche, si elle n'est guère novatrice, est néanmoins rare voire unique en Provence. La rencontre avec Sébastien Cortez a lieu alors qu'il revient de sa cueillette dans les collines [...]

Il y a 3 ans, avec son épouse qui souhaitait rejoindre sa ville d'origine, le chef s'installe à Marseille. « Je voulais faire sortir le resto du resto, explique-t-il. Alors, au début, je me suis inscrit sur une plateforme du chef privé sur le web. De prestation en prestation, je me suis fait connaître et maintenant c'est le bouche à oreille qui fonctionne. »

« Je ramasse tout moi-même »

Sébastien Cortez a orienté sa cuisine « terroir avec des touches d'ailleurs. Je suis d'une nature curieuse, je fais du glanage. Je suis issu d'une famille de paysans et j'ai appris à ramasser les fleurs et herbes sauvages... Autrefois on mangeait des quantités de salades sauvages issues de nos forêts et prairies... Je ramasse tout moi-même avec l'ambition de réhabiliter nos herbes oubliées. »

www.le-grand-pastis.com, 27 juin 2019.

1. Indiquez dans quel contexte « La Tente des Glaneurs » a été créée et expliquez pourquoi son activité correspond à une économie du partage.
2. Repérez quelles sont les organisations concernées par la « solidarité alimentaire » et commentez l'influence de « La Tente des Glaneurs » dans ce domaine.
3. Montrez en quoi Sébastien Cortez est un chef atypique.
4. À l'aide du témoignage de Sébastien Cortez et d'autres exemples trouvés sur Internet, montrez que le glanage ne concerne pas uniquement un contexte de « précarité alimentaire ». Recherchez quelles sont les aspirations des glaneurs.

Dossier Avenir

En route pour un salon ou pour une journée portes ouvertes : ce qu'il faut avoir en tête !

Dossier Onisep : visiter un salon consacré à l'orientation — Site Web

Avez-vous trouvé dans le dossier de l'Onisep la réponse à vos interrogations ?

SYNTHÈSE

Podcast

Pour l'enseignant
Synthèse rédigée
Synthèse animée

1 Quels sont les nouveaux comportements des travailleurs et des consommateurs ?

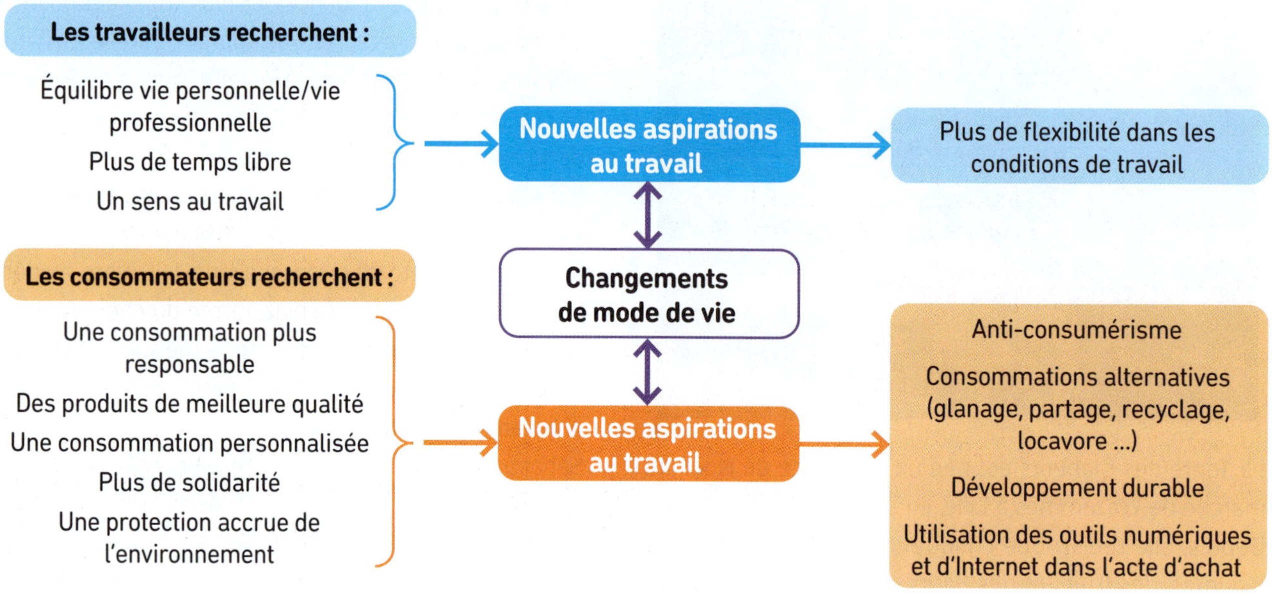

2 L'incidence des nouveaux comportements et modes de vie sur les organisations

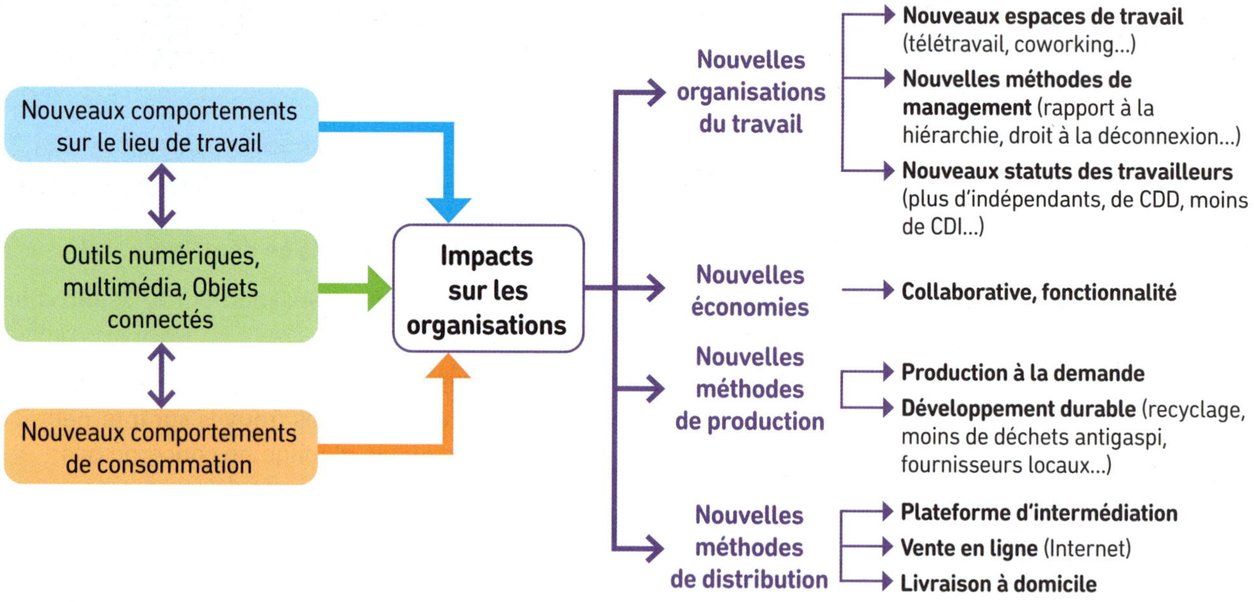

Les mots incontournables

> Lexique, p. 251

Nouveaux comportements sur le lieu de travail • Nouveaux modes de consommation • Vie connectée

13 Les transformations numériques, de nouvelles responsabilités pour les organisations ?

Capacité

- Décrire l'apport des technologies numériques aux relations entre les organisations et les citoyens

Dans les starting-blocks !

Votre âge, votre historique d'achat, vos données bancaires, vos données biométriques… elles ont de la valeur et sont précieuses, pour les entreprises… comme pour les pirates du web !

Jusqu'où peut aller le fisc pour contrôler votre situation ? (2'30)
Lien vidéo

1. Identifiez dans un tableau les types de données personnelles dont disposent les entreprises à votre sujet, puis les risques associés à la fuite éventuelle de ces données.
2. Identifiez les données désormais exploitées par l'administration fiscale pour connaître votre situation financière.
3. Déterminez si les règles qui s'appliquent aux entreprises et aux administrations en matière de protection des données sont identiques.

1 Pourquoi et comment les données sensibles doivent-elles être protégées ?

A La protection des données personnelles et le RGPD

DOC. 1

Le RGPD expliqué en émojis

Lien vidéo

Les explications de Cookie Connecté (jusqu'à 2'50)

DOC. 2

Les engagements de Carrefour pour la protection des données de ses clients

Vos données
Parce qu'elles sont uniques, vous êtes maître de vos données. Vous pouvez à tout moment :
• Consulter les données personnelles qui vous concernent
• Découvrir comment vos données sont utilisées
• Exercer les différents droits dont vous bénéficiez

Toujours bien gardées
Parce que la confiance est le secret d'une relation durable, nous nous engageons à conserver vos données de manière sécurisée et à vous les communiquer dès que vous le souhaitez.

Pour des offres personnalisées
Grâce au programme de fidélité, vous êtes un client privilégié. C'est pourquoi vous disposez d'offres sur mesure et de services personnalisés qui correspondent à vos envies du quotidien.

www.carrefour.fr, novembre 2019.

DOC. 3

Six situations dans lesquelles une entreprise doit veiller à la protection des données personnelles des salariés

1. L'accès aux locaux et le contrôle des horaires
2. Le recrutement et la gestion du personnel
3. Les outils informatiques au travail
4. La géolocalisation des véhicules des salariés
5. L'écoute et l'enregistrement des appels sur le lieu de travail
6. Vidéosurveillance et vidéoprotection au travail

D'après « Travail et données personnelles », www.cnil.fr, novembre 2019.

Après avoir pris connaissance des documents 1, 2 et 3 :

1 Proposez une définition du RGPD et identifiez les acteurs concernés par celui-ci.

2 Exposez les objectifs du RGPD et les sanctions encourues par les organisations qui ne le respectent pas.

3 Présentez les différentes démarches qui permettent aux organisations de veiller à la protection des données personnelles.

4 Montrez comment l'entreprise Carrefour a réussi à s'adapter à ce règlement européen.

5 Vous êtes en stage dans un hypermarché Carrefour. Soucieuse de respecter le RGPD, la responsable des ressources humaines, votre tutrice, vous demande d'élaborer une charte de bonne conduite interne qui garantisse la protection des droits des collaborateurs. Vous pouvez pour cela vous appuyer sur le site Internet de la CNIL.

B La protection des données stratégiques

DOC. 4

Le secret des affaires : une protection juridique des données stratégiques

À l'ère de la transparence, donner corps au secret des affaires ne semblait pas être une chose facile. En effet, il existe une véritable opposition à reconnaître la vie privée de l'entreprise et lui permettre de protéger son avantage concurrentiel. C'est pourtant chose faite avec la loi n° 2018-670 du 30 juillet 2018. Avec le secret des affaires, il s'agit d'offrir à l'entreprise la protection de sa sphère privée, à savoir ses connaissances stratégiques et ses informations sensibles, dans un environnement où les atteintes aux données et les actes prédateurs sont devenus monnaie courante.

Olivier de Maison Rouge, www.village-justice.com, 2 août 2018.

DOC. 5

Tweet du groupe Carrefour, 22 juin 2019

Source : Carrefour.

DOC. 6

Le partenariat Google-Carrefour, un accord gagnant-gagnant avec une dose de risque

Le partenariat conclu mi-juin entre Google et Carrefour pour une transformation numérique accélérée du distributeur qui fait entrer le géant américain sur le marché de l'alimentaire devrait être un « accord gagnant-gagnant » selon plusieurs experts, même si le groupe français prend aussi un risque en partageant ses données.

« Avec l'irruption massive des GAFA (acronyme désignant les géants du numérique Google, Apple, Facebook et Amazon) dans la distribution, les parcours clients traditionnels sont cassés [...] »

Carrefour ne fait en cela que suivre ses principaux concurrents : en novembre, Auchan s'alliait en Chine avec le géant Alibaba, puis fin mars, Monoprix (groupe Casino) signait un partenariat avec Amazon. [...]

« Pour Google, travailler avec Carrefour qui est un leader mondial de la distribution alimentaire, c'est un accélérateur. Et pour Carrefour, collaborer avec Google, avec sa très forte capacité d'innovation et le fait qu'il travaille à l'international avec des concurrents (le géant américain Walmart, NDLR), va apporter un élément de comparaison essentiel » avec ses pairs, souligne l'expert.

[...] À partir de 2019, les consommateurs devraient ainsi pouvoir commander leurs achats à Carrefour grâce à l'assistant vocal du géant américain. [...]

[Un] bémol est la question-clé des données clients que Carrefour « devrait partager avec Google », au moins partiellement. « C'est un risque évalué » par le distributeur. Mais « est-ce une erreur stratégique pour Carrefour ? Seul l'avenir nous le dira », estime-t-il.

[...] « Nous avons intérêt à garder un Internet ouvert où les acteurs ont la maîtrise de leurs données et une relation directe avec leurs clients. » Mais en collaborant avec les GAFA, « le risque pour les commerçants est d'être "squeezé" et de se retrouver à ne plus faire que de la livraison », avertit-il.

AFP, www.france24.com, 29 juin 2018.

À l'aide des documents 4, 5 et 6 :

6 Identifiez les données « sensibles » pour l'entreprise Carrefour.

7 Expliquez l'intérêt de maintenir un « secret des affaires ».

8 Analysez les risques du partenariat entre Google et Carrefour.

Je fais le point sur 1

- À quoi sert le RGPD ?
- Pourquoi les données stratégiques doivent-elles être protégées ?

2 Quelles sont les autres responsabilités des organisations en matière de numérique ?

A La transparence des algorithmes

Coup de pouce

Algorithme : suite logique d'instructions pour résoudre un problème. Exemples : recette de cuisine, programme informatique…

DOC. 7

À Bristol, des algorithmes prédisent les problèmes sociaux

Dans le sud-ouest de l'Angleterre, la ville de Bristol utilise les données relatives à la vie de ses habitants pour identifier les potentielles victimes de violences domestiques ou les consommateurs de drogue. S'il s'agit pour l'heure d'un simple outil à destination des travailleurs sociaux, l'expansion de la pratique inquiète. […]

Près d'un quart de la population de Bristol, la plus grande ville du West County, dans le sud-ouest de l'Angleterre, est suivi par le programme. Les intéressés reçoivent une note de 1 à 100 qui indique la probabilité qu'ils se livrent à des incivilités, portent atteinte à des enfants ou disparaissent, entre autres. […]

Les intéressés n'ont pas automatiquement accès aux résultats mais peuvent les demander en vertu de la réglementation sur la protection des données. La municipalité se sert de ces prévisions pour guider ses agents sur le terrain. Ils savent souvent déjà ce que leur apprend l'**algorithme** mais les informations communiquées par celui-ci ont contribué à l'affectation de 800 000 livres sterling au recrutement de travailleurs sociaux et aides à domicile supplémentaires dans les parties défavorisées du sud de la ville : les facteurs de risque comme l'abandon scolaire, la violence domestique et la délinquance montraient une augmentation des besoins. […] Ceci soulève de graves questions. Si un algorithme prédit un problème, la municipalité a-t-elle l'obligation légale et morale d'empêcher celui-ci ? Les autorités doivent-elles laisser l'algorithme s'améliorer lui-même en fonction de l'exactitude ou non de ses prévisions – en d'autres termes recourir à l'apprentissage automatique pour améliorer sa fiabilité ?

www.courrierinternational.com, 23 octobre 2019.

DOC. 8

La transparence des algorithmes : une (fausse) bonne idée ?

La loi numérique exige depuis 2017 une transparence entière et sans concession de tous les algorithmes décisionnels à caractère individuel, utilisés par la fonction publique. Écrit autrement, les algorithmes qui fournissent à l'administration une décision sur un citoyen doivent être explicités publiquement. […]

Que ce soit dans le calcul d'impôts, l'attribution d'allocations ou encore la répartition des bourses scolaires, ces algorithmes ont des niveaux de complexité variables et des responsabilités nuancées.

Publier explicitement et de manière intelligible la logique de l'algorithme est efficace à l'unique condition que le citoyen puisse comprendre. […]

Il existe un grand nombre de raisons pour lesquelles un algorithme présente un défaut. Entre autres, l'erreur peut provenir des critères de l'algorithme lui-même ou encore d'une mauvaise programmation informatique de cet algorithme au sein du logiciel de l'administration. Les erreurs existent. En cela, il est nécessaire de permettre aux administrations de prendre un temps significatif à revoir, tester et reprendre leurs algorithmes décisionnels avant de leur imposer une publication non négociable.

Aurélie Jean, www.lepoint.fr, 20 avril 2019.

1. Résumez le principe de l'algorithme utilisé par la ville de Bristol (doc. 7).
2. Identifiez les risques relatifs à l'utilisation d'un tel algorithme par une municipalité (doc. 7).
3. Expliquez comment les Français sont protégés par l'utilisation des algorithmes dans la fonction publique (doc. 8).
4. Discutez le caractère réellement transparent des algorithmes.

B La *blockchain* ou chaîne de blocs et ses enjeux

DOC. 9

Une minute pour comprendre la *blockchain*

Lien vidéo

(1'00)

DOC. 10

Carrefour déploie la *blockchain* sur son camembert de Normandie

Carrefour a décidé de doter l'ensemble de ses Filières Qualité Carrefour (FQC) de la *blockchain* d'ici 2022 pour garantir la traçabilité de ses produits. Le camembert de Normandie est le 11e produit concerné en France et le 22e dans le monde.

Après le poulet d'Auvergne, les tomates, les œufs, les pêches, ou encore le Rocamadour, le camembert de Normandie se dote de la technologie *blockchain* [...] Cette mise en place s'est faite grâce à la collaboration entre les acteurs de la chaîne, dont 8 producteurs laitiers fournissant le lait de ce camembert.

Avec cette technologie, les consommateurs pourront savoir le nom des agriculteurs, leur localisation, des détails sur l'exploitation, la date de récolte du lait, les dates de fabrication et expéditions.

Grâce au QR code présent sur l'étiquette, les consommateurs peuvent accéder, *via* leur smartphone, à une interface regroupant les informations de parcours du produit depuis son lieu d'élevage jusqu'à sa mise en rayon.

Camille Harel, www.lsa-conso.fr, 23 septembre 2019.

DOC. 11

La *Blockchain* sur le camembert en schéma

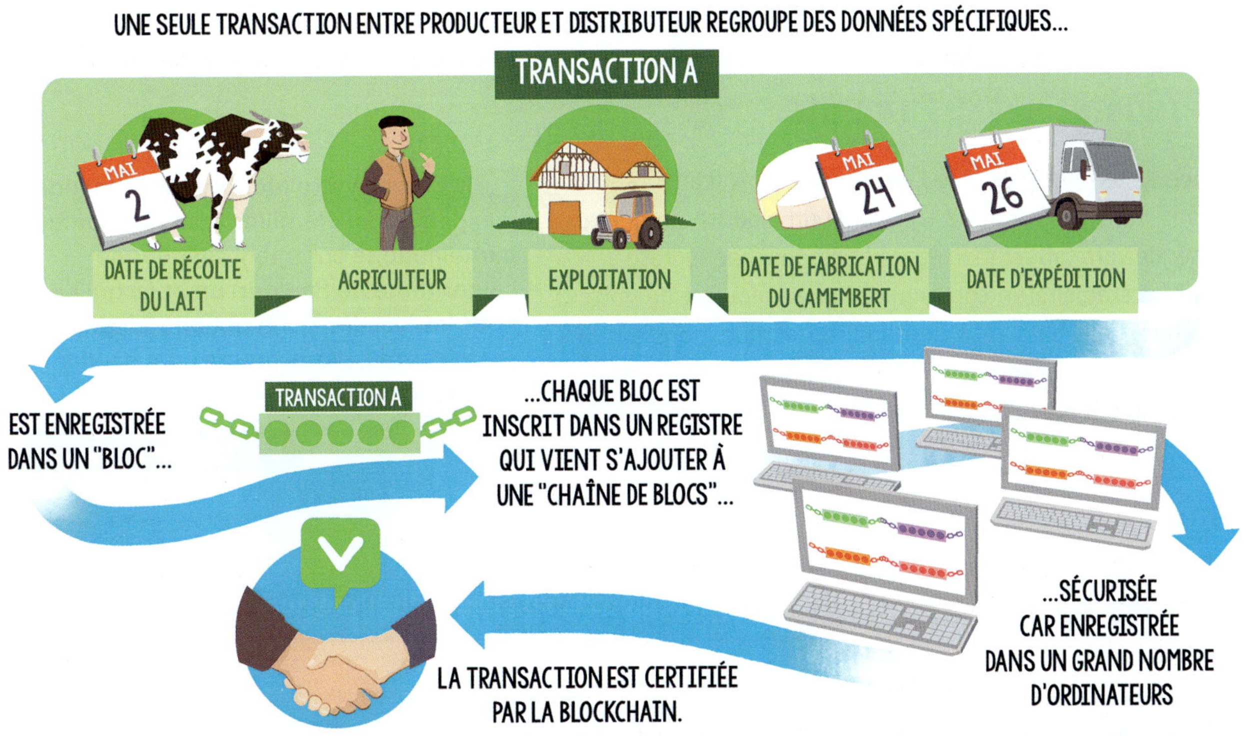

5 Proposez une définition de la *blockchain* (ou chaîne de blocs). À quoi sert-elle (**docs. 9** et **11**) ?

6 Montrez l'utilité de la *blockchain* pour une entreprise comme Carrefour (**docs. 10** et **11**).

7 Recherchez sur Internet d'autres utilisations possibles de la *blockchain* dans différents secteurs d'activité (banque, assurance, santé, commerce...).

Je fais le point sur **2**

- Les organisations doivent-elles-rendre leurs algorithmes transparents ?
- À quoi sert la *blockchain* ?

ACTIVITÉS

A

JOUEZ AVEC KYUSHI

Quiz interactifs pour la classe !

B Tester ses connaissances

Exercice interactif

Indiquez si chacune des affirmations suivantes est vraie ou fausse.

	Vrai	Faux
1. Le respect du RGPD est une obligation à l'échelle de la France seulement.	☐	☐
2. Les administrations publiques et les associations ne sont pas concernées par le RGPD.	☐	☐
3. La protection des données des salariés peut être incluse dans le RGPD.	☐	☐
4. La directive relative au secret des affaires protège les informations stratégiques des entreprises.	☐	☐
5. Les entreprises sont généralement insuffisamment conscientes des risques liés aux données.	☐	☐
6. La transparence des algorithmes est une obligation pour les administrations françaises.	☐	☐
7. La transparence des algorithmes est une obligation pour les GAFA.	☐	☐
8. Informer la population sur le fonctionnement d'un algorithme suffit à assurer sa transparence.	☐	☐
9. La *blockchain* est censée être inviolable.	☐	☐
10. Seules les banques qui manipulent des monnaies comme le *bitcoin* ont l'utilité de la *Blockchain*.	☐	☐

C Préparer ses arguments

GRAND ORAL

L'année de terminale est aussi l'année des choix d'orientation. En avez-vous conscience ? C'est bien un algorithme qui va décider de votre affectation dans vos études supérieures !

Vous êtes stagiaire en communication au rectorat de votre académie. Celui-ci a reçu de nombreuses questions sur la manière dont les lycéens sont affectés dans les établissements auxquels ils ont postulé.

Mission : Votre tuteur vous demande d'expliquer aux familles qui vous contactent par téléphone comment fonctionne l'algorithme de Parcoursup et ce qui se passe pour les lycéens qui n'obtiennent pas leur premier vœu. Vous pourrez vous aider pour cela de recherches sur Internet.

> **Fiche méthode 4**, p. 233

D L'ETLV en Management, sciences de gestion et numérique

ETLV

Data protection

1. List in two columns: the benefits of sharing data online and the risks it might represent.
2. Tell whose responsibility it is to protect online data.
3. Explain why protection laws should be voted and implemented.
4. Design the homepage of the United Nations Conference on Trade and Developpement (UNCTAD) and justify your choice in front of the class.

Data protection and privacy (2'50)
Lien vidéo

Programme de langues vivantes, Innovations technologiques et responsabilités

E Analyser une situation de management

Sephora : les données de 3,7 millions de clients en vente sur le *Dark Web*

Mauvaise nouvelle pour les clients de Sephora. L'entreprise de cybersécurité Group-IB, basée à Singapour, annonce avoir découvert deux bases de données contenant les informations personnelles de clients de l'enseigne sur le *Dark Web*. Au total, les informations de près de 3,7 millions de clients sont mises en vente. [...]

Pour découvrir ces offres frauduleuses proposées sur le *Dark Web*, les chercheurs de Group-IB ont utilisé des outils propriétaires afin « d'infiltrer les sources de la communauté fermée du *hacking* ». Ils ont ainsi pu contacter le vendeur, et obtenir un échantillon des données mises en vente.

Les chercheurs ont alors pu découvrir des noms d'utilisateurs, des mots de passe chiffrés, ainsi que la date d'enregistrement et de dernière activité, l'IP d'enregistrement, la dernière IP en date, le genre, le nom, l'ethnie des utilisateurs. De plus, compte tenu du secteur d'activité de Sephora, des informations telles que la couleur des yeux, de la peau, des cheveux ou encore les habitudes de maquillage et de soins de la peau sont également incluses. Rarement une fuite de données avait permis d'obtenir autant de détails physiques sur une victime. L'ensemble de données complet est proposé pour seulement 1 900 dollars soit environ 1 700 euros.

Suite à la découverte du Group-IB, Sephora s'est exprimée et annonce que les informations personnelles des utilisateurs de ses clients *online* de Singapour, Malaisie, Indonésie, Thaïlande, Philippines, Hong Kong, Australie et Nouvelle-Zélande sont bel et bien en fuite. Toutefois, la firme ne précise pas combien de clients sont concernés...

Fort heureusement, les clients français ou européens de la firme parisienne ne semblent pas concernés. Dans le cas contraire, Sephora aurait risqué une lourde amende RGPD infligée par la CNIL ou les autres autorités de protection des données européennes.

L. Bastien, www.lebigdata.fr, 2 août 2019.

1. Montrez que Sephora est en conformité avec la réglementation du RGPD en vous appuyant sur le site Internet de la marque.
2. Identifiez les risques occasionnés par la récente fuite des données clients de Sephora.
3. Déterminez si Sephora est tenue d'être transparente sur les algorithmes qu'elle utilise pour établir le profil de ses clients.
4. Justifiez l'intérêt pour Sephora d'utiliser la *blockchain* dans le cadre de ses activités.

Dossier Avenir

Florian, responsable webmarketing : « Si tu veux rejoindre mon équipe, il faut être à l'aise avec les chiffres, être rigoureux (on gère des budgets) et être curieux parce que le web évolue régulièrement. »

Manager webmarketing, un métier fait pour moi ?
(3'54)

Candidat pour un poste de webmarketeur dans cette entreprise : rédigez un CV et une lettre de motivation pour postuler.

SYNTHÈSE

Podcast

Pour l'enseignant
- Synthèse rédigée
- Synthèse animée

1 Pourquoi et comment les données sensibles doivent-elles être protégées ?

Données personnelles = toutes les informations se rapportant à une personne physique identifiée ou identifiable

Inclut les données sensibles =

Origines ethniques	Convictions religieuses	Orientation sexuelle
Données biométriques	Données de santé	Activité syndicale

Protégées par →

Règlement général sur la protection des données (RGPD) pour encadrer le traitement des données dans l'UE...

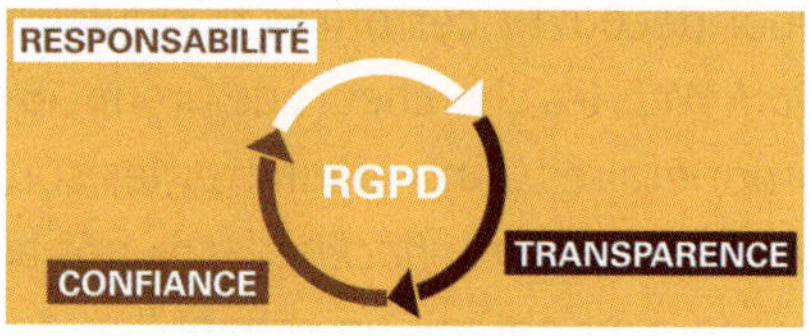

... et applicable à toute organisation privée ou publique

Données stratégiques = toutes informations confidentielles pouvant compromettre le succès, la pérennité d'une entreprise ou d'une organisation.

Protégées par →

- **Prudence et secret**
- **En droit : « secret des affaires »**

2 Quelles sont les autres responsabilités des organisations en matière de numérique ?

Algorithmes utilisant des données parfois personnelles pour faire des prévisions ou prendre des décisions.

↓ **Transparence** des algorithmes dans les organisations publiques

↓ **Opacité** des algorithmes dans les entreprises (ex : Google)

***Blockchain* = technologie de stockage et de vérification d'informations dans le but de sécuriser les données et les transactions**

Utilisation dans de nombreux domaines :

- Monnaies virtuelles
- Traçabilité dans la distribution
- Données bancaires et d'assurance
- Données de santé

Les mots incontournables

> Lexique, p. 251

Algorithme, transparence des algorithmes • *Blockchain* • CNIL • Données personnelles • Données sensibles • Données stratégiques • RGPD • Secret des affaires

14 Quelles relations entre les organisations et leur écosystème ?

Capacité

- Distinguer les diverses les relations existantes entre une organisation et son écosystème

Dans les starting-blocks !

Créé en avril 2015, le partenariat de l'agglomération du bassin de Brive avec la CCI de la Corrèze « Brive Entreprendre » […] est dédié à l'entrepreneuriat et au développement économique du territoire de l'Agglo du Bassin de Brive.
Il simplifie le parcours des entrepreneurs et améliore le service quotidien pour toutes les entreprises qu'elles soient industrielles, commerciales, artisanales, de services ; en création ou en développement.

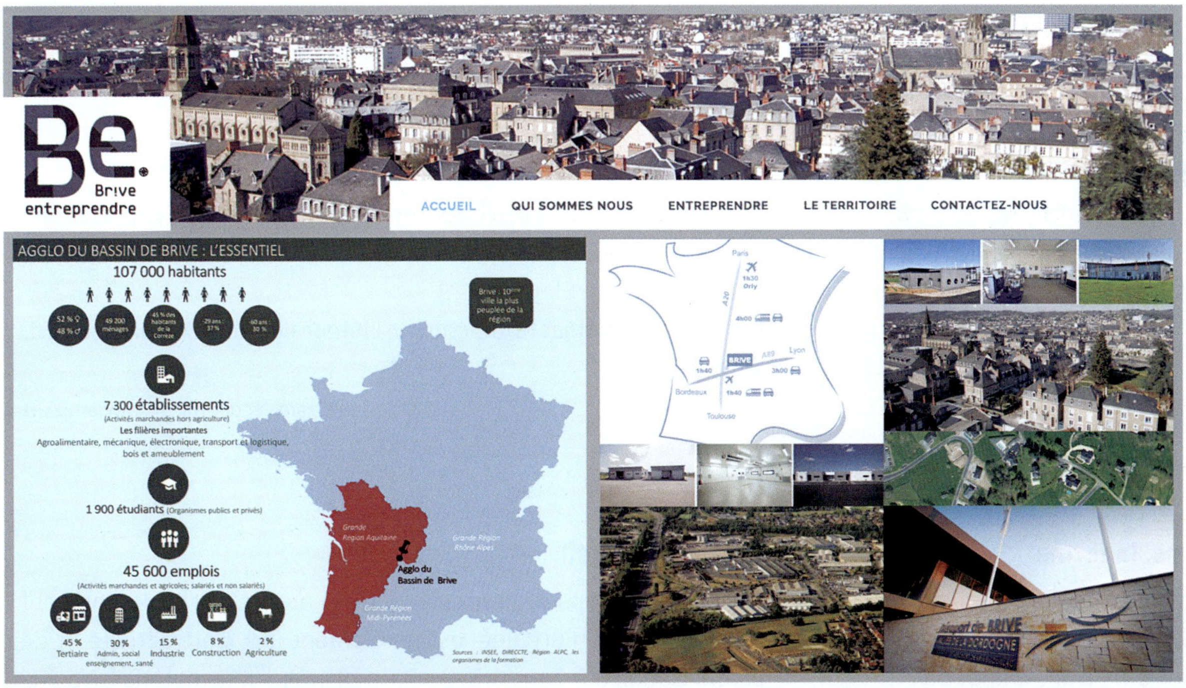

http://brive-entreprendre.fr, janvier 2020.

Les atouts de Brive (1'37) — Lien vidéo

1. Déterminez les objectifs de « Brive entreprendre ».
2. Présentez les actions de « Brive entreprendre » qui devraient lui permettre d'atteindre ses objectifs.
3. Après avoir visionné la vidéo, identifiez les atouts de Brive pour une entreprise.

1 Quelles sont les stratégies d'implantation des organisations ?

A L'attractivité des territoires

DOC. 1

Loire&Orléans, situation géographique

LOIRE&ORLEANS ECO
LE PARTENAIRE ECONOMIQUE DE VOS PROJETS

Pour toute entreprise, se déplacer vite et facilement est un impératif vital. Le territoire de Loire&Orléans se caractérise par une situation géographique et des infrastructures de desserte idéales. Proche du marché parisien, il constitue une alternative privilégiée à une implantation en Île-de-France.

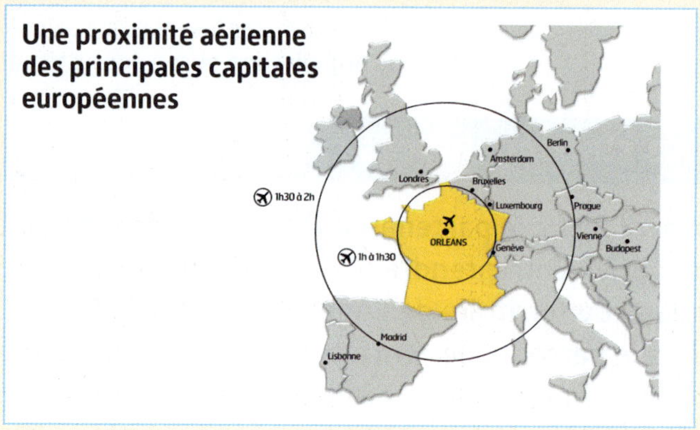

www.loiretorleans-economie.fr, janvier 2020.

DOC. 2

Des rotations ferroviaires fréquentes vers Paris

Au départ d'Orléans, 14 rotations vers Paris-Austerlitz sont assurées chaque jour (32 dans le sens Paris-Orléans).

www.loiretorleans-economie.fr, janvier 2020.

DOC. 3

Une couverture adaptée en haut et très haut débits

Pour répondre aux enjeux du très haut débit (THD), le département du Loiret a confié à SFR Collectivités, en février 2014, un vaste chantier télécom : le projet Lysséo. [...]

Lysséo a pour objectif de couvrir l'intégralité du territoire en THD d'ici 2024.

www.loiretorleans-economie.fr, janvier 2020.

DOC. 4

Loire&Orléans, la formation

Loire&Orléans Économie se positionne comme territoire leader en matière de formation avec une offre d'une grande diversité entre université, écoles supérieures et enseignement professionnel. [...]

www.loiretorleans-economie.fr, janvier 2020.

DOC. 5

L'offre d'accueil

Le concept de « parc services », allié à la qualité de l'environnement et de l'animation urbaine, est un élément fort d'attractivité et de pérennisation des entreprises déjà implantées. Il se matérialise par la mise en place d'équipements et de services destinés à faciliter le quotidien des salariés tels que des restaurants et des crèches interentreprises, des conciergeries, des plans de déplacements entreprises...

www.loiretorleans-economie.fr, janvier 2020.

1. Repérez les ressources du territoire Loire&Orléans qui permettent d'attirer des organisations (docs. 1 à 5).
2. Proposez d'autres ressources et/ou avantages qui pourraient être attractifs pour les entreprises.

B Les écosystèmes d'affaires et d'innovation

DOC. 6

Loire&Orléans : les pépinières d'entreprises du Loiret

Orléans Métropole accueille les créateurs au sein de ses quatre pépinières d'entreprises pour tous les types d'activités : industrielles, services aux entreprises, BTP, informatique, innovation, transfert de technologies, web, cosmétiques, artisanales […].

www.loiretorleans-economie.fr, janvier 2020.

DOC. 7

Le Lab'O, l'incubateur de *start-ups*

La vie au Lab'O (1'50) Lien vidéo

Le LAB'O Village *by* CA Orléans est un espace de 14 000 m² spécialement dédié aux jeunes entreprises innovantes. L'accélérateur d'innovation détecte, fait émerger et accompagne les créateurs d'entreprises qui vont créer les emplois de demain.

Comment ? En leur offrant un environnement sécurisé et convivial et en les aidant à avoir accès aux compétences, outils et infrastructures indispensables au succès et à la croissance de leur *start-up*.

www.le-lab-o.fr, janvier 2020.

DOC. 8

Loire&Orléans, la recherche & développement

Le territoire Loire&Orléans concentre 5 600 chercheurs, plus de 200 laboratoires de recherche scientifique privés et publics et 4 écoles doctorales : santé, sciences biologiques et chimie du vivant (SSBCV), énergie – matériaux – sciences de la Terre et de l'Univers (EMSTU), mathématiques, informatique, physique théorique et ingénierie des systèmes (MIPTIS), sciences de l'Homme et de la société (SHS).

Ce pôle de recherche bénéficie de la proximité avec Saclay Scientipôle, au cœur du pôle de compétitivité mondial Systématic Paris-Région, à 45 minutes d'Orléans, comprenant 17 000 chercheurs regroupés dans 200 laboratoires R&D publics et privés ainsi que 7 grandes écoles, soit 23 000 étudiants.

4 pôles de compétitivité et un *cluster*[1] sont présents : Cosmetic Valley, Elastopole, SE2E2, Dream Eaux&Milieux, Nékoé. Une offre de recherche très dense…

1. En économie, un *cluster* correspond à une concentration géographique et interconnectée d'entreprises, de fournisseurs et d'institutions dans un domaine particulier, qui allie compétition et coopération.

www.loiretorleans-economie.fr, janvier 2020.

DOC. 9

Loire&Orléans, un tissu économique

Avec ses 52 500 entreprises, ses 228 478 salariés et ses 7 425 millions d'euros de CA [chiffre d'affaires] réalisés à l'export en 2015 (près de 40 % du commerce extérieur global de la région Centre-Val de Loire), Loire&Orléans est un territoire au fort potentiel économique.

Son principal atout est la richesse et la diversité de ses entreprises. Reconnues, prestigieuses et innovantes, elles font preuve de savoir-faire différents qui contribuent à l'essor du territoire.

www.loiretorleans-economie.fr, janvier 2020.

DOC. 10

L'écosystème d'entreprises

(Jusqu'à 3'29) Lien vidéo

3 Après avoir visionné la vidéo (doc. 10), définissez l'écosystème d'entreprises.

4 À l'aide des documents 6 à 9, montrez en quoi Loire&Orléans est un écosystème d'affaires et d'innovation.

5 Analysez pourquoi cet écosystème crée un climat propice aux entreprises, et plus particulièrement aux *start-ups*.

Je fais le point sur 1

- Quelles sont les stratégies d'implantation des organisations et dans quels types d'écosystèmes s'intègrent-elles ?

2 Quels sont les effets des organisations sur leur écosystème territorial ?

A Au niveau économique et social

DOC. 11

« Reims accueille 3 groupes français et étrangers qui annoncent la création de 300 emplois »

- Le groupe bancaire HSBC, leader européen et 7e mondial, a choisi Reims pour installer une nouvelle activité de relation clients. [...]
- La société SODEXO PASS France, filiale du 18e employeur mondial, a retenu le parc TGV Reims-Bezannes pour renforcer sa présence industrielle et démarrer son futur centre de relation clients avec, à terme, une trentaine de salariés pour la France. [...] Opérationnel le 2 janvier 2019, le centre de Reims aura pour vocation d'accompagner les 36 000 clients répartis sur tout le territoire dans le suivi de leurs commandes de Pass Restaurant, Pass Cadeau ou Pass CESU (chèque emploi service universel).
- Le 1er groupe coopératif agricole INVIVO a décidé d'installer le siège social de sa filiale AGROSOLUTIONS sur le Parc TGV Reims-Bezannes, au sein du Village *by* CA dédié à l'innovation.

www.investinreims.com, 10 décembre 2018.

AGROSOLUTIONS s'installe à Reims (2'10) — Lien vidéo

1 Identifiez les effet économiques et sociaux de l'implantation de 3 nouvelles entreprises sur le territoire de Reims.

DOC. 12

Délocalisations : les PME françaises privilégient l'Union européenne

Désindustrialisation, fermetures de sites, suppressions de postes, inscriptions à Pôle emploi. Les entreprises qui procèdent à des délocalisations sont régulièrement pointées du doigt pour avoir laissé des salariés sur le carreau. [...] Dans le contexte de la montée des protectionnismes, les entreprises peuvent adopter une stratégie en fonction des droits de douane, des coûts de transaction ou des coûts de main-d'œuvre.

Grégoire Normand, www.latribune.fr, 28 juin 2019.

2 À l'aide du **document 12**, de la vidéo qui l'accompagne et de vos connaissances, présentez les causes et les conséquences pour un territoire de la délocalisation d'une entreprise.

La dernière usine Banania menacée de délocalisation (1'04) — Lien vidéo

DOC. 13

La tentation de la relocalisation

Après des années de délocalisation, on entend monter ce terme de relocalisation. Des entreprises se réinstallent sur le sol français. La marque de ski Rossignol y fabrique désormais presque la moitié de ses produits. En 1999, Repetto, au bord de la faillite, est reprise par Jean-Marc Gaucher. Le nouveau PDG choisit alors d'en faire une marque de renommée internationale positionnée luxe en s'appuyant sur le savoir-faire d'une production artisanale. Une stratégie qui permet de sauver le site de production des chaussures Repetto en Dordogne, où environ 150 personnes sont aujourd'hui employées. [...]

Un écosystème vertueux [...]

Dans une crise de confiance généralisée, le local apparaît de plus en plus comme LA source de crédibilité et de confiance. Cela a débuté par l'alimentaire, les grandes crises sanitaires (listériose, vache folle, étiquetage frauduleux...) [...] Et puis manger local, c'est aussi soutenir l'économie locale, les emplois locaux. Le local s'inscrit dans un écosystème vertueux.

Valérie Planchez, www.strategies.fr, 27 mars 2019.

3 Expliquez le phénomène de relocalisation des entreprises en précisant ses causes et ses effets. Présentez vos réponses dans un tableau à 2 colonnes.

B Au niveau culturel, structurel et écologique

DOC. 14

« L'Écrin », la nouvelle salle de spectacle de Talant (Côte-d'Or)

Doté de 442 places assises (dont 10 places pour les personnes à mobilité réduite) [...], L'Écrin est en mesure d'accueillir des représentations pluridisciplinaires, une grande variété de spectacles vivants : musique (classique et contemporaine), théâtre, cirque, etc.
À noter qu'il y a aussi une grande salle de réception : la salle Saint-Exupéry. Une salle baignée par la lumière naturelle, modulable, prévue pour accueillir jusqu'à 550 convives. Ce plateau nu de 560 m² est totalement aménageable.
En plus de cela, on trouve un foyer-bar de 218 m² avec accès à une terrasse extérieure couverte. Une grande salle modulable qui surplombe le parc de la Fontaine-aux-Fées pour proposer un moment convivial, un entracte, dans un cadre agréable. Le foyer-bar est équipé d'un bar qui donne directement sur une terrasse extérieure couverte.

Fabrice Aubry, « Talant a inauguré son "écrin", www.k6fm.com, 15 mars 2019.

4 Repérez les différentes infrastructures de la nouvelle salle de spectacle de Talant.

5 Recherchez qui pourrait avoir accès à ces infrastructures.

6 Analysez quel sera l'impact culturel de L'Écrin, sur le territoire de Talant.

DOC. 15

Trois grandes écoles ont ouvert à Orléans

(3'00) Lien audio

7 Identifiez les 3 grandes écoles qui ont ouvert à Orléans en 2019. S'agit-il de nouvelles écoles ?

8 Montrez de quelle manière ces écoles vont s'adapter à leur nouveau territoire.

9 Dégagez les effets positifs de l'installation de ces écoles pour la ville d'Orléans et ses habitants.

DOC. 16

Parking payant, espace vélo limité : les mauvaises surprises d'IKEA Lyon

Un nouveau magasin vient d'ouvrir ses portes à Vénissieux sous le nom d'IKEA Grand Parilly. Ce mardi matin, les infrastructures dédiées aux voitures étaient déjà saturées sur le secteur et la pagaille pourrait bien s'inviter dès samedi autour de l'immense magasin de 22 000 m².
Les clients qui se rendront chez IKEA en voiture individuelle auront la surprise de découvrir des barrières aux entrées du parking [...]. En effet, pour des logiques de flux et éviter que les lieux ne se transforment en parking longue durée, le stationnement sera payant au-delà de 3 heures.
[...] Pour ceux qui se rendront à vélo, c'est la douche froide. Alors que la métropole a financé une infrastructure dédiée aux cyclistes et piétons à hauteur de 13 millions d'euros pour venir sur la zone, pour l'instant, IKEA propose seulement des pince-roues. Anachroniques, de moins en moins adaptés à des pneus plus larges, ils ne garantissent aucun stationnement sécurisé. Dès lors, pour éviter les bouchons et la galère avec les pince-roues, le plus simple sera encore d'utiliser le métro D. La station Parilly est juste à côté et la distance simple à couvrir à pied.

Florent Deliglia, www.lyoncapitale.fr, 10 septembre 2019.

10 Citez les infrastructures créées pour permettre aux clients d'accéder au magasin IKEA et précisez qui les a financées.

11 Évaluez les impacts de l'ouverture d'un magasin IKEA sur les flux de véhicules et au plan écologique.

Je fais le point sur 2

- Quels sont les impacts sur un territoire de l'implantation et du départ d'une organisation ?

ACTIVITÉS

A

JOUEZ AVEC KYUSHI
Quiz interactifs pour la classe !

B Tester ses connaissances

Exercice interactif

Indiquez si chacune des affirmations suivantes est vraie ou fausse.	Vrai	Faux
1. Le choix de son lieu d'implantation n'a pas d'impact sur l'organisation.	☐	☐
2. Les territoires mettent en place des services et des infrastructures pour attirer les organisations.	☐	☐
3. Les organisations choisissent leur lieu d'implantation en fonction des ressources offertes par les territoires.	☐	☐
4. Une entreprise va choisir son lieu d'implantation uniquement en fonction des avantages fiscaux.	☐	☐
5. Les écosystèmes d'affaires et d'innovation sont attractifs pour les entreprises et les *start-ups*.	☐	☐
6. Les organisations n'ont pas d'impact sur les écosystèmes et les territoires.	☐	☐
7. Les effets de l'implantation d'une nouvelle entreprise sur un territoire sont uniquement économiques.	☐	☐
8. Après avoir délocalisé leurs activités, les entreprises ne peuvent plus revenir en France.	☐	☐

C Préparer ses arguments

GRAND ORAL

Dans le contexte économique et social actuel, certaines entreprises délocalisent leurs activités à l'étranger tandis que d'autres relocalisent en France.
Lors d'un débat dans la classe vous défendrez oralement, à l'aide d'arguments préalablement préparés, l'une des deux situations suivantes :

1. Les avantages et impacts de la délocalisation vers l'Inde d'une entreprise de votre commune.
2. Les avantages et effets de l'implantation (ou relocalisation) d'une nouvelle entreprise dans votre commune.

> Fiche méthode 4, p. 233

D L'ETLV en Management, sciences de gestion et numérique

ETLV

When Brexit forces workers to expatriate

1. Present the witness from the video. Explain what she had to do. Say how she feels now.
2. Explain the other challenges Brexit is offering.
3. **Advertise your area!**
Post-Brexit, many companies may leave the UK in the coming years. Make an animated presentation or short video advertising your region to attract companies there. Present it to the class during one minute.

Post-referendum relocation: meet the workers leaving Britain for the EU
(2'16)
Lien vidéo

Programme de langues vivantes,
Identités et échanges

E Analyser une situation de management

Les *start-ups* en France

L'écosystème français est fort d'un tissu de plus de 10 000 *start-ups* (dont 1/3 en Île-de-France) et pourrait en compter 13 000 d'ici 2022.

La France est donc un pays attractif par son écosystème Tech, qui génère à la fois emplois et croissance. Un territoire propice à l'innovation qui attire de plus en plus d'entrepreneurs. 15,7 % de la population française (18–64 ans) a l'intention de fonder une entreprise dans les 3 prochaines années, soit 30 % de plus que la moyenne en Europe (11,9 %) ou qu'aux États-Unis (11,7%). Un statut de « *Start-up Nation* » que la France assume de plus en plus.

L'action de Bpifrance[1] en 2018

- Hausse générale des financements pour les entreprises françaises par rapport à 2017 (+ 11 %), avec 7,5 Md€ de crédits à l'investissement (+ 8 %) et 10,4 Md€ de financement court terme (+ 13 %).
- Forte hausse pour l'investissement direct dans les PME (+ 59 %).
- 80 000 entreprises financées.
- 500 entreprises en cours d'accélération dans les accélérateurs PME et ETI (+ 77 %).

L'accompagnement par Bpifrance des *start-ups* en France en 2018

Bpifrance essaye de corriger les inégalités liées à l'accès au financement en France en favorisant les projets régionaux. L'Île-de-France capte certes la part la plus importante des aides mais d'autres pôles régionaux d'innovation émergent, à l'image de l'Auvergne Rhône-Alpes, de la Nouvelle Aquitaine ou encore de la région PACA. [...]

La *French Tech*

Label désignant tous ceux qui travaillent dans ou pour les *start-ups* françaises. Il s'agit bien entendu des entrepreneurs mais également des investisseurs, des *corporates*, associations, médias, opérateurs publics ou instituts de recherche qui s'engagent pour la croissance des *start-ups*.

Le mouvement « *French Tech* » a considérablement progressé depuis son lancement par le gouvernement français il y a 5 ans. Il doit désormais s'adapter aux nouveaux défis que pose l'écosystème *start-ups* en France. [...]

L'année dernière, le gouvernement a réaffirmé son soutien à la mission *French Tech*, pour continuer à aider les *start-ups* françaises à se développer.

1. Bpifrance est la Banque publique d'investissement, la banque des entrepreneurs.

Adrien Chaltiel, « Point d'étape sur l'écosystème *start-ups* français en 2019, https://medium.com, 10 février 2019.

1. Mettez en évidence l'attractivité de l'écosystème français pour les *start-ups*.
2. Identifiez les actions favorisant le développement des *start-ups* en France.
3. Analysez les effets attendus par la France de la création de ces *start-ups*.

Dossier Avenir

« J'ai commencé par un BTS MCO.
Là j'ai eu ma première expérience dans le domaine bancaire, par un stage... »

Florian, conseiller multimédia dans une banque coopérative

Dans la peau d'un conseiller multimédia dans un centre de relation clients
(5'04)

Choisissez un domaine professionnel qui vous intéresse : par quels moyens pourriez-vous y accumuler de l'expérience professionnelle ?

SYNTHÈSE

Podcast

Pour l'enseignant
Synthèse rédigée
Synthèse animée

1 Quelles sont les stratégies d'implantation des organisations ?

La stratégie d'implantation des organisations dépend :

De l'attractivité des territoires
- Ressources humaines, matérielles, financières et fiscales
- Infrastructures de transport et numériques
- Services publics
- Organismes de formation
- Pépinières et incubateurs d'entreprise

De la valorisation des territoires
- Écosystèmes d'entreprises, d'affaires
- Grappes d'entreprises (*clusters*)
- Écosystème d'innovation
- Pôles de compétitivité

2 Quels sont les effets des organisations sur leur écosystème territorial ?

Effets et impacts des décisions stratégiques des organisations

Sociaux
- Création ou destruction d'emplois
- Baisse ou hausse du chômage
- Conflits sociaux
- Actions sociales en faveur des salariés, des habitants... (RSE)

Économiques
- Implantation, création ou délocalisation d'entreprises : hausse ou baisse du pouvoir d'achat des habitants, développement ou diminution des activités commerciales (centre-ville) ou industrielles (sous-traitants) locales...
- Partenariats et réseaux d'acteurs : pôles de compétitivité, grappes d'entreprises, écosystème d'affaires...

Culturels et éducatifs
- Développement d'une nouvelle offre culturelle (spectacles, musées...)
- Offre de formations : adaptée aux besoins des organisations, partenariat école/entreprise, campus des métiers et des qualifications ...

Infrastructurels
- Développement du numérique
- Transports : nouvelles routes, pistes cyclables, transports publics
- Nouveaux équipements publics : salles de spectacle, médiathèques, équipements sportifs, écoles...

Les mots incontournables

> Lexique, p. 251

Écosystème d'affaires • Écosystème d'innovation et territoires • Grappe d'entreprises (*cluster*)
Stratégie d'implantation

OBJECTIF BAC 3

Richard-Pontvert et sa marque Paraboot

Les relations entre une entreprise et son écosystème

La société ETS Richard Pontvert a été créée en 1908 à Saint-Jean de Moirans (38). L'entreprise, dirigée par Michel Richard, fabrique et commercialise les chaussures Paraboot. Elle a ouvert ses premières boutiques en 1988.

À partir de vos connaissances et des informations fournies en annexes :

1. Présentez les caractéristiques principales de l'organisation Richard-Pontvert : finalités, type de production, ressources, secteur d'activité et champ géographique.
2. Procédez à un diagnostic stratégique interne de l'organisation Richard-Pontvert en 2014.
3. Identifiez et justifiez la décision stratégique prise par le dirigeant de Richard-Pontvert en 2014.
4. Montrez que l'implantation de Richard-Pontvert dans le Pays voironnais est liée notamment aux ressources fournies par cet écosystème territorial.
5. Analysez les effets produits par les stratégies successives de Richard-Pontvert sur son écosystème territorial.
6. Exposez et appréciez les actions menées par la communauté d'agglomération du Pays voironnais pour améliorer l'attractivité économique de son territoire.

ANNEXES

Annexe 1 – Paraboot, une marque de l'entreprise Richard-Pontvert
Annexe 2 – Paraboot, un savoir-faire authentique
Annexe 3 – Paraboot en faveur du « *made in* France »
Annexe 4 – Richard-Pontvert inaugure sa nouvelle usine à Saint-Jean-de-Moirans
Annexe 5 – La stratégie actuelle de Richard-Pontvert pour Paraboot
Annexe 6 – Le Pays voironnais, un territoire privilégié pour les entrepreneurs

OBJECTIF BAC 3

ANNEXE 1

Paraboot, une marque de l'entreprise Richard-Pontvert

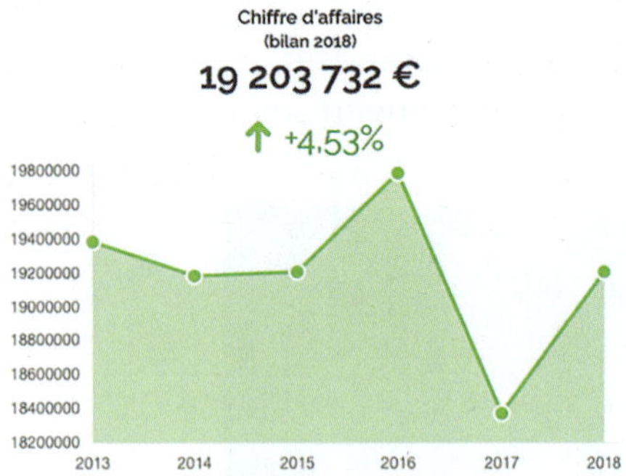

Résultat d'exploitation
2 637 K€
↑ + 53,65 %

Effectif 2018
128
↓ – 7,91 %

La création de l'entité ETS Richard-Pontvert et Cie remonte à début 1910. [...] Le métier principal de cette entreprise est la fabrication de chaussures. Cette entreprise bénéficie d'un capital social de 823 834 €. [...] L'entreprise a procédé à l'enregistrement de la marque Parasport le 9 décembre 1987 [...], de la marque Parachoc le 13 juin 1986 [...] et de la marque Paraboot en 1927.

www.manageo.fr, décembre 2019.

ANNEXE 2

Paraboot, un savoir-faire authentique

Nos chaussures cousues Goodyear, cousues Norvégien ainsi qu'une partie de nos chaussures cousues Blake sont fabriquées à Saint-Jean-de-Moirans. Pas moins de 150 opérations manuelles sont nécessaires à leur réalisation. [...] Au fil des années, l'entreprise familiale a toujours choisi de conserver les modes de fabrication les plus authentiques [...] pour perpétuer les valeurs qui font la réputation de la maison : durabilité, confort, finition et séduction intemporelle. [...] Le nom « Paraboot » a certes une consonance anglo-saxonne liée à son histoire [...] mais n'en reste pas moins 100 % française. Depuis plus d'un siècle, nous nous battons pour conserver notre outil de production artisanale et sauvegarder un savoir-faire remarquable. Pour ces raisons, Richard-Pontvert est labellisée Entreprise du Patrimoine Vivant[1]. [...]
Paraboot porte la plus grande attention à la sélection des meilleurs cuirs [...]. La qualité des peaux méticuleusement sélectionnées en tanneries joue un rôle déterminant dans le confort, la durée de vie et l'esthétique des chaussures Paraboot. [...] Nous travaillons avec les mêmes tanneurs depuis plusieurs générations, entretenant des rapports privilégiés avec ces entreprises à taille humaine. Nos fournisseurs figurent parmi les plus prestigieuses tanneries de France, et fournissent tous les grands noms de la chaussure et de la maroquinerie de luxe. 77 % de nos matières premières proviennent de France.

1. « Entreprise du Patrimoine Vivant » (EPV) est un label de reconnaissance de l'État qui distingue des entreprises françaises aux savoir-faire artisanaux et industriels d'excellence.

www.paraboot.com, février 2020.

ANNEXE 3

Paraboot en faveur du « *made in* France »

Ce sont des savoir-faire particuliers qui ont poussé l'entreprise Richard-Pontvert, le fabricant de chaussures haut de gamme, dont Paraboot représente la principale marque, à délocaliser quelques-unes de ses productions. « Paraboot est le leader mondial du cousu Goodyear et Norvégien que nous effectuons en France. Pour le cousu Blake, une seule couture reliant semelle et dessus de la chaussure, utilisé pour nos modèles plus souples type *sneaker*, bateau ou mocassin, nous nous sommes tournés vers l'Espagne, l'Italie et le Portugal car ce savoir-faire était quasi inexistant en France au début des années 90, explique Pierre Colin, directeur marketing et communication. [...] »
Mais en 2014, Paraboot décide de rapatrier la production portugaise en Isère sur son site de Tullins. Un site que l'entreprise fermera début 2016 afin de le regrouper [...] au sein de sa nouvelle usine située dans la zone de Centra'Alp2 à Saint-Jean-de-Moirans. [...] « Le coût de fabrication de ce modèle a été majoré de 10 % à 15 %, une augmentation qui a été répercuté sur son prix de vente. [...] Nous avons rapatrié une technologie que nous pouvions faire en Isère, tout en améliorant les finitions et l'esthétique et en apportant de la valeur ajoutée en termes d'image notamment avec le *made in* France. [...] Nous sommes positionnés dans un marché haut de gamme grâce à nos produits à forte valeur ajoutée. [...] Cela nous a permis d'être encore là et d'investir 9 millions d'euro dans une nouvelle usine plus moderne. Paraboot réalise 85 % de son chiffre d'affaires [...] en Isère. »

Sévim Sonmez, « L'exemple Paraboot en faveur du *made in France* », www.lessor38.frl, 7 novembre 2017.

ANNEXE 4

Richard-Pontvert inaugure sa nouvelle usine à Saint-Jean-de-Moirans

La nouvelle usine des Établissements Richard-Pontvert, plus connus sous la marque Paraboot, est opérationnelle depuis peu sur la zone d'activités Centr'Alp 2, à Saint-Jean-de-Moirans. Un site moderne de 11 000 m^2 qui tranche avec les anciens locaux historiques de l'entreprise, auparavant partagée entre Tullins-Fures et Izeaux. « Ce nouvel outil industriel était vital pour franchir encore un siècle, affirme Régis Feuillet, directeur général de la société, créée en 1908. [...] »
Le nouveau bâtiment, qui bénéficie d'un éclairage led, d'une meilleure ventilation et d'une isolation plus efficace, accueille deux lignes de production de chaussures haut de gamme et une ligne de production automatisée de *sneakers* (des citadines légères sous-traitées jusqu'en 2013 au Portugal) et de chaussures de sécurité. [...] Le site comprend aussi une partie bureaux (design, méthode, administration) où se trouvent 50 personnes, une zone logistique, un showroom, un magasin d'usine...
L'investissement, « risqué et lourd pour une PME », s'élève à neuf millions d'euros, autofinancé pour moitié. L'achat du terrain à la communauté d'agglomérations du pays voironnais[1], pour un montant de 800 000 euros, a été compensé par la vente de ses locaux de Tullins.

1. La communauté d'agglomération du Pays voironnais a convaincu l'entreprise RichardPontvert de rester sur le territoire en rachetant l'usine tullinoise et en revendant le terrain.

Caroline Chaloin, « Paraboot va inaugurer sa nouvelle usine », www.ledauphine.com, 6 juin 2017 .

ANNEXE 5

La stratégie actuelle de Richard-Pontvert pour Paraboot

Paraboot réinterprète ainsi depuis quelques années ses basiques dans des matières ou couleurs différentes, comme le modèle Michaël proposé en cuir plus souple et non doublé pour l'été. [...] L'entreprise a noué des collaborations pour concevoir des séries limitées avec Bleu de Paname ou Arpenteur, afin de se positionner dans la mode tendance. [...] « Notre marque transgénérationnelle et mixte, portée autant par des ados que des personnes de tous âges et catégories socioprofessionnelles, incarne des valeurs d'authenticité, de confort et simplicité. Nos produits se démarquent vraiment de ceux de nos concurrents », poursuit le dirigeant de cette entreprise familiale et indépendante qui défend son savoir-faire *made in* France. [...] Paraboot déploie une stratégie à moyen-long terme visant à conserver et développer ses compétences en matière de semelles en caoutchouc cousues main et de cuir haut de gamme fourni majoritairement par des tanneries françaises. [...] La marque continue de recruter une quinzaine de personnes par an pour des postes polyvalents en atelier afin de répondre à une demande dépassant ses capacités de production actuelles.

A. Zylberberg , « Paraboot franchit allègrement le cap des 111 ans », www.presences-grenoble.fr , 1er octobre 2019.

ANNEXE 6

« Le Pays voironnais, un territoire privilégié pour les entrepreneurs »

Centr'Alp 1 et 2 constituent les zones phares d'activités. Elles représentent la plus grande réserve foncière économique de la région urbaine grenobloise. [...] En janvier dernier, ce sont les Établissements Richard-Pontvert (Paraboot) qui ont déménagé à Saint-Jean-de-Moirans. L'industriel a regroupé ses usines d'Izeaux et Tullins sur un seul site de 11 000 m^2. Lors de la pose de la première pierre, il y a un an, Régis Feuillet, dirigeant de Paraboot, avait clairement souligné l'attractivité du territoire voironnais dans le choix de ce lieu d'implantation. Le bassin d'emploi, les infrastructures routières et ferroviaires, les services de la zone industrielle et, de manière générale, la qualité de l'environnement avaient fait pencher la balance en faveur de Centr'Alp. [...] À proximité de Voiron, deux pépinières accueillent les jeunes entreprises innovantes : l'une à Centr'Alp 1, l'autre sur le Campus la Brunerie. Cette dernière est destinée aux activités sport, loisirs, santé, bien-être. Le Pays voironnais a par ailleurs développé une offre immobilière spécifique pour permettre aux jeunes entreprises artisanales et de petite capacité de production de démarrer leur activité. Les Ateliers Relais du Peuras, à Tullins, les accueillent pour une durée de trois ans maximum.

Présences, Supplément n° 279, mars 2017, www.paysvoironnais.com, p. 5, 7 et 8.

Une question de... Kalee

En classe, Kalee vient de terminer l'étude du thème 3 du programme de Management, sciences de gestion et numérique de Terminale : « Les organisations et la société. »

Elle a rédigé son argumentaire pour justifier le choix de sa question : « Quel est l'impact de la mobilisation d'outils numériques et multimédia sur les comportements de consommation ? » Elle a également établi des liens entre sa question et son projet d'orientation : la préparation d'un BTS Négociation et digitalisation de la relation client.

Des documents qu'elle a retenus pour préparer sa question

DOC. 1

Le BTS Négociation et digitalisation de la relation client (extraits)

L'activité du titulaire du brevet de technicien supérieur Négociation et digitalisation de la relation client (NDRC) s'inscrit dans un contexte de mutations profondes et permanentes des métiers commerciaux [...]. Les nouvelles technologies et la dématérialisation des échanges complexifient le comportement des acheteurs et des consommateurs en même temps que leurs exigences s'intensifient. Mobiles et connectés en permanence, les clients attachent désormais autant d'importance aux services et à l'expérience offerts qu'au produit lui-même. La relation que le client va entretenir avec la marque et avec les commerciaux constitue plus que jamais un facteur clé de différenciation entre les offres. La mise en œuvre d'une stratégie commerciale et marketing totalement individualisée [...] implique que pour nouer une relation de proximité avec le client, le commercial doit avoir une connaissance extrêmement précise [...] du client pour répondre à ses attentes et anticiper ses besoins en temps réel. [...]

Le technicien NDRC doit posséder une véritable culture numérique pour agir à tout moment et en tout lieu. [...]
L'organisation de sa propre activité ainsi que l'évolution vers la digitalisation de la relation client nécessitent le recours à des équipements numériques fixes et nomades, avec accès internet permettant l'exploitation d'applications et de logiciels en ligne ainsi que l'accès aux réseaux sociaux. [...]
Le commercial peut exercer son activité également dans un autre contexte (depuis un bureau au sein de son entreprise, depuis chez lui ou dans une structure de *coworking*...) et pour autant la dimension omnicanale et digitale est également importante. Le titulaire du BTS NDRC peut exercer son activité en présentiel au sein de l'entreprise mais aussi en espace partagé (*coworking*) ou en télétravail, y compris dans un contexte de relation client omnicanale et digitalisée.

Référentiel BTS Négociation et digitalisation de la relation client,
JO n° 0054 du 06 mars 2018.
Version consolidée au 26 janvier 2020.
www.legifrance.gouv.fr

DOC. 2

Quel est l'impact de la mobilisation d'outils numériques et multimédia sur les comportements de consommation ?

Les organisations, qui ont leurs propres buts, sont intégrées dans un environnement économique, écologique, socio-culturel, politique, numérique et institutionnel, et sont, de ce fait, traversées par des attentes et des contraintes qu'elles doivent prendre en compte. [...] Les organisations [...] connaissent des transformations [qui] ont un impact sur leur organisation et leur management. Par la mobilisation d'outils numériques et multimédia, peuvent être étudiés [...] les nouveaux comportements de consommation : développement de plateformes d'intermédiation, consommation à la demande, économie de la fonctionnalité (offre produit-service), économie collaborative, économie du partage, glanage, consommation responsable, mouvement locavore, anticonsumérisme.

Spécialité de management, sciences de gestion et numérique,
Terminale STMG, www.education.gouv.fr

À votre tour !

En classe, l'étude du thème 3 de Management, sciences de gestion et numérique est à présent terminé. L'épreuve terminale du Grand Oral approche.

Vous devez désormais mémoriser votre argumentaire et vous entraîner à le présenter à l'oral.

Voici quelques questions et conseils pour vous aider dans cette dernière ligne droite !

1 La mémorisation de votre argumentaire

• Avez-vous mémorisé votre argumentaire ?

→ Choisissez une méthode de mémorisation qui vous convienne. Parfois, apprendre par cœur, tout simplement, est la meilleure méthode !

→ Relisez votre argumentaire plusieurs fois et faites-le relire par un proche à haute voix, afin de vous assurer que le raisonnement est suffisamment clair et compréhensible, et que les arguments que vous avez mobilisés s'enchaînent correctement et permettent de répondre à la question choisie.

2 Le temps de l'entraînement

• Il est temps de vous entraîner !

Pour être efficace à l'oral et faire passer le bon message, il convient de ne jamais oublier que ce qui est logique pour nous ne l'est peut-être pas pour tout le monde !

→ Entraînez-vous à prendre la parole devant vos professeurs, vos camarades, votre famille.

→ Vous pouvez relire la fiche méthode 11 de votre manuel [page 248] afin de vous imprégner des conseils pratiques qui vous aideront à réussir votre Grand Oral.

→ Vous pouvez également, en suivant les liens ci-dessous, améliorer votre diction, votre débit et acquérir les bonnes techniques de description en luttant contre les parasites sonores comme les « heu » :

« Game of talk : le mot juste »

https://www.letudiant.fr/etudes/game-of-talks-le-mot-juste.html

« Game of Talk : l'image parlante »

https://www.letudiant.fr/etudes/games-of-talks-l-image-parlante.html

→ Plus vous vous entraînerez, plus vous serez à l'aise le Jour J ! Ayez confiance, le jury est bienveillant...

Firms and their ecosystems

Programme de langues vivantes, Identités et échanges / Territoires et mémoires

> **Lexique**, p. 255

Technological company clusters

DOC. 1

Silicon Valley's map and main firms

Silicon Valley's Innovation Secret (1'41)

Lien vidéo

1. Make research about the Silicon Valley. Say where it is located and examples of companies you can find there.
2. Say what unites companies from the Silicon Valley area.
3. Explain what tips are given to make companies more innovative.

Task

→ Choose one of the companies located in the Silicon Valley.

Thanks to your web research, make a presentation of this firm.

→ Present what the company does, present its history and its place in today's technological sector. Speak for 2 minutes.

DOC. 2

"Silicon Roundabout: London's Startup Hub", an exemple of cluster

Also known as East London Tech City, Silicon Roundabout is an area in the UK where tech and digital companies are highly concentrated. [...] The name takes inspiration from Old Street Roundabout and California's Silicon Valley tech hub.

Low rental costs, in comparison to other parts of the city, initially drew tech businesses to this particular area of East London. The UK government identified this as a prime growth area and provided support to foster further development and attract more new businesses to the location. True to its name, the main industry of this area is technology. The name emulates its American counterpart's title, derived from the high concentration of tech companies in the San Francisco Bay Area that were using silicon chips as the basis for many of their products. Knowledge of the area grew quickly and East London Tech City began to attract larger, more established tech companies. The hub became home to tech giants like Google, Facebook, Cisco, and Intel, although some have since moved to bigger premises in and outside of London. In 2017, it was estimated that Silicon Roundabout was the location with the third largest number of tech startups in the world, after San Francisco and New York.

Silicon Roundabout produced a stable and modern infrastructure, including excellent transport links. Silicon Roundabout, therefore, continues to engender success for new businesses in London.

Ella Hendrix, www.womenintechnology.com, February 12, 2019.

4. Compare the Silicon Valley and Silicon Roundabout. Say why those two areas can be defined as clusters.
5. Explain how clusters provide with local source of competitive advantage and regional economic development.

Final task

You are the mayor of a city in which an innovation cluster is planned. You have organized an event to present it to foreign companies with the hope of attracting them.

→ Prepare an advertising campaign in English to promote your cluster and this event.

→ **Create a flyer** (write about 200 words and illustrate it) or **make a speech** (about 2 minutes) presenting the assets of your region.

ETLV

SÉANCE 3

New working methods

Programme de langues vivantes, Identités et échanges

> **Lexique**, p. 255

DOC. 3

Inside London's Google campus in the Silicon Roundabout

Lien vidéo

Inside Google Campus London
(2'22)

1. Explain what methods Google uses to encourage team work.
2. Describe the working conditions of Google's employees in this campus.
3. Explain how Google intends to outperform Facebook or Twitter.

Task

Convince a friend about your workplace culture.

→ Student A works for Google in London and Student B asks you why you are so happy to work for them because he/she has doubts.

→ Student A needs to convince student B.
Act out the conversation. Speak for 2 minutes.

DOC. 4

Chief happiness officer and new work methods

The Chief Happiness Officer is the person responsible for happiness levels within the team and company. More traditionally put, it is safe to say that their position would be included in Human Resources, as it falls to this area to guarantee the wellbeing of the company's employees.

The Chief Happiness Officer's main tasks:

- **Making sure employees feel valued.**
- **Grant freedom.** If you want your team members to surprise you with their skill and abilities, give them the freedom to organize their own work.
- **Help conciliate.** As opposed to strict and rigid office hours, a happy company needs to be able to recognize the importance of a work-life balance.
- **Create a positive work environment.** It's not all about productivity and salaries: employees should be having fun at work! This is the Chief Happiness Officer's key goal.
- **Encourage teamwork.** In order to promote and encourage it, the CHO should organize events like team building activities, retreats and others that build team spirit.

Berta Campos, "Chief happiness officer: what do they do and why are they so important?", www.cyberclick.fr, August 22, 2018.

4. Explain with your own words the role of a chief happiness officer.
5. Try and explain why flexible working hours make employees more satisfied.
6. In groups, discuss what 3 elements matter the most to be happy at work. Find examples and then present what you have decided to the class.

Final task

Congratulations! you have just been offered a new job as chief happiness officer for a new start-up! You meet the staff to present your first three actions to provide wellness in their company.

→ **Present** 3 ideas to create a great workplace culture.

→ **Illustrate** your presentation with 3 visuals backing your 3 ideas. Speak for 2 minutes.

Sommaire

PARTIE 1

L'organisation des épreuves du baccalauréat technologique à partir de la session 2021

1 La composition du bac STMG

Le baccalauréat en filière STMG

Contrôle continu

- 40 % de la note finale
- Objectif : valoriser le travail effectué en classe de Première et de Terminale.

Épreuves terminales

- 60 % de la note finale
- Objectif : se projeter dans les méthodes d'évaluation de l'enseignement supérieur.

Plus de détails sur les épreuves

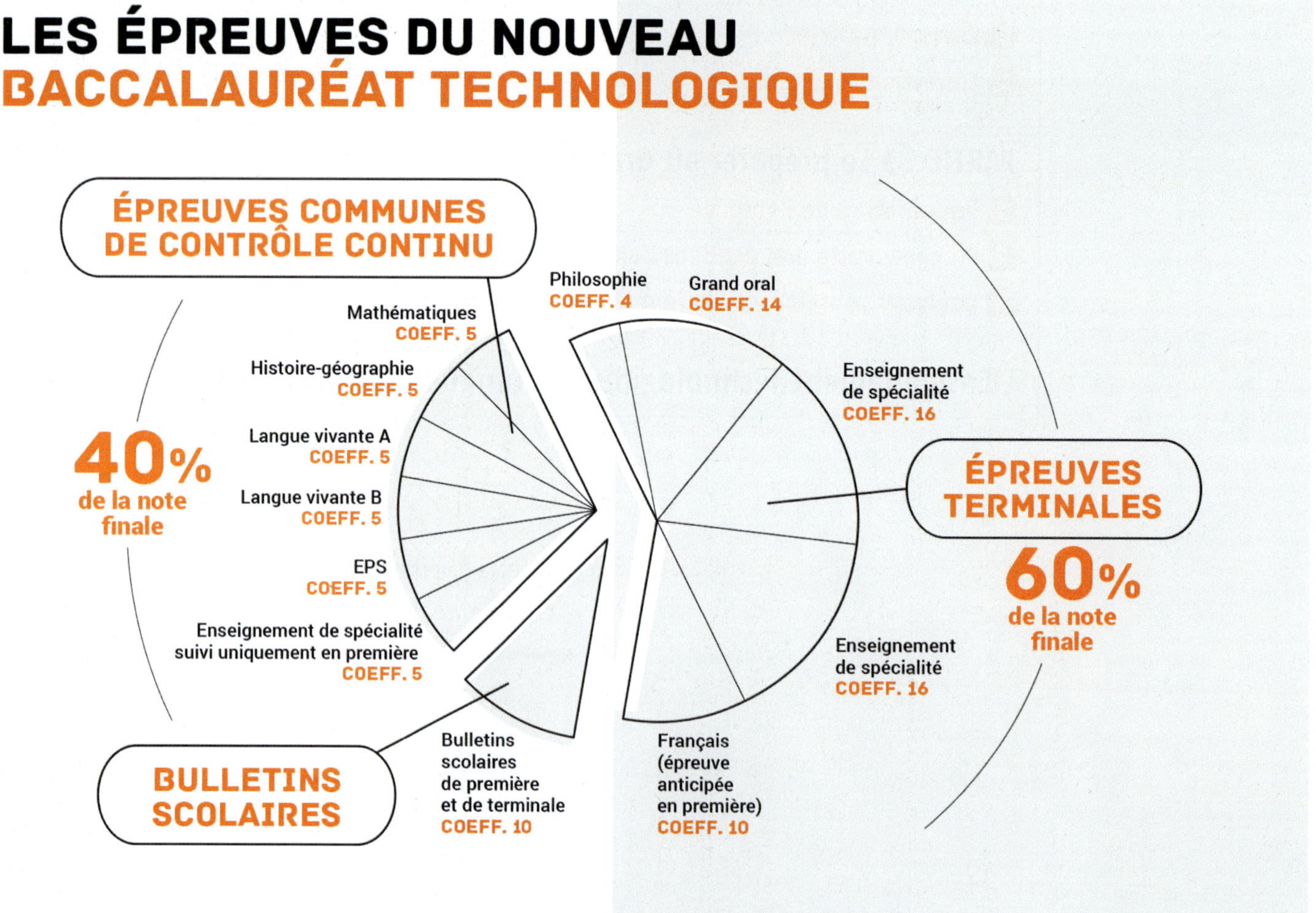

Ministère de l'Éducation nationale et de la Jeunesse - Février 2019

2 L'épreuve de Management, sciences de gestion et numérique

L'épreuve écrite

- D'une épreuve de **4 heures**, elle est notée sur **20 points** et est assortie d'un **coefficient 16**.
- Elle prend appui sur les **programmes** de **Management** et de **Sciences de gestion et numérique de la classe de première** et sur la partie « **enseignement commun** » du **programme** de **Management, sciences de gestion et numérique de la classe de terminale**.
- Elle vise à évaluer la capacité du candidat à analyser une ou plusieurs situations liées au fonctionnement et au management d'une ou plusieurs organisations réelles, c'est-à-dire :
  – exploiter une documentation concernant ces organisations ;
  – caractériser les situations managériales et/ou de gestion proposées ;
  – proposer, présenter et justifier une solution ;
  – mettre en œuvre les méthodes, techniques et outils appropriés ;
  – montrer l'intérêt et les limites des méthodes, techniques et outils employés.
- Le sujet remis au candidat se présente sous la forme de plusieurs dossiers composés de documents accompagnés de questions portant sur un ou plusieurs des thèmes abordés dans les programmes de management, de sciences de gestion et numérique de la classe de première et dans la partie « enseignement commun » du programme de management, sciences de gestion et numérique de la classe de terminale.

L'épreuve orale de contrôle (épreuve de rattrapage du second groupe)

Si vous avez obtenu une moyenne générale entre 8 et 9.99/20 au épreuves du baccalauréat, vous pouvez choisir le Management, sciences de gestion et numérique lors des épreuves de rattrapage.

- L'épreuve, d'une durée de **20 minutes**, est précédée d'un **temps de préparation de 40 minutes**.
- Pendant le temps de préparation, le candidat dispose d'un sujet proposant un questionnement construit à partir d'une situation liée au fonctionnement et au management d'une ou plusieurs organisations réelles, et portant sur les programmes de management et de sciences de gestion et numérique de la classe de première, et de l'enseignement commun du programme de management, sciences de gestion et numérique de la classe de terminale.
- Le candidat dispose de 10 minutes pour présenter les réponses aux questions posées dans le sujet ; puis pendant 10 minutes l'examinateur lui demande d'expliciter, d'approfondir et de justifier ses réponses.

PARTIE 2
Sujet commenté

1 Exemple de sujet (France métropolitaine, sujet 1, juin 2019)

La fabrique de bérets Laulhère, qui existe depuis 175 ans, a su faire les choix stratégiques nécessaires pour s'adapter au marché et mettre en avant l'élégance des produits français.

LAULHÈRE

À l'aide de vos connaissances et des annexes 1 à 6, vous analyserez la situation de management proposée.

1. Repérer les éléments caractéristiques de l'organisation Laulhère.
2. Présenter les avantages concurrentiels de l'organisation à partir de l'analyse de ses compétences et de ses ressources.
3. Relever des éléments du diagnostic externe de Laulhère.
4. Identifier le problème de management rencontré par l'organisation avant son rachat en 2012.
5. Identifier les choix stratégiques mis en œuvre par l'organisation pour répondre à ce problème et montrer qu'ils relèvent effectivement du management stratégique.
6. Repérer les facteurs de contingence qui ont influencé ces choix.
7. Proposer des critères d'évaluation quantitatifs et qualitatifs qui permettent de mesurer la performance de l'organisation depuis son rachat.

Annexes

ANNEXE 1 – À propos de Laulhère
ANNEXE 2 – Rosabelle Forzy sauve Laulhère, la dernière fabrique historique de bérets français
ANNEXE 3 – La renaissance des bérets béarnais de Laulhère
ANNEXE 4 – Des bérets basques en Asie
ANNEXE 5 – Pourquoi le béret fait tourner les têtes
ANNEXE 6 – Le *made in* France reste une exception

ANNEXE 1

À propos de Laulhère...

Fabricant de bérets français depuis 1840, Laulhère est la dernière maison historique à confectionner ses produits dans la plus pure tradition, intégralement sur le territoire français, au pied des Pyrénées, à Oloron-Sainte-Marie. Son savoir-faire unique, transmis et réinventé génération après génération, a été reconnu en 2013 par les labels Entreprise du Patrimoine Vivant (EPV) et Origine France Garantie (OFG).

Ses bérets, casquettes et chapeaux homme et femme confectionnés en pure laine vierge mérinos[1] bénéficient des qualités exceptionnelles de cette matière première : souplesse, aspect velouté, imperméabilité et longévité à toute épreuve. Laulhère fabrique également des chapeaux, écharpes et gants en laine angora. Proposant de la confection à façon[2] depuis les années 70, la maison a signé des collaborations avec les plus grands noms de la mode française.

Tout, de l'excellence des matières premières aux procédés de fabrication traditionnels, à un contrôle-qualité intransigeant et jusqu'à l'estampille[3] « 100 % made in France », fait des réalisations Laulhère des produits d'exception. Passé à travers les âges d'accessoire traditionnel à accessoire de mode, le béret trouve en Laulhère son dernier garant. La maison s'est donné pour mission de le remettre sur le devant de la scène et de développer sa renommée de béret français so chic dans le monde entier pour conjuguer un passé riche à un futur prometteur.

Les produits haut de gamme de Laulhère sont distribués dans 500 boutiques environ en France et plus de 1 000 dans le monde entier, où le confectionneur réalise 30 % de son chiffre d'affaires. Plus de la moitié de ses ventes se fait sur les marchés militaires et paramilitaires.

Tous les bérets de la maison Laulhère sont :

- naturellement imperméables, isolants du froid et du chaud et de très bonne tenue ;
- réalisés à partir de laine vierge mérinos, une matière première de très haute qualité ;
- teintés à partir de recettes maison élaborées depuis près de deux siècles ;
- fabriqués en plus de deux journées de travail pour un seul exemplaire ;
- réalisés en une multitude de gestes et d'attentions qui en font des pièces uniques ;
- confectionnés dans la plus pure tradition ancestrale depuis 1840 selon un savoir-faire ;
- reconnus par les prestigieux labels Origine France Garantie (OFG) et Entreprise du Patrimoine Vivant (EPV).

www.laulhere.fr

1. **Mérinos** : mouton très largement répandu dans le monde, caractérisé par une laine abondante, blanche et très fine.
2. **Confection à façon** : désigne le fait de produire pour une autre entreprise.
3. **Estampille** : marque apposée sur un objet, un produit, un document, qui atteste son authenticité, son origine.

ANNEXE 2

Rosabelle Forzy sauve Laulhère, la dernière fabrique historique de bérets français

Rosabelle Forzy a repris les bérets Laulhère, dans les Pyrénées-Atlantiques, il y a cinq ans. Un succès pour cette entrepreneuse trentenaire.

En dépôt de bilan, l'entreprise d'Oloron-Sainte-Marie se retrouve devant le tribunal de commerce de Pau. « J'ai alors fait une proposition de reprise avec le groupe Cargo », explique Rosabelle Forzy, la présidente directrice générale. « Cela aurait été vraiment triste de perdre cette entreprise vieille de cent quatre-vingts ans et au savoir-faire unique. »

L'entreprise est alors confrontée à d'importantes difficultés de trésorerie, amplifiées par la concurrence des bérets asiatiques vendus à prix cassés. À cette époque, les parts de marché chutent d'année en année et l'entreprise se retrouve rapidement en difficulté.

Rosabelle Forzy relance alors la production et reprend le nom du fondateur, Laulhère, nettement plus glamour que le nom utilisé jusqu'alors : Béatex. En 2014, elle rachète son concurrent Blancq-Olibey, situé lui aussi en région béarnaise, et regroupe les deux entreprises à Oloron-Sainte-Marie.

« À l'époque, on vendait beaucoup d'écussons et de marques différentes. Nous avions plus de 100 000 produits différents. J'ai décidé de tout unifier et d'avoir une identité forte pour que tout un chacun comprenne qu'un béret, ça n'a rien à voir avec ce que vous pouvez acheter quatre euros dans les boutiques à touristes », explique la dynamique trentenaire.

La marque a ouvert en décembre une boutique à Paris, rue du Faubourg-Saint- Honoré, en plein cœur du prestigieux « Triangle d'or parisien » de la mode et du luxe. Un point de vente éphémère a également ouvert cet hiver à Courchevel (Savoie), où le béret le plus simple de Laulhère est vendu 95 euros et où les modèles « mode » avec broderies, sequins[1] ou voilettes[2] peuvent atteindre jusqu'à 1 200 euros.

Cela répond à une demande nouvelle des consommateurs qui veulent retrouver une authenticité et une qualité dans la relation commerciale. « Les consommateurs aspirent de plus en plus à se déplacer dans nos boutiques pour apprécier la qualité de nos produits et bénéficier des conseils de nos vendeurs. La maîtrise de la qualité tout au long de la chaîne logistique – et plus seulement au niveau de la production – est désormais un de nos impératifs. »

Dans la manufacture centenaire des Pyrénées, des jeunes de la région sont venus rejoindre les anciens aux doigts de fée. « L'année dernière, pour les médailles du travail, j'avais dix personnes qui fêtaient leurs quarante ans de maison, c'est formidable ! », s'amuse Rosabelle. « Et pour ne pas perdre ces savoir-faire uniques, cette passion du métier, on a créé des binômes. » De 35 en 2014, l'entreprise est ainsi passée à 48 salariés aujourd'hui. [...]

D'après *Le Parisien*, 17 février 2017.

1. **Sequin** : petit disque de métal doré ou argenté que l'on coud sur un vêtement en guise d'ornement.
2. **Voilette** : petit voile transparent, le plus souvent en tulle ou en dentelle, que les femmes portent en garniture au bord de leur chapeau.

ANNEXE 3

La renaissance des bérets béarnais de Laulhère

Laulhère vient de signer un nouveau contrat de trois ans avec l'armée française. Il s'agit de fournir au minimum 60 000 bérets. Mais la commande pourrait aller jusqu'à 150 000 exemplaires.

« Pourtant, nous étions plus chers que les concurrents », souligne Mark Saunders, le directeur commercial et marketing. Mais l'un des derniers fabricants français de bérets a fait la différence sur sa qualité et sa capacité à produire du sur-mesure.

« Nos bérets ont la meilleure laine et sont imperméables », met-il en avant. Laulhère est aujourd'hui la seule entreprise française à fabriquer intégralement le béret en France, de la confection à la teinture, avec uniquement des produits de qualité.

Laulhère a séduit plusieurs armées dans le monde, notamment celles de plusieurs pays d'Afrique et de la Norvège. Pour autant, cette activité pour les armées ne représente plus que 35 % du chiffre d'affaires de cette PME béarnaise. Elle continue à embaucher, un exploit quand on sait que Laulhère a bien failli disparaître sous l'effet de la concurrence des bérets asiatiques à prix cassés. [...]

La reprise est notamment passée par un investissement de plus d'un million d'euros pour moderniser l'outil de production et l'entreprise a su étoffer les réseaux de distribution. Le béret de Laulhère est désormais présent dans les boutiques d'aéroports, le réseau Nature & Découvertes, les jardineries Point Vert et Gamm Vert, en plus des chapelleries[1] traditionnelles.

D'après *Sud-Ouest Éco*, 6 mai 2016.

1. Chapellerie : magasin où l'on vend des chapeaux.

ANNEXE 4

Des bérets basques en Asie

Ce savoir-faire haut de gamme, caractéristique d'un chic à la française, a naturellement attiré [...] une clientèle étrangère haut de gamme.

Dès 2014, Rosabelle Forzy jette son dévolu sur le Japon et la Corée, deux pays où la population porte habituellement des couvre-chefs. Où, mieux qu'en Asie, l'entreprise pyrénéenne pouvait se faire le porte-drapeau du style à la française ?

Après les premiers salons, les bérets Laulhère séduisent rapidement la clientèle asiatique. Ce qui fait la différence ? « La qualité et notre savoir-faire artisanal ! », sans oublier le style à la française. Sur ce marché de niche, Rosabelle Forzy a facilement convaincu les chaînes de grands magasins d'installer des corners[1] Laulhère.

La PME vient même d'ouvrir son propre magasin à Tokyo. Ces premiers succès la poussent à tenter l'aventure ailleurs, notamment en Chine. « Nous avons pris une société de conseil qui, sur place, vérifie l'implantation de nos bérets et cultive l'image du chic français. » Prochaine étape : le marché américain. D'ici deux ans, Rosabelle Forzy espère atteindre 60 % du chiffre d'affaires à l'export, contre 30 % aujourd'hui.

www.entreprendre.fr, 7 octobre 2016.

1. Corners : rayons dédiés aux produits d'une marque.

ANNEXE 5

Pourquoi le béret fait tourner les têtes

Qu'ont en commun Rihanna, les nostalgiques de Che Guevara et le clan Kardashian ? Tous sont des fous du béret. Depuis quelques années, le plus français des couvre-chefs a détrôné les autres chapeaux et séduit le monde de la haute couture. Quant aux fabricants, ils ont du mal à répondre à une forte demande qui ne se limite plus aux paysans ou aux touristes à la recherche d'authenticité. [...]

La mode du béret, insiste Mark Saunders, directeur commercial chez Laulhère, est tout sauf passagère. Selon lui, elle a commencé il y a six ans, moment où son propriétaire actuel a sauvé Laulhère de la faillite. « Nous avons réalisé que nous avions quelque chose d'exceptionnel entre les mains, à la fois un article de mode fantastique et un accessoire de luxe doté d'une histoire et d'une culture. »

D'après *Sud-Ouest Éco*, 28 février 2018.

ANNEXE 6

Le *made in* France reste une exception

Créé en 2011, le label « Origine France garantie », pour les produits dont au moins 50 % de la valeur ajoutée sont réalisés dans le pays, a séduit seulement 600 entreprises, dont l'entreprise Laulhère.

Et si le ralentissement des échanges commerciaux et le désir croissant de consommer durable et local donnaient enfin ses chances au made in France ? Les défenseurs de la production nationale ne désarment pas. L'association Pro France, créée en 2010, va tenter de redonner de la vigueur au *made in France*.

Pro France n'hésite pas à afficher une vision offensive, puisque l'un des deux thèmes retenus est « exporter en Asie ». L'intitulé est osé quand on sait que les pays asiatiques, Chine en tête, sont devenus l'« usine du monde » et inondent l'Hexagone de produits depuis les années 1990. Certes, certains secteurs tricolores sont fortement exportateurs depuis des décennies (luxe, mode, cosmétiques, aéronautique, bateaux de plaisance et paquebots de croisière, vins et spiritueux, agroalimentaire…). Les entreprises françaises marquent aussi des points dans le high-tech, le design, les jeux vidéo. De beaux succès sont là : Krys dans l'optique, Gautier dans le mobilier, Eno dans les planchas, SEB dans l'électroménager haut de gamme.

Des pionniers se lancent, comme la marque de montres Routine, qui s'appuie sur la longue tradition horlogère du Doubs et du Jura pour y faire fabriquer 86 % de ses composants. Et les anciens persévèrent : après avoir quitté la vie politique, Arnaud Montebourg a lancé, le 10 septembre, son label Bleu Blanc Ruche. L'ancien ministre de l'Économie et du Redressement productif (2012-2014) soutient ainsi une filière de production de miel gravement menacée par la disparition des abeilles et la concurrence de produits frelatés importés d'Asie. Sans parler d'un fort mouvement en faveur d'une relocalisation des centres d'appels.

Le Monde, 13 septembre 2018.

2 Correction commentée

Durée indicative de résolution	
Question 1 : 30 min	**Question 5** : 20 min
Question 2 : 35 min	**Question 6** : 25 min
Question 3 : 30 min	**Question 7** : 25 min
Question 4 : 15 min	

1. Repérer les éléments caractéristiques de l'organisation Laulhère.

Relever signifie ici « **repérer** » puis « **présenter** » les caractéristiques de l'organisation Laulhère. Ce travail repose sur une capacité d'observation et s'appuie sur la notion d'éléments caractéristiques d'une organisation (thème 1.1 du programme de première « Qu'est-ce qu'une organisation ? »).
Vous devez identifier sa finalité, la nature de son activité, son statut juridique, ses ressources, la répartition du pouvoir, son champ d'action géographique. Vous aurez toujours intérêt à privilégier une réponse rédigée plutôt qu'un tableau de synthèse.
> **Fiche méthode 1**, **Comprendre les consignes**, p. 227
> **Fiche méthode 2**, **Caractériser une organisation**, p. 229

Finalité : Laulhère est une PME dont la finalité est de satisfaire les besoins et les attentes de ses clients en matière d'accessoires de mode haut de gamme, afin de dégager des bénéfices nécessaires à son développement et à sa pérennité.

Nature de l'activité : fabrication d'accessoires de mode haut de gamme : bérets, casquettes, chapeaux...

Statut juridique : très certainement une société anonyme par actions en raison de la présence d'une PDG. *(Note : il s'agit en fait d'une SAS, société par actions simplifiée)*

Les ressources :
- matérielles : manufacture, outil de production (dont matières premières), points de vente (Paris et Tokyo) et un réseau de distribution matérialisé par 500 boutiques en France et 1 000 boutiques à l'étranger dans lesquelles les produits sont vendus mais qui n'appartiennent pas à l'entreprise Laulhère (boutiques d'aéroports, Nature & Découvertes, etc.).
- humaines : 48 salariés (2017) dont un directeur commercial et marketing (Mark Saunders) et une présidente directrice générale (Rosabelle Forzy).
- financières : *Pas d'information.*
- immatérielles : une identité forte fondée sur un savoir-faire traditionnel, ancestral et haut de gamme, deux labels Entreprise du Patrimoine Vivant (EPV) et Origine France Garantie (OFG), estampille (marque) « 100% *made in* France ».

Champ d'action géographique : international dont des pays d'Afrique, la Norvège, le Japon et la Corée du Sud.

2. Présenter les avantages concurrentiels de l'organisation à partir de l'analyse de ses compétences et de ses ressources.

Présenter signifie ici « **repérer** » ou « **distinguer** » puis « **exposer** » les compétences et les ressources de l'entreprise Laulhère qui constituent pour elle des atouts vis-à-vis des entreprises concurrentes. Il s'agit de procéder à un diagnostic interne partiel tel qu'il est défini dans le programme de terminale (thèmes 7.2. « Le diagnostic stratégique » et 8.1 « L'avantage concurrentiel et le choix stratégique dans l'entreprise »). Vous devez donc mettre en œuvre une double capacité de synthèse et d'analyse, en veillant à vous limiter exclusivement à l'étude des forces de l'entreprise Laulhère en termes de ressources et de compétences.
> Fiche méthode 2, **Caractériser une organisation**, p. 229

Les compétences de l'entreprise Laulhère

- Elle possède un savoir-faire unique et ancestral qui s'étend de la sélection des matières premières aux procédés de fabrication et à distribution.
- Les produits Laulhère de qualité exceptionnelle sont confectionnés intégralement dans l'entreprise. Ils sont soumis à un contrôle qualité intransigeant tout au long de la chaîne logistique. Tout cela confère à l'entreprise une renommée mondiale fondée sur une identité forte.

Les ressources de l'entreprise Laulhère

- Les matières premières qui entrent dans la confection des produits de l'entreprise sont sélectionnées avec rigueur. L'entreprise détient deux labels Entreprise du Patrimoine Vivant (EPV) et Origine France Garantie (OFG) ainsi qu'une marque. Les produits sont également estampillés « 100 % *made in* France ».
- Elle bénéfice d'un outil de production récemment modernisé et d'un réseau de distribution composé de boutiques en nom propre mais surtout d'un grand nombre de boutiques partenaires dans le monde entier. Laulhère collabore en outre avec des grands noms de la mode française.
- Les salariés détiennent des compétences reconnues transmises aux plus jeunes grâce à des binômes de travail.

Avantages concurrentiels

- L'entreprise Laulhère détient avant tout un savoir-faire unique fondé sur les compétences distinctives de ses salariés et sur des ressources uniques composées d'un outil de production moderne et d'un contrôle qualité s'exerçant sur la production et sur toute la chaîne logistique.
- Grâce à des produits haut de gamme dont la qualité exceptionnelle est reconnue par deux labels et bénéficiant en outre d'un réseau de distribution diversifié et étendu, elle bénéficie d'avantages indéniables sur la concurrence.

3. Relever des éléments du diagnostic externe de Laulhère.

Relever signifie ici « **identifier** » ou « **distinguer** » puis « **exposer** » ou « **présenter** » les éléments du diagnostic externe de l'entreprise Laulhère. Ce travail repose sur une capacité de synthèse et s'appuie sur la notion de diagnostic externe abordée en terminale (thème 6.2 « Quelles sont les composantes du diagnostic stratégique ? »). Le programme précise que le diagnostic externe consiste à identifier les menaces et opportunités de l'environnement et à anticiper son évolution.
> Fiche méthode 2, **Caractériser une organisation**, p. 229

Les menaces de l'environnement

Les produits asiatiques à bas coûts et « prix cassés » restent concurrentiels même si certains secteurs français comme le luxe et la mode sont fortement exportateurs. L'entreprise Laulhère est en effet positionnée sur un marché de niche haut de gamme.

Les opportunités de l'environnement

- De manière générale, les consommateurs éprouvent le « désir croissant de consommer durable et local ». Concernant les accessoires de mode, ils sont demandeurs de produits authentiques dont ils souhaitent s'assurer de la qualité en se rendant en boutiques, ce qui leur permet en outre de bénéficier des conseils de vendeurs.
- Les pouvoirs publics valorisent les filières de production locales et nationales et accompagnent leur développement par la création et l'attribution de labels qui différencient fortement ces produits de ceux de la concurrence.
- Depuis quelques années, le béret séduit de nouveaux clients jusqu'au monde de la haute couture et du luxe.
- La clientèle étrangère d'Asie apprécie particulièrement le style à la française. Cela devrait permettre à l'entreprise Laulhère d'intensifier son développement à l'étranger où elle réalise déjà environ un tiers de son chiffre d'affaires.
- Elle a signé en 2016 un contrat de trois années avec l'armée française (donc jusqu'en 2019), ce qui lui a permis de s'implanter durablement sur les marchés militaires et paramilitaires où elle réalise plus de la moitié de ses ventes.

4. Identifier le problème de management rencontré par l'organisation avant son rachat en 2012.

Identifier signifie ici « **repérer** » puis « **énoncer** » ou « **formuler** » le problème de management auquel l'entreprise Laulhère a été confrontée avant son rachat en 2012. Il s'agit donc de relater un contexte et des faits passés permettant de décrire, de manière objective, les caractéristiques du problème de management que vous avez identifié.
Ce travail repose essentiellement sur une capacité de synthèse et vise à évaluer votre aptitude à « repérer dans une organisation simple les problèmes de gestion qui se posent » (thème 1.1 du programme de première « Qu'est-ce qu'une organisation ? »).
> **Fiche méthode 3**, **Analyser un problème de management**, p. 231

En 2012, l'entreprise Laulhère, alors appelée Béatex, est confrontée à un problème de financement caractérisé par une cessation de paiement (ou un dépôt de bilan) à la suite de sérieuses difficultés de trésorerie. Elle est en effet soumise à une forte concurrence de produits asiatiques à bas prix et perd des parts de marché. Son dirigeant se retrouve devant le tribunal de commerce.

5. Identifier les choix stratégiques mis en œuvre par l'organisation pour répondre à ce problème et montrer qu'ils relèvent effectivement du management stratégique.

Identifier signifie ici « **exposer** » ou « **présenter** » les décisions stratégiques mises en œuvre par l'entreprise Laulhère pour résoudre ce problème de gestion.
Ce travail repose sur une double capacité d'observation et d'analyse et vise à évaluer votre aptitude à « repérer et analyser les choix stratégiques d'une organisation ». Cette question renvoie au thème 7.1 du programme intitulé « Quelles sont les principales options stratégiques pour les entreprises ? » et plus particulièrement aux stratégies types abordées dans ce thème de terminale. Dans un deuxième temps, la question vous invite à « montrer », c'est-à-dire à prouver, à l'aide d'arguments, que les décisions prises relèvent du management stratégique. Cette question est rattachée au thème 1.2 du programme intitulé « Qu'apporte le management à la gestion des organisations ? » et traité en première.

- Pour résoudre le problème de financement (ou de gestion) de l'exploitation, Rosabelle Forzy décide de relancer la production tout en reprenant le nom du fondateur de l'entreprise « Laulhère ». Dans un deuxième temps, elle procède au rachat de son concurrent « Blancq-Olibey » par le biais d'une fusion des deux entreprises.
- L'option stratégique choisie par R. Forzy est de s'appuyer sur le savoir-faire de l'entreprise pour proposer une offre différenciée de celle de la concurrence, tout en répondant à la nouvelle demande des consommateurs. Il s'agit donc d'opter pour une stratégie globale de spécialisation associée à une stratégie de différenciation.

- Les choix stratégiques de l'entreprise Laulhère relèvent du management stratégique car les décisions ont eu un impact durable sur la pérennité de l'entreprise et parce qu'elles sont prises au niveau hiérarchique le plus élevé.

6. Repérer les facteurs de contingence qui ont influencé ces choix.

Repérer signifie ici « **identifier** » puis « **présenter** » les facteurs de contingence qui ont influencé les décisions stratégiques pour sauver l'entreprise Laulhère.
Cette question fait appel à des capacités de synthèse et d'analyse et se rapporte au thème 1.2 « Qu'apporte le management à la gestion des organisations ? » ainsi qu'à la capacité « Identifier les facteurs pouvant agir sur les décisions managériales » du programme de première.
> **Fiche méthode 3**, **Analyser un problème de management**, p. 231

- *Sur le plan interne*, les décisions stratégiques de R. Forzy ont été influencées par la taille de l'entreprise qui s'est révélée à l'époque (avant la fusion) trop réduite pour affronter le marché international et la concurrence asiatique. À l'évidence, l'entreprise n'était pas en mesure de proposer des produits à faibles coûts et encore moins d'envisager des économies d'échelle, d'autant que sa production était trop diversifiée.
- Par ailleurs, elle disposait en interne d'un fort potentiel de compétences incarné dans un savoir-faire ancestral unique, d'une histoire et d'une culture solides liées à son âge.
- *Sur le plan externe*, les décisions stratégiques ont été influencées par une transformation de la demande sur le marché des accessoires de mode. De plus, le béret en tant qu'accessoire de luxe s'est imposé comme un phénomène durable.
- Enfin, R. Forzy a profité de l'existence d'un concurrent national, Blancq-Olibey, confronté certainement aux mêmes difficultés économiques et désireux de saisir l'opportunité d'une alliance entre les deux entreprises.

7. Proposer des critères d'évaluation quantitatifs et qualitatifs qui permettent de mesurer la performance de l'organisation depuis son rachat.

Proposer signifie ici « **énumérer** », sans les définir précisément, des critères d'évaluation quantitatifs et qualitatifs de la performance de l'entreprise Laulhère depuis son rachat.
Cette question fait appel à une capacité de réflexion et s'appuie sur des connaissances acquises lors de l'étude en première du thème 3.3 « Un contrôle stratégique s'impose-t-il ? » et sur la capacité du programme « Définir des critères d'évaluation ».
> **Fiche méthode 4**, **Argumenter autour d'un problème de management**, p. 233

Exemples de critères et d'indicateurs quantitatifs

- *Sur la performance économique* : production, chiffre d'affaires (dont part à l'exportation), parts de marché (France et étranger), valeur ajoutée, résultat financier (bénéfice ou perte), trésorerie, rentabilité (taux/ratio), profitabilité (taux/ratio), nombre de clients, nombre de boutiques partenaires (et en propriété) ou contrats de distribution, coûts de production, etc.
- *Sur la performance sociale et environnementale* : nombre d'emplois créés, empreinte carbone ou émission de gaz à effet de serre (rejets de CO2), etc.

Exemples d'indicateurs qualitatifs

- *Sur la performance économique* : satisfaction des clients (nombre de retours ou de réclamations, pourcentage de clients fidèles), qualité, suivi et traçabilité de la production (nombre ou taux de produits défectueux, incidents de fabrication), innovation (nombre de produits nouveaux), etc.
- *Sur la performance sociale et environnementale* : conditions et qualité de vie au travail, non-discrimination, égalité hommes-femmes (écart des rémunérations), traitement des déchets (en volume ou en pourcentage), etc.

PARTIE 3

Se préparer au Grand Oral

1 Présentation de l'épreuve

Le Grand Oral fait partie des **5 épreuves terminales de l'examen du baccalauréat**. Il est **noté sur 20, coefficient 14**.

→ Les objectifs du grand oral

- Montrer votre capacité à **prendre la parole en public** de façon claire et convaincante
- Mettre **les savoirs que vous avez acquis** dans vos enseignements de spécialité **au service d'une argumentation**
- **Faire le lien entre ce que vous apprenez en classe et votre projet de poursuite d'études**, voire votre projet professionnel

→ Le format de l'épreuve

- **Pendant l'année :**

Vous définissez **deux questions, en lien avec l'une de vos matières de spécialité** (management, droit et économie), et préparez des réponses claires et argumentées.

Vous pouvez travailler seul ou en groupe !

- **Le jour de l'oral, l'épreuve se déroule en plusieurs étapes :**

20 minutes de préparation		Le jury sélectionne **une des questions que vous avez préparées pendant l'année**. Vous avez alors **20 minutes pour vous rappeler vos idées et préparer éventuellement un support** que vous donnerez au jury.
20 minutes de passage	**5 minutes** → *Présentation de la réponse à la question*	Pour cette présentation, vous devrez vous tenir debout ! **Attention, vous devrez parler sans notes !**
	10 minutes → *Entretien avec le jury autour de votre exposé*	Le jury vous conduira à **préciser et approfondir votre pensée**. Il faut donc **avoir anticipé les questions** qui pourraient vous être posées.
	5 minutes → *Temps d'échange sur votre projet d'orientation*	Il vous faudra expliquer en quoi la question que vous avez choisie et traitée éclaire **votre projet de poursuite d'études, voire votre projet d'orientation**. Là encore, il est nécessaire d'avoir réfléchi à ces questions pour pouvoir les traiter de manière pertinente le jour de l'oral.

DOSSIER BAC

2 Préparer votre oral pendant l'année

A. Comment choisir vos questions pour le Grand Oral ?

- **Vos questions doivent être liées à vos matières de spécialité** : le management, le droit et l'économie. Elles concernent principalement une matière, mais vous pouvez faire référence à vos autres matières de spécialité.
- **Vous devez pouvoir relier les questions choisies à votre projet personnel.**
- **Choisissez des questions portant sur des domaines qui vous intéressent** : vous aurez d'emblée des idées d'entreprises, de documents, de personnes à interroger, etc. !

Un exemple de question

Dans quelle mesure la prise de conscience de l'urgence écologique pousse-t-elle les entreprises à modifier leurs pratiques ?

B. Comment organiser votre travail pendant l'année ?

- **Centralisez toutes vos recherches** dans un seul et même cahier.
- **Faites-vous un planning**, pour ne pas être pris(e) par le temps : recherches, organisation de la réponse, mémorisation et entraînement à l'oral.
- **Accordez une importance toute particulière au support** que vous pourrez remettre à votre jury. Il n'est pas obligatoire, mais il constitue un plus.

Un exemple de support

Nom du candidat :

Plan du Grand Oral

Introduction : quelques éléments accrocheurs (citation, chiffres, actualités)

Dans quelle mesure la prise de conscience de l'urgence écologique pousse-t-elle les organisations à modifier leurs pratiques ?

1. La prise de conscience de l'urgence écologique se fait à plusieurs niveaux dans la société...

A. Au niveau des consommateurs

Facteurs explicatifs du comportement du consommateur	*Management 2.2*
Prise de conscience des limites écologiques de notre modèle économique	*Économie, 9.1*

B. Au niveau de la législation

Reconnaissance du préjudice écologique	*Droit, 6.1, 6.2*
La responsabilité : l'obligation de sécurité	*Droit, 6.2*

2. ...et oblige les organisations à adapter leurs pratiques

A. Développement de nouvelles formes d'économie

Développement durable, économie circulaire, ESS, économie collaborative	*Économie, 9.1*

B. Dans leur organisation interne

(Redéfinition d'un positionnement durable.	*Mercatique, 1.1*
→ Éthique au cœur des organisations	*Management, 3.1*
Gestion du cycle de vie des produits	*Management, 1.3*

Conclusion

Conséquences :

• marketing : sur la valeur perçue, l'image de marque, la fidélisation, la réputation/e-réputation	*Mercatique, 1.1, 1.2, 3.2*
• RH : outil fédérateur pour l'organisation	*RHC, 2.1*
• légales : encadrement de la société commerciale « SCOP »	*Droit, 8.2*

Projet professionnel :
Notez les points importants de votre projet de poursuite d'études, en soulignant, autant que faire se peut, le lien entre votre sujet et vos projets post-bac.

3 Quelques conseils pour le jour de votre Grand Oral !

→ Dans le couloir

- Isolez-vous pour vous concentrer.
- Relisez vos notes, repassez dans votre esprit le plan de votre réponse.
- Répétez-vous les premiers mots que vous direz au jury.
- Tenez-vous droit sur votre chaise ou debout.
- Préparez votre convocation, votre pièce d'identité et le document sur lequel vous aurez inscrit vos deux questions.

La tenue : simple, pratique mais propre
- Adaptée à la situation
- Parfum et maquillage discrets
- Pas de chewing-gum !
- Attachez vos cheveux, pour ne pas vous cacher derrière !
- Privilégiez les couleurs claires, pour prévenir les auréoles.

→ Quand la porte s'ouvre

- Souriez et saluez votre jury en le regardant : « Bonjour Madame, Bonjour Monsieur. »
- Présentez vos documents et attendez debout, les mains le long du corps ou dans le dos.
- Lorsque le sujet est choisi, reprenez vos documents, souriez et installez-vous calmement pour la préparation.

→ La préparation

- Sortez les différents stylos de couleurs utiles pour la rédaction du support (qui doit être attractif !).
- Mettez votre montre sur la table.
- Recopiez votre support, comme vous l'avez fait maintes fois en entraînement.
- Relisez-vous.
- Préparez mentalement votre oral, et surtout les 2 premières phrases.

Si les deux premières phrases de votre Grand Oral se passent bien, tout le stress retombera et le reste de l'oral sera fluide. Promis !

→ L'exposé

- Respirez et remettez votre support au jury.
- Posez votre montre bien en vue, pour voir le temps s'écouler.
- Exposez calmement vos différentes idées.

→ L'entretien

- Construisez et développez vos réponses, avec calme.

Plus vous développerez vos réponses, moins le jury pourra vous poser de questions et vous piéger… Soyez stratégique !

- Soyez dynamique.
- Et si vous ne savez pas répondre à une question, ne paniquez pas : demandez une reformulation, voire des explications. Et si vraiment vous ne savez pas, dites-le simplement, cela vaut mieux qu'un hors sujet.

→ En partant

- Remerciez le jury, souriez et prenez calmement vos affaires : ne fuyez pas !
- À la porte, retournez-vous et dites : « Au revoir, bonne journée. »

Dans le couloir, pas de crise de joie ! Partez calmement et ne restez surtout pas à discuter avec le prochain candidat. Le jury n'aime pas cela !

L'Enseignement Technologique en Langues Vivantes

L'ETLV au cours de l'année

- **L'épreuve d'ETLV est préparée toute l'année au sein d'un enseignement en coanimation** : les cours sont pris en charge par un professeur enseignant une matière technologique et un professeur de langue vivante.
- L'épreuve repose sur **l'élaboration d'un dossier centré sur une organisation**, que vous aurez constitué à partir de documents étudiés en classe.
- **L'épreuve dure 10 minutes, sans préparation :**
  – **5 minutes** de production orale en continu
  – **5 minutes** d'entretien avec le jury
- **Cette épreuve a lieu dans le cadre des E3C de l'année de terminale**.

Quelques conseils pour l'épreuve !

➜ Choisissez bien vos documents, afin que les spécificités de l'organisation que vous avez choisie apparaissent clairement.

➜ Préparez votre prise de parole. Vous pouvez pour aider de cette checklist :

Have I thought of…
- **Presenting the organization** (type of organization, goal, purpose, type and sector of activity, human resources, scope and international level)
- **Identifying** what is at stake in the documents I have selected
- **Rephrasing** the main ideas with words and phrases studied in class
- **Organizing** my arguments to answer key questions
- **Choosing** a clear lay-out

THÈME 1 Chapitre 6 **Comment assurer un fonctionnement cohérent des organisations ?**

Question 1.4 du programme

Frederick Winslow Taylor (1856-1916) et le taylorisme

De nouvelles méthodes d'organisation du travail ont été introduites dans l'entreprise pendant la révolution industrielle à la fin du 19e siècle et au début du 20e siècles, dans le but d'augmenter le rendement et la productivité des salariés en optimisant la gestion du temps de travail. Les deux principales sont le taylorisme et le fordisme.

Le **taylorisme** est une méthode de management de production [qui] applique plusieurs principes : l'organisation horizontale du travail, l'organisation verticale du management, le contrôle du travail et le salaire au rendement. L'organisation horizontale du travail désigne la parcellisation des tâches pour un rendement plus important. Ce principe est souvent traduit par le travail à la chaîne. La division verticale du travail désigne un mode d'organisation pyramidal avec division entre la prise de décision et l'exécution de la décision. Le taylorisme a été appliqué comme méthode de management dans des entreprises du secteur de l'industrie [...]. Il est aujourd'hui encore utilisé dans la restauration rapide.

« Taylorisme : définition, traduction », www.journaldunet.fr, 31 janvier 2019.

Frederick Winslow Taylor

est un ingénieur américain qui a présenté, dans son ouvrage *Principles of Scientific Management*, une méthode d'organisation scientifique du travail (OST).

C'est quoi le taylorisme et le fordisme ? (1'15) Lien vidéo

Taiichi Ono (1912-1990) et le toyotisme

Le **toyotisme** désigne une organisation du travail élaborée dans les années 1960 par l'ingénieur japonais Taiichi Ono.

Elle a été mise en œuvre au sein de l'entreprise Toyota.

Le toyotisme est un mode d'organisation du travail et une méthode de management dont le but est d'améliorer l'efficacité de la production en optimisant les flux et la gestion des stocks. Pour cela des techniques sont appliquées telles que le juste-à-temps (zéro-délai et zéro-stock) ou le zéro défaut. Par ailleurs, le personnel est impliqué dans l'organisation et le contrôle de la production à travers des cercles de qualité autonomes (*kaizen* en japonais).

Businessdictionary.com

Taiichi Ono

est un ingénieur japonais à l'origine d'une méthode de production dite « juste-à-temps » : la fabrication est lancée dès réception de la commande du client.

Le Juste-à-Temps chez Toyota (3'04) Lien vidéo

THÈME 1 Chapitre 6 **Comment assurer un fonctionnement cohérent des organisations ?**

Question 1.4 du programme

Henry Mintzberg (né en 1939) et la typologie des mécanismes de coordination des tâches

Henri Mintzberg

est un professeur canadien de management à HEC Montréal, à la London School of Economics et à l'université d'Aix-en-Provence. Il est l'auteur de la typologie des mécanismes de coordination des tâches.

La coordination des tâches détermine la manière dont les personnes collaborent à la réalisation des objectifs d'une organisation en général et d'une entreprise en particulier.

D'après **Henri Mintzberg**, il existe plusieurs mécanismes de coordination des tâches qui peuvent se combiner entre eux :

- L'**ajustement mutuel** réalise la coordination du travail par le simple processus de communication informelle.
- La **supervision directe** réalise la coordination du travail par le biais d'une seule personne qui donne les ordres et les instructions à plusieurs autres.
- La **standardisation des procédés de travail** réalise la coordination en spécifiant les procédés de travail de ceux qui doivent effectuer des tâches intermédiaires
- La **standardisation des résultats** réalise la coordination du travail en spécifiant les résultats des différents types de travail.
- La **standardisation des qualifications** (et du savoir) réalise la coordination de différents types de travail par le biais de la formation spécifique de celui qui exécute le travail.
- La **standardisation des normes**, dans laquelle ce sont les normes qui dictent le travail.

Plus récemment utilisée, la coordination par automatisation de procédures consiste à coordonner les tâches formant un *workflow* par le biais de logiciels informatiques ou encore d'outils numériques.

THÈME 1 Chapitre 7 **Comment fédérer les acteurs de l'organisation ?**

Question 2.1 du programme

Rensis Likert (1903-1981)

Rensis Likert

Professeur de psychologie industrielle à l'université du Michigan (États-Unis), il a étudié les attitudes et le comportement des individus dans les organisations. Il s'est intéressé en particulier aux systèmes de management, et notamment aux interactions entre responsables et subordonnés.

De ses travaux, Rensis Likert a déduit une typologie des styles de direction (ou de management) :

- Autoritaire exploiteur : absence de confiance, menaces et sanctions, absence de coopération et de responsabilités.
- Autoritaire paternaliste : confiance condescendante, récompenses et sanctions, faible coopération…
- Consultatif : confiance relative, reconnaissance et récompenses, coopération, responsabilités partagées…
- Participatif : confiance mutuelle, motivation et implication, forte coopération, décisions et responsabilités collectives…

Sommaire

Comprendre les consignes (La taxonomie de Bloom)

En management, le travail demandé se présente toujours sous la forme d'un questionnement regroupant des questions d'observation, de synthèse et d'analyse. Ces questions sont des **consignes**, c'est-à-dire des instructions précises, qui débutent le plus souvent par des **verbes d'action**.
Ces questions supposent que vous soyez capable de faire ce qui est demandé. Vous devez donc comprendre le sens du verbe utilisé dans la consigne pour pouvoir mettre en œuvre la capacité attendue.
À travers votre réponse, **c'est d'abord la compréhension de cette capacité qui sera évaluée**.

Pour comprendre la consigne, il faut analyser le verbe directeur. Benjamin Bloom a classé les objectifs d'apprentissage du plus simple au plus complexe.

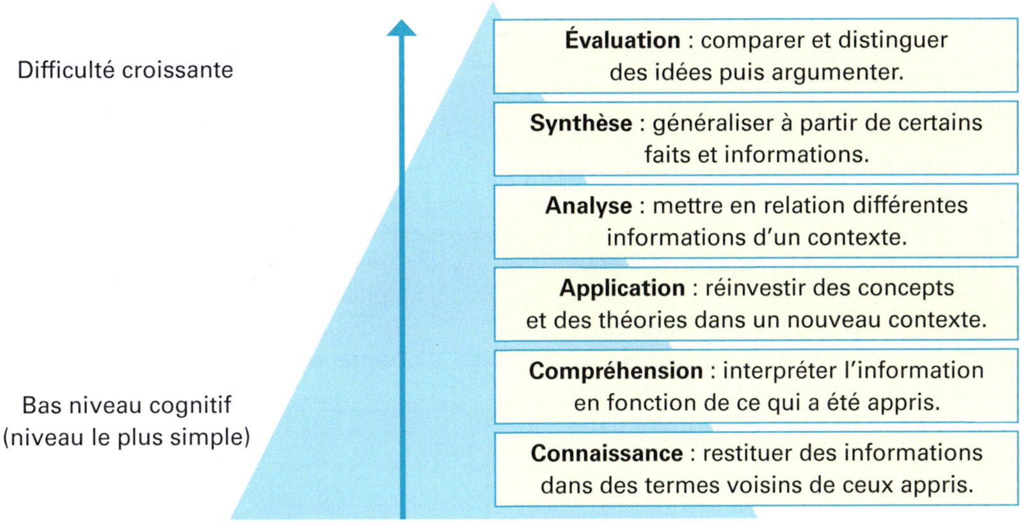

1 Les capacités d'observation

Les capacités d'observation s'appuient sur les capacités de **lecture**, de **repérage**, et d'**identification** d'éléments d'information exprimés sous la forme de mots, de groupes de mots, de chiffres dans un texte, un tableau, un graphique, etc.

Les capacités d'observation	Exemples
• **Caractériser** : spécifier, préciser en présentant les caractères, les propriétés ou les particularités.	• Caractériser l'organisation Médecins sans frontières...
• **Décrire** : exposer avec précision, détailler, caractériser un objet, un événement, une situation, un problème, etc.	• Décrire l'organisation du conseil municipal...
• **Définir** : donner la définition, indiquer de manière précise, spécifier.	• Définir le *leadership* dans un groupe de travail...
• **Dégager** : mettre en évidence, isoler, distinguer un élément d'information d'un ensemble d'informations.	• Dégager les objectifs poursuivis par le club sportif...
• **Déterminer** : qualifier, spécifier, préciser, délimiter.	• Déterminer la finalité sociale de l'association...
• **Énumérer** : lister, énoncer, citer, pas nécessairement de manière structurée et cohérente (logiquement).	• Énumérer les ressources matérielles de l'ONG...
• **Identifier** : reconnaître, repérer, désigner et rapporter un élément d'information.	• Identifier le style de direction du dirigeant de...
• **Repérer** : remarquer, situer, déceler un élément d'information dans un ensemble d'informations données.	• Repérer les acteurs internes au groupe...
• **Rechercher** : trouver, repérer dans une documentation papier ou *via* un support informatique des informations et les rapporter.	• Rechercher les parties prenantes de l'entreprise...

2 Les capacités de synthèse

Les capacités de synthèse s'appuient sur des capacités d'observation auxquelles vient s'ajouter la capacité de réunir les éléments (informations, événements, idées...) repérés dans un ensemble structuré et cohérent.

Les capacités de synthèse	Exemples
• **Classer** : ordonner, placer, trier des informations de manière cohérente à l'aide de critères de classement.	• Classer les parties prenantes de l'organisation Médecins sans frontières selon qu'elles soient internes ou externes...
• **Comparer** : mettre en évidence les similitudes et les différences entre des éléments d'information.	• Comparer le style de direction du dirigeant de l'entreprise Total avec celui du dirigeant de l'entreprise Michelin...
• **Distinguer** : différencier, établir une distinction, séparer, dissocier des éléments d'information.	• Distinguer 2 styles de direction.
• **Exposer** : présenter de manière structurée et cohérente (logiquement) un ensemble d'informations.	• Exposer les arguments du délégué syndical de la CFDT qui s'oppose au projet de la direction de...
• **Présenter** : faire connaître, exposer des éléments d'information.	• Présenter les mesures prises par l'association pour remédier au problème de financement de...
• **Relier** : établir une relation, un rapport, une articulation logique entre deux ou plusieurs éléments d'information.	• Relier les objectifs du président de Solidarité Enfants Sida avec la finalité de l'association.
• **Résumer** : synthétiser, récapituler, schématiser un ensemble d'éléments d'information réunis logiquement entre	• Résumer les revendications de l'association Lire et Écrire pour rendre effectif le droit à une alphabétisation de qualité.
• **Structurer** : ordonner, classer, articuler logiquement des éléments d'information entre eux pour former un ensemble dont les parties sont organisées harmonieusement.	• Structurer la démarche stratégique de l'entreprise Orange pour atteindre ses objectifs.

3 Les capacités d'analyse

Les capacités d'analyse s'appuient sur des capacités d'observation et de synthèse auxquelles vient s'ajouter la capacité de mettre en évidence les relations logiques existant entre les éléments (informations, événements, idées) d'un ensemble pour comprendre et résoudre le problème qui se pose.

Les capacités d'analyse	Exemples
• **Analyser** : examiner, étudier, établir les causes et les conséquences, dégager des enjeux.	• Analyser les conséquences de la décision de l'association des commerçants de modifier ses statuts.
• **Apprécier** : juger, estimer, évaluer en s'appuyant sur des faits et sur une argumentation objective.	• Apprécier la décision de la maire de Nantes d'abandonner le projet de nouveau stade...
• **Commenter** : apporter une explication, faire des remarques, des critiques pour éclaircir, expliquer, justifier ou nuancer une situation, un comportement, un problème, etc.	• Commenter les solutions mises en place par le Traiteur Paulus pour stocker et évacuer les déchets...
• **Montrer** (que) : démontrer, prouver ou affirmer par une argumentation cohérente, c'est-à-dire dont les parties ou les idées sont organisées de façon logique.	• Montrer que les objectifs du Groupe Véolia sont en cohérence avec sa finalité...
• **Expliquer** : faire comprendre quelque chose (situation, événement, décision), commenter, expliciter, élucider, éclaircir.	• Expliquer pourquoi les intérêts respectifs des parties prenantes de TF1 sont divergents.
• **Justifier** : montrer avec des arguments objectifs que quelque chose (décision, solution) est juste et bien fondé.	• Justifier la décision du directeur de L'hôpital de Coutances de supprimer des lits de médecine.

Caractériser une organisation

Une organisation est caractérisée par des **critères** qui permettent d'établir sa **carte d'identité**. Les caractéristiques fondamentales d'une organisation sont sa finalité et les objectifs qu'elle poursuit. Ensuite, ses caractéristiques principales sont son secteur d'activité, son effectif, son type de production, l'origine de son financement et son champ géographique.

Caractéristiques de l'organisation	Explications	À quelle(s) question(s) doit-on répondre ?	Exemples
La finalité	C'est la raison d'être de l'organisation (ce qui justifie son existence). • Elle peut être économique, sociale et/ou sociétale. • Elle s'exprime à travers la mission ou le métier de l'organisation.	• Pourquoi cette organisation existe-t-elle ? • Quel est le métier (ou la mission) de l'organisation ?	• Lutter contre l'exclusion et la pauvreté (Emmaüs). • Offrir à chacun une meilleure façon d'avancer (Groupe Michelin).
Les objectifs	Ce sont les buts précis à atteindre collectivement. • Ils peuvent être quantitatifs ou qualitatifs. • Ils dépendent de la mission ou du métier de l'organisation. • Ils doivent être en cohérence avec les finalités de l'organisation.	• Quels buts l'organisation souhaite-t-elle atteindre ? • Quels résultats l'organisation envisage-t-elle d'obtenir ?	• Étendre notre présence à l'international et notre *leadership* (Groupe Accor). • Préserver et développer l'activité et la vie de notre territoire rural : (conseil municipal de Saint-Estèphe).
Le secteur d'activité	Il regroupe des organisations qui ont la même activité principale. • Le secteur primaire (ressources naturelles), secondaire (biens) ou tertiaire (services). • La fabrication, le commerce ou le service. • Le but lucratif (bénéfice financier) ou non lucratif (non motivé par un profit).	• Quelle est l'activité principale de l'organisation ou que produit l'organisation ? • À quel groupe d'organisations ayant la même activité appartient-elle ?	• Century 21 : tertiaire, services, immobilier. • Ferrero France : secondaire, industrie, agroalimentaire.
L'effectif	C'est le nombre de personnes liées par un contrat qui exercent une activité en son sein. • Il permet de fournir une indication sur la taille de l'organisation. • On distingue les très petites entreprises – TPE (< à 10 personnes), petites et moyennes entreprises – PME (< à 250 personnes), les entreprises de tailles intermédiaires – ETI (< à 5 000 personnes et les grandes entreprises – GE.	• Combien de personnes liées par un contrat travaillent-elles au sein de l'organisation ?	• Sephora : 4 843 salariés (2018), entreprise de taille intermédiaire (ETI). • Citalid Cybersécurité : 6 salariés (2019), TPE.
Le type de production	• Mode de production choisi pour coordonner les ressources nécessaires à la production. • Manière dont les ressources sont réparties et agencées pour produire. • On distingue la production à l'unité, la production en série (petite ou grande série) ou la production en continu.	• Comment l'organisation coordonne- t-elle ses ressources pour réaliser sa production ?	• SHEM (Société hydroélectrique du Midi), producteur hydroélectrique : production (de service) en continu. • MAAF Assurance : production de services à l'unité (contrat individuel ou collectif).

Caractéristiques de l'organisation	Explications	À quelle(s) question(s) doit-on répondre ?	Exemples
L'origine du financement	• Il correspond à la provenance des ressources financières de l'organisation destinées à financer sa stratégie à long terme. • Ce financement est privé ou public.	• D'où proviennent les ressources financières d'une organisation ?	• Caisse primaire d'assurance maladie de Normandie : cotisations sociales (salariales et patronales), impôts, taxes (CSG) et contributions publiques. • Coordination SUD (ONG) : cotisations des membres, recettes sur activités, subventions publiques et fonds privés.
Le champ d'action géographique	• C'est la zone géographique d'influence de l'organisation. • Il correspond le plus souvent à la zone de diffusion de l'offre de l'organisation aux clients ou aux usagers. • Il est local, régional, national, européen ou international.	• Quelle est la zone ou l'espace géographique d'activité de l'organisation ?	• Le Pays de Valois (communauté de communes) : régional (cantons de Betz, Nanteuil-le-Haudouin et Crépy-en-Valois). • Médecins sans frontières : international.

Analyser un problème de management

L'observation d'organisations réelles permet d'identifier les problèmes de management qu'elles doivent résoudre quotidiennement afin d'assurer leur pérennité.

1 Repérer et identifier le problème de management

- **Décrire le problème**

Décrire ce qui génère un trouble, un dérèglement dans l'organisation. Préciser ce qui affecte l'organisation en totalité (métier, mission, objectifs) ou partiellement (services, activités, tâches, etc.).

> **Ex.** : Présenter l'écart entre ce qui devait se réaliser et ce qui s'est effectivement réalisé, préciser ce qui n'était pas souhaité.

- **Caractériser le problème**

Modification de l'environnement, décision ou contrôle des objectifs ou résultats, organisation et répartition du travail, organisation de la production, coordination.

> **Ex.** : Environnement turbulent et modifié, objectifs non atteints, échéances ou délais dépassés, résultats non conformes ou non souhaités, productivité ou qualité en baisse, clients insatisfaits, salariés non motivés, etc.

- **Évaluer les conséquences du problème**

Mesurer la portée du problème, évaluer son impact sur l'organisation.

> **Ex.** : Le problème a-t-il des effets à court terme ou à plus long terme ? Remet-il en question la finalité de l'organisation, ses objectifs, son fonctionnement en totalité ou en partie ?

2 Rechercher et analyser les causes du problème de management

- **Problème consécutif à des modifications dans l'environnement de l'organisation**

Analyser le microenvironnement et le macroenvironnement de l'organisation.

> **Ex.** : Les interactions entre les acteurs proches de l'organisation et celle-ci ont-elles été modifiées ? par qui ? pour quelles raisons ?
> Des éléments du macroenvironnement ont-ils évoluer positivement ou négativement pour l'organisation ?

- **Problème de décision ou de contrôle des objectifs ou des résultats**

Analyser les objectifs fixés

Clarté et précision, liens avec la finalité de l'organisation, cohérence.

> **Ex.** : Les objectifs étaient-ils clairs et précis ? Ont-ils été modifiés ? par qui ? pour quelles raisons ?

Analyser les résultats atteints

Indicateurs économiques, sociaux et environnementaux ; pertinence des indicateurs ; mesure du niveau de performance.

> **Ex.** : Les résultats atteints sont-ils tous mesurables ? Les critères de mesure permettent-ils d'évaluer objectivement la performance ou l'efficacité ?

- **Problème d'organisation et de répartition du travail**

Analyser les ressources techniques, humaines, financières, etc.

> **Ex.** : Les ressources indispensables ont-elles été mobilisées ?

Analyser la répartition et la coordination du travail en fonction du système de production (flexibilité, externalisation, etc.)

> **Ex.** : Comment sont réparties les tâches et les activités ? La qualité est-elle une exigence ?

• **Problème d'organisation de la production**

Analyser le processus de production

Caractéristiques techniques, approvisionnement, relations avec les partenaires et acteurs de la production.

> **Ex.** : Quelles contraintes pèsent sur l'organisation de la production ?
> Les ressources techniques sont-elles suffisantes ? adaptées à l'évolution du marché ?
> Comment se déroulent les opérations d'approvisionnement ? de livraison ?

Prendre en compte l'environnement

Degré d'incertitude, de complexité, opportunités et contraintes, état du marché (consommateurs et offreurs).

> **Ex.** : L'évolution de l'environnement a-t-elle compromis les objectifs fixés ?
> Comment sont structurés les marchés de l'organisation ?

• **Problème de coordination**

Analyser le système de décision

Centralisation et décentralisation, hiérarchie et cohérence des décisions, relation avec le système d'information, exercice de l'autorité.

> **Ex.** : À quel niveau ont été prises les décisions ? Le degré de centralisation du pouvoir permet-il une mise en œuvre efficace des décisions ?
> Comment les informations ont-elles été diffusées ? Ont-elles été transmises correctement à tous les acteurs ?

Analyser les rapports de pouvoir

Structure hiérarchique, répartition du pouvoir, nature des conflits, prise en compte des parties prenantes.

> **Ex.** : Le pouvoir des dirigeants est-il contesté ? Les parties prenantes ont-elles des intérêts divergents ?

3 Proposer une ou des solutions au problème de management

• **Problème de décision ou de contrôle des objectifs ou des résultats**

Les objectifs

> **Ex.** : Redéfinir la finalité de l'organisation.
> Prendre en compte les mutations de l'environnement, les intérêts des parties prenantes.
> Modifier, redéfinir, quantifier les objectifs. Expliquer les objectifs à tous les niveaux.

Les résultats

> **Ex.** : Fixer de nouveaux résultats. Redéfinir les critères de mesure de la performance et de l'efficacité.

• **Problème d'organisation et de répartition du travail**

L'organisation

> **Ex.** : Proposer une nouvelle répartition ou une nouvelle forme d'organisation du travail.
> Améliorer la coordination des tâches, des activités, etc.
> Évaluer les compétences, réviser le dispositif de formation du personnel.

Le système d'information

> **Ex.** : Améliorer les réseaux de communication interne, améliorer la diffusion des informations.

• **Problème d'organisation de la production**

Le système de production.

> **Ex.** : Modifier le processus de production, prendre en compte les évolutions technologiques.
> Sécuriser les approvisionnements. Assurer une veille commerciale.

• **Problème de coordination**

Les rapports de pouvoir et le système de décision.

> **Ex.** : Modifier la structure hiérarchique, redéfinir les rôles des différents acteurs internes.
> Concilier des positions divergentes.

Argumenter autour d'une question de management

En règle générale, argumenter, c'est soutenir une opinion ou un point de vue personnel et chercher à convaincre autrui de s'y rallier. Il s'agit d'organiser logiquement une série d'idées afin de démontrer la justesse d'une opinion ou la solidité d'un point de vue. Il ne faut donc pas se contenter d'affirmer un point de vue ou une opinion, mais s'appliquer plutôt à en exposer les fondements et prolongements à l'aide de raisonnements, de connaissances et d'exemples dans l'objectif d'emporter l'adhésion d'autrui.

« Saint-Pierre-le-Moûtier dit "oui" au projet éolien Portes du Nivernais »

Il était 19 h 30 quand les conseillers Saint-Pierrois se sont installés autour de la table des séances pour débattre de [...] l'ordre du jour du conseil municipal : l'avis sur l'installation d'un parc d'éoliennes sur le territoire [...] de Saint-Pierre.
Pierre Billard [maire de Saint-Pierre-le-Moûtier], expliquait : « [...] je peux penser que, compte tenu de l'investissement de la société Nordex[1] dans ce projet, l'opération devrait être de bonne facture et il me semble difficile de penser qu'une difficulté financière pourrait survenir, laquelle la mettrait en difficulté pour régler, dans plusieurs dizaines d'années, le démantèlement des éoliennes en fin de vie ». Il devait aussi préciser : « Le risque zéro n'existe pas et il subsiste une part de risque. Si Nordex est en bonne santé à ce jour, nous ne pouvons pas présumer qu'il en sera de même dans vingt ou vingt-cinq ans... » Le rapport des éoliennes est [...] 2000 €/an pour Saint-Pierre-le-Moûtier [...]. Le maire devait souligner qu'à Saint-Pierre le problème des éoliennes était un « non-événement » car la gêne pour les Saint-Pierrois était limitée. [...] Pascal Tisseron[2] qui devait émettre quelques réserves en s'interrogeant sur les conséquences de la hauteur des éoliennes (185 m) et de leur emplacement entre l'A77 et la voie de chemin de fer. « N'y a-t-il pas un risque d'accident en cas de tempête ou autre, avec la retombée de pales sur les voies routières ou de chemin de fer ? » Pierre Billard devait poursuivre sur l'aspect financier en indiquant que, juridiquement, la commune avait une responsabilité limitée sur le démantèlement et la non-prise en charge par Nordex. Sous-entendant par-là que ce serait l'État qui devrait contribuer à financer l'opération. [...] « Si nous acceptons, rien ne nous assure que d'autres éoliennes ne viendront pas s'installer sur notre commune... », devait s'interroger un conseiller.
[...] Le vote à bulletin secret a été adopté à l'unanimité. Et le projet devait être adopté : neuf conseillers ayant voté pour, trois conseillers ayant voté non, trois s'étant abstenus et un bulletin ayant été déclaré blanc.

1. Nordex France est l'un des leaders de l'éolien en France (161 parcs éoliens installés).
2. Élu adjoint, responsable des « affaires sociales et associations ».

www.lejdc.fr, 31 décembre 2018.

1 Recenser les arguments des acteurs concernés par le problème de management

Un problème de management peut être défini comme un écart entre ce qui est souhaité par l'organisation et ce qui se réalise effectivement. Lorsque le fonctionnement habituel d'une organisation est perturbé et qu'il devient nécessaire de prendre une décision pour corriger le dysfonctionnement observé, alors il existe un problème de management à résoudre.

• **Repérer le problème de management**

Un problème de management intervient toujours dans un domaine spécifique du management qui correspond généralement à l'une des quatre grandes fonctions génériques de la démarche managériale :
– fixer les objectifs,
– organiser et animer les ressources,
– mobiliser les ressources et contrôler les résultats,
– évaluer les résultats.

Repérer le problème de management revient à décrire le problème auquel est confrontée l'organisation et à indiquer à quelle grande fonction générique de la démarche managériale il se rattache.

Ex. : Le problème rencontré par la mairie de Saint-Pierre-le-Moûtier, par l'intermédiaire de son maire M. Pierre Billard, est lié à l'installation d'un parc d'éoliennes sur le territoire de la commune. En effet, le maire doit obtenir un vote favorable des conseillers municipaux pour mettre en œuvre ce projet communal.
Ce problème de management peut être rattaché à la fonction « Organiser et animer les ressources » de la démarche managériale car il s'agit, pour le maire de Saint-Pierre-le-Moûtier, d'organiser les ressources énergétiques et financières de la commune à travers l'installation d'éoliennes sur son territoire.

• **Exposer les opinions des acteurs impliqués dans le problème de management**
Face à un problème auquel est confrontée une organisation, les intérêts des acteurs (les parties prenantes) internes ou externes peuvent même être divergents et générateurs de conflits. C'est pourquoi le rôle du management est de favoriser la cohésion de ces acteurs en cherchant à les fédérer autour d'objectifs partagés. Pour cela, il est nécessaire de recenser leurs arguments face au problème rencontré.

Ex. : ***Les arguments de M. Pierre Billard, maire de Saint-Pierre-le-Moûtier, en faveur du projet :***
– La société Nordex est techniquement compétente et financièrement solide, ce qui confirme sa capacité à démanteler les éoliennes en fin de vie. De plus, la commune n'a qu'une responsabilité limitée concernant le démantèlement par Nordex car c'est l'État qui devrait finalement le prendre en charge.
– L'installation des éoliennes va rapporter 2 000 €/an à la commune de Saint-Pierre-le-Moûtier.
– La gêne occasionnée par les éoliennes reste limitée pour les habitants de Saint-Pierre-le-Moûtier.
L'argument de Pascal Tisseron, élu adjoint, contre le projet :
– Compte tenu de la hauteur des éoliennes (185 mètres) et de leur emplacement entre l'A77 et la voie de chemin de fer, il existe un risque d'accident en cas de tempête.
L'argument d'un conseiller municipal contre le projet :
– En cas d'acceptation du projet, il existe un risque que d'autres éoliennes s'installent dans l'avenir.

2 Prendre position face au problème de management

Prendre position c'est donner son point de vue personnel sur la ou les options proposées par les acteurs internes à l'organisation pour résoudre le problème de management. Cette opinion personnelle peut consister soit à partager les décisions prises et à valider les solutions adoptées, soit à s'y opposer et à suggérer d'autres solutions.

• **Mobiliser des connaissances en management**
Les connaissances sont des notions de cours contenues dans les programmes de Management de 1re STMG et de Management, sciences de gestion et numérique de Term STMG.

• **Les notions du programme de Management de 1re STMG :**
– Les ressources financières et matérielles de l'organisation.
– Les organisations publiques (types, champ d'action et missions).
– Les grandes fonctions du management.
– Les décisions stratégiques (management stratégique) et les décisions opérationnelles (management opérationnel).
– Les parties prenantes internes et externes à l'organisation.
– Les mutations écologiques qui modifient les pratiques managériales.
– Les domaines stratégiques de l'action publique.
– L'intérêt général et le service public.
• **Les notions du programme de Management, sciences de gestion et numérique de Term STMG :**
– Les ressources tangibles et intangibles.
– Les intérêts et les attentes divergents et convergents des acteurs internes.
– Les styles de direction dans l'organisation et de *leadership* dans le groupe.

• **Rechercher des arguments en faveur ou non de la solution retenue**
Chaque solution proposée par les acteurs de l'organisation impliqués dans le problème de management génère des effets positifs ou des effets négatifs sur son activité, qu'ils soient commerciaux, financiers, techniques ou humains.

> **Ex.** : ***Quelques arguments en faveur de l'installation d'éoliennes :***
> Les éoliennes utilisent une source d'énergie qui se renouvelle indéfiniment sans dégrader la qualité de l'air.
> Les éoliennes produisent une énergie renouvelable sans gaz à effet de serre.
> Les éoliennes sont installées sur des terres agricoles disponibles contre un paiement à leurs propriétaires.
> Les éoliennes garantissent l'indépendance énergétique face à la variabilité des prix des énergies fossiles.
> Les éoliennes participent au financement des communes grâce à la taxe professionnelle.
> ***Quelques arguments en défaveur de l'installation d'éoliennes dans une commune :***
> Les éoliennes s'accompagnent de nuisances visuelles (paysage) et sonores (bruit).
> Les éoliennes ne permettent pas à elles seules d'assurer une politique énergétique et environnementale.
> La production des éoliennes est aléatoire, car tributaire de la météo et de l'environnement.
> Les éoliennes peuvent interférer avec les ondes électromagnétiques.
> L'implantation d'éoliennes à proximité des habitations entraîne une dépréciation immobilière.
> Les éoliennes nécessitent des investissements publics à la charge des citoyens.
> Les pales d'éoliennes représentent un danger pour les oiseaux.

3 Rédiger votre argumentation

• **Définir les termes importants**
Les termes importants sont ceux associés au problème de management qui a été repéré et aux solutions éventuellement adoptées pour le résoudre.

> **Ex.** : Organisation publique, ressources matérielles et financières (tangibles et intangibles), intérêt général et service public, décision stratégique, parties prenantes internes, intérêts et attentes divergents et convergents des acteurs internes, mutations écologiques qui modifient les pratiques managériales.

• **Organiser son argumentation**
Les arguments ne doivent pas se succéder sans lien entre eux. Ils doivent être au contraire organisés de manière progressive de façon à renforcer le propos et à lui donner de la cohérence. Dans cet objectif, il est possible de classer les arguments en fonction de la place qu'ils occupent dans l'argumentation (le plus souvent du moins percutant ou plus convaincant) et, d'autre part, de les relier entre eux à l'aide de connecteurs logiques.

Nature du lien entre les arguments	Exemples de mots de liaison
La succession	D'abord..., ensuite..., enfin, d'une part..., d'autre part...
La progression	De plus, puis, également, non seulement..., mais encore...
L'opposition	Au contraire, en revanche, en fait, à l'inverse
La concession	S'il est vrai que..., certes..., bien que, même si, malgré
La restriction	Cependant, néanmoins, pourtant, toutefois, mais
La causalité	Car, parce que, en raison de, du fait que, puisque
La conséquence	Donc, c'est pourquoi, d'où, de ce fait, en conséquence
L'alternative	Soit..., soit... Ou bien..., ou bien... Ou..., ou...
L'analogie	De même, ainsi que, comme

• **Rédiger une conclusion**
La conclusion est le point d'orgue de l'argumentation, l'aboutissement logique de tous vos arguments car elle permet de faire apparaître la solution que vous avez retenue comme évidente face au problème rencontré. Il s'agit de reprendre de manière synthétique les principaux points de votre argumentation.

Effectuer des recherches sur Internet

On peut tout d'abord utiliser des moteurs de recherche, puis consulter les sites de revues spécialisées dans le domaine ou les sites des entreprises ou institutions spécialisées.

1 Les moteurs de recherche : la méthodologie

A. Rechercher l'information

Étape 1 • Sélectionner les mots-clés de votre sujet
Pour cela, utilisez la méthode QQOQCP (Qui ? Quoi ? Où ? Quand ? Comment ? Pourquoi ?).
Vous pouvez également utiliser des synonymes.

Étape 2 • Rédiger la formule de recherche sur un moteur de recherche
Vous pouvez utiliser des opérateurs de recherche comme les mots et/ou/or, les signes +/-, les guillemets pour rechercher une expression exacte... Vous pouvez filtrer votre recherche en sélectionnant les onglets « actualités », « images » ou « vidéos » par exemple, en fonction de votre recherche.

B. Valider l'information

Vous devez être capable de sélectionner une information fiable, crédible.
Pour cela, vous pouvez vérifier les points suivants :
- Qui est l'auteur ? Un organisme, un professionnel, un particulier ?
- Quel est l'objectif du site ? Informer, vendre, convaincre ?
- Quel est le type du site ? Un site institutionnel, une encyclopédie en ligne, un site professionnel, un site personnel, un blog ?
- Comment est présenté le contenu ? Quel est le registre de langue (formel, familier, etc.) ? Y a-t-il des fautes d'orthographe ? Quelle est la teneur des propos (neutres, orientés, juridiquement condamnables, etc.) ?

2 Quelques liens incontournables pour vos recherches en Management, sciences de gestion et numérique

A. Sites généralistes comportant des statistiques officielles

- **www.insee.fr** : site de l'Insee
- **http://travail-emploi.gouv.fr** : portail du ministère du Travail, de l'Emploi, de la Formation professionnelle et du Dialogue social
- **www.economie.gouv.fr** : portail du ministère de l'Économie et des Finances
- **http://ec.europa.eu/eurostat/fr/home** : site d'Eurostat, institut de statistiques de l'Union européenne

B. Sites de quotidiens nationaux et magazines

- **www.lefigaro.fr** : Le Figaro (quotidien généraliste)
- **www.liberation.fr** : Libération (quotidien généraliste)
- **www.lemonde.fr** : Le Monde (quotidien généraliste)
- **www.lesechos.fr** : Les Échos (quotidien économique)
- **www.alternatives-economiques.fr** : Alternatives Économiques (à noter, sur le site du magazine se trouve une rubrique intéressante : « Les 300 sites de référence en économie »)
- **www.usinenouvelle.com** : L'Usine Nouvelle
- **http://lexpansion.lexpress.fr** : L'Expansion
- **www.capital.fr** : Capital

Exploiter un graphique

L'analyse d'un graphique suit la même progression que celle d'un tableau :
– la première étape consiste à repérer les caractéristiques générales du graphique ;
– la deuxième étape consiste à lire et comprendre le graphique ;
– la troisième étape correspond à la phase d'interprétation et d'identification des arguments extraits du graphique.

Il existe de multiples formes de graphiques, destinés à illustrer les dimensions spécifiques d'un phénomène (évolution, répartition, comparaison, etc.). Les types de graphique les plus courants sont les suivants.

1 Les graphiques simples

A. Les histogrammes

Les histogrammes, appelés aussi « diagrammes en barres », peuvent représenter l'évolution d'un phénomène dans le temps, une répartition ou encore une comparaison (le taux de chômage dans plusieurs pays de l'Union européenne, le taux de pauvreté selon l'âge des individus, etc.). Les aires des rectangles sont proportionnelles aux effectifs.

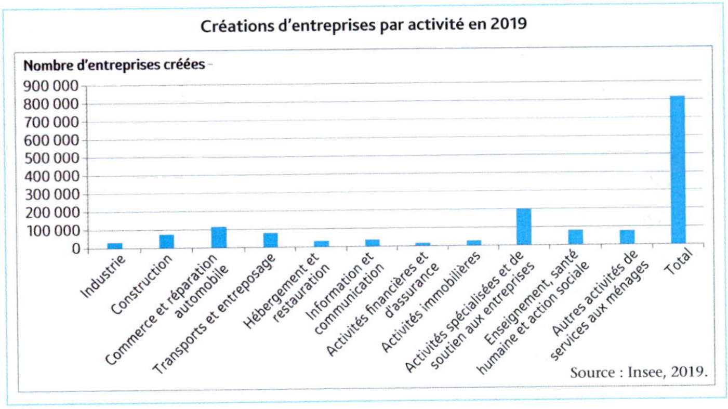

B. Les courbes

Les courbes représentent en général l'évolution d'un phénomène dans le temps (exemples : l'évolution de la dette publique de l'État, l'accroissement de la part des salaires dans la valeur ajoutée). Il est possible de présenter plusieurs courbes pour permettre les comparaisons (l'évolution du nombre de bacheliers depuis 1980 par type de baccalauréat).

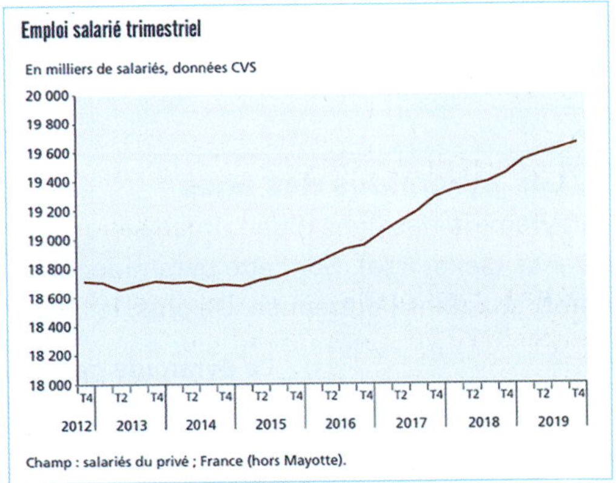

Source : DARES, ministère du Travail, février 2020.

C. Les diagrammes circulaires ou à secteurs

Ils servent à représenter la répartition d'un phénomène, généralement exprimée en pourcentage (la répartition par sexe des salariés, répartition des entreprises selon leur taille…). Ici, il s'agit de la répartition entre les élèves collégiens, les lycéens généraux et technologiques et les lycéens professionnels. Les collégiens sont deux fois plus nombreux que les lycéens (généraux, technologiques et professionnels réunis).

Nombre d'élèves par types d'établissements en 2019

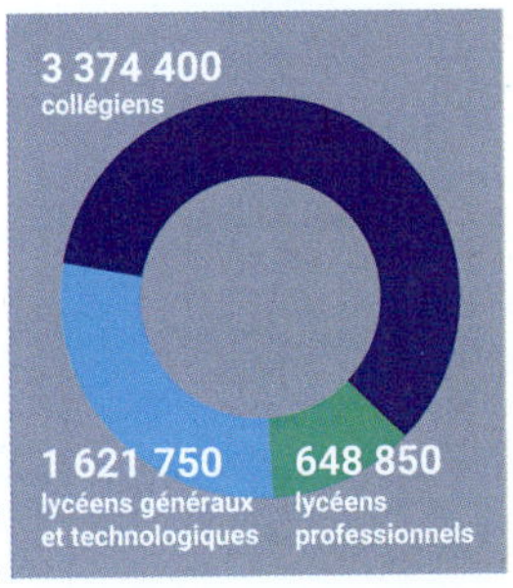

Source : ministère de l'Éducation nationale, 2020.

2 Les graphiques composés

A. Les histogrammes groupés ou en tuyaux d'orgues

Ils permettent d'effectuer des comparaisons et de représenter des valeurs sur plusieurs années.

Par exemple, on remarque qu'en 2018, la hausse du crédit-bail mobilier reste principalement portée par l'investissement en produits automobiles et en machines et équipements, tandis que les investissements en produits informatiques et autres matériels de transport évoluent peu. Ces deux types de produits représentent près de 80 % des investissements en crédit-bail mobilier effectués en France.

On note également que la répartition reste stable depuis 2015.

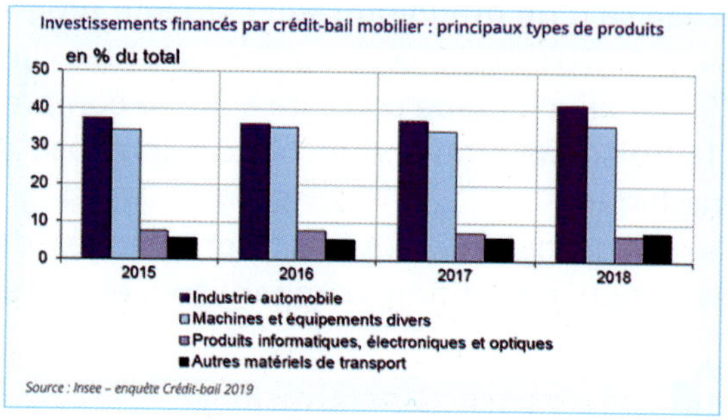

Source : Insee, décembre 2019.

B. Les histogrammes empilés

Ces histogrammes représentent une répartition en pourcentage combinée à un autre critère : les colonnes ont toutes une taille identique, soit 100 % du phénomène étudié. Dans l'exemple ci-contre, les microentreprises (MIC) comptent 72 % de leurs effectifs salariés dans les activités tertiaires, contre 66 % pour l'ensemble des entreprises (secteurs marchands non agricoles et non financiers). 18 % de leurs salariés travaillent dans la construction contre 10 % en moyenne.

Les salariés des PME par secteur d'activité en 2017 (en %)

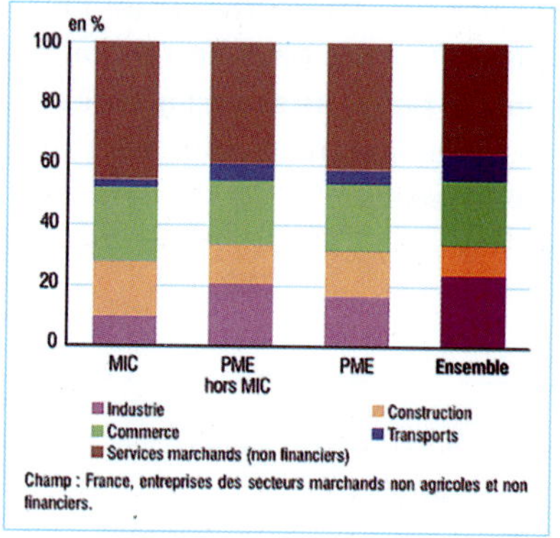

Source : Insee, décembre 2019.

C. Les pyramides des âges

La pyramide des âges d'une organisation permet de représenter graphiquement la structure de la population des salariés (sexe, âge). Sur cette pyramide, on observe par exemple que les salariés entre 50 et 59 ans sont les plus nombreux dans l'entreprise. De plus, les hommes sont plus nombreux que les femmes.

La pyramide des âges des salariés de l'entreprise Total en 2018

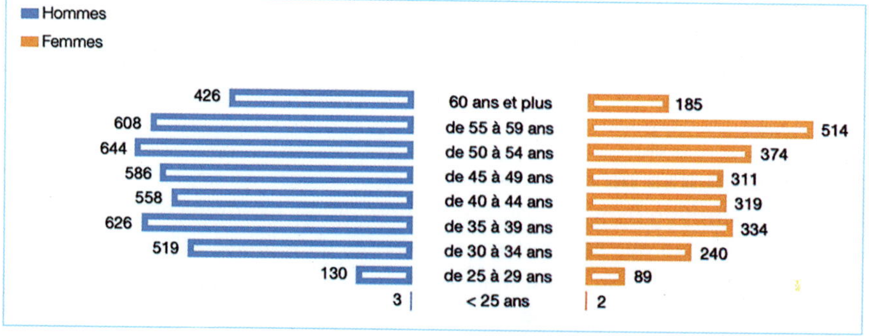

Source : Total, « Bilan social 2018 », mai 2019.

Effectuer des calculs simples

1 Les rapports et les pourcentages

Pour comparer deux nombres, deux grandeurs de même nature, on peut effectuer 2 opérations : la soustraction ou la division. Le résultat de la division est appelé « rapport » La soustraction mesure l'écart en valeur absolue entre les deux grandeurs alors que le rapport exprime l'une en proportion de l'autre.

Ex. : on veut comparer le chiffre d'affaires (CA) de 2 entreprises. CA de l'entreprise A : 100 000 € et CA de l'entreprise B : 125 000 €.
La soustraction donne l'information suivante : 125 000 – 100 000 = 25 000 €. On peut donc dire que l'entreprise A dispose d'un CA inférieur à celui de B de 25 000 € ou que B dispose d'un CA supérieur à celui de A de 25 000 €. On met donc ainsi bien en évidence l'écart mais on perd la notion de ce que représentent ces 25 000 par rapport aux montants des CA.

Un **rapport** est le « résultat de la division de deux nombres ». Il se calcule de la manière suivante :

Numérateur ← **Nombre a**
Dénominateur ← **Nombre b**

$$\frac{\text{Nombre a}}{\text{Nombre b}}$$

= Rapport *Appelé aussi « quotient »* → Mesure combien de fois la grandeur b « rentre » dans la grandeur a

Nombre b → Le nombre b sert de valeur de référence

Pour faciliter la lecture et la compréhension d'un rapport, il est très commode d'exprimer ce rapport en pourcentage. Un **pourcentage** est tout simplement un « **rapport multiplié par 100** ».

Numérateur ← **Nombre a**
Dénominateur ← **Nombre b**

$$\frac{\text{Nombre a}}{\text{Nombre b}} \times 100$$

= Poucentage *Noté % et lu « pour cent »*

- **Les rapports et pourcentages servent à exprimer une grandeur en proportion d'une autre.**

Reprenons notre exemple :

Exemple :

$$\frac{CA_B}{CA_A} = \frac{125\,000}{100\,000} \times 100 = 125\ \%$$

→ Le CA de l'entreprise B représente 125 % de celui de A, autrement dit, le CA_B représente la totalité du CA de A auquel il faut ajouter encore 25 % de celui de A, en prenant comme valeur de référence le CA de A.

$$\frac{CA_A}{CA_B} = \frac{100\,000}{125\,000} \times 100 = 80\ \%$$

→ Le CA de l'entreprise A représente 80 % de celui de B (il est plus petit de 20 % que celui de B, en prenant comme valeur de référence, le CA de B).

- **Les rapports et pourcentages servent à exprimer la part de chaque partie par rapport à un tout.**

Ex. : Sur un budget annuel de communication de 19 000 €, le magasin DécoPlus consacre 3 000 € à une campagne d'affichage dans sa zone de chalandise, 4 000 € à des spots radio, 10 000 € à sa participation au salon « Arts & Décorations » et 2 000 € à différentes actions de sponsoring.
Quelles est la part des dépenses de spots radio par rapport au budget de communication total ?

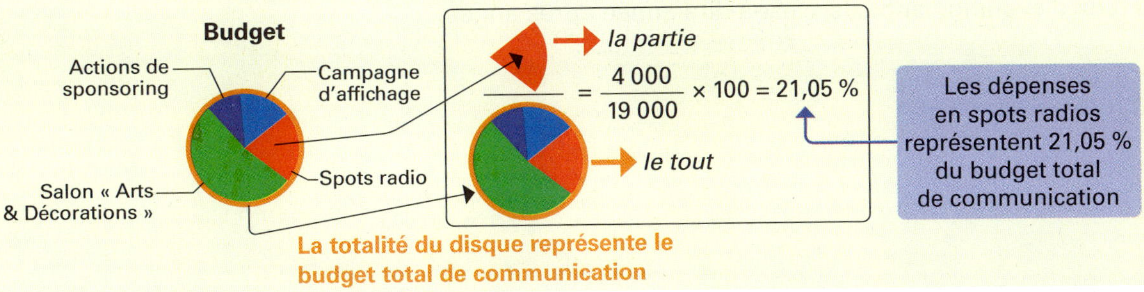

Remarque : Les rapports et pourcentages sont notamment utilisés dans l'analyse de la structure des dépenses d'une entreprise.
Attention : on ne peut comparer deux pourcentages entre eux qu'à la condition qu'ils fassent référence à la même valeur de référence, autrement dit qu'ils aient le même dénominateur.

Exemple 1

Quel est le % d'écart entre les dépenses de salon « Arts & Décorations » et de spots radio ?

% de dépenses de communication consacrées aux spots radio = $\frac{4\,000}{19\,000} \times 100 = 21{,}05$ %

% de dépenses de communication consacrées au salon = $\frac{10\,000}{19\,000} \times 100 = 52{,}63$ %

la valeur de référence est la même, on peut donc soustraire les % entre eux et exprimer cette différence en % !

Le % d'écart entre les dépenses de salon et spots radio est de : 52,63 – 21,05 = 31,58 %

Exemple 2

Quel est le % d'écart entre les dépenses de communication en spots radio entre l'année actuelle (N) et l'année précédente (N-1), sachant que l'an dernier l'entreprise avait consacré 15 % de son budget (budget qui était supérieur à celui de cette année) aux spots radio ?

➜ Les budgets communication entre les 2 années sont différents, on ne pourra donc pas exprimer en % l'écart entre les 2 années !
Budget année N = 21,05 %, budget année N-1 = 15 %

➜ L'écart entre N et N-1 est de 21,05 – 15 = 6,05 points.

- **Les rapports et pourcentages servent à calculer un taux d'évolution .**

Dans une série chronologique, on compare la valeur V_1 (la plus ancienne) d'un indicateur à un temps t_1, à sa valeur V_2 (la plus récente), à un temps t_2.

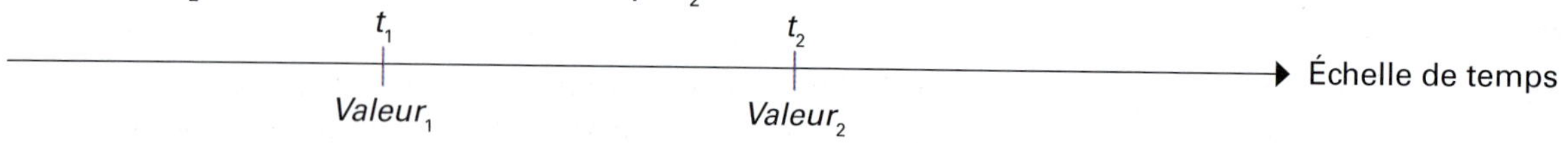

Taux d'évolution = $\frac{V_2 - V_1}{V_1} \times 100$ ou $\frac{V_{laplus\ ancienne} - V_{laplus\ récente}}{V_{laplus\ récente}} \times 100$

On peut donc passer de la V_1 à la V_2 en effectuant l'opération suivante : $V_2 = V_1 \times (1 + \text{taux d'évolution})$.

Ex. : Quelques chiffres concernant l'activité de l'entreprise ABC Peinture

	2019	2020
Chiffres d'affaires	31 000	36 000

Taux d'évolution du CA = $\frac{36\,000 - 31\,000}{31\,000} \times 100 = 16{,}13$ %

On constate une évolution du CA de l'entreprise ABC Peinture entre 2019 et 2020 de 16,13 %.

- **Lecture et interprétation d'un taux d'évolution**

–Taux négatif ➜ diminution par rapport à la période précédente.
–Taux positif ➜ augmentation par rapport à la période précédente.
Si les données portent sur plusieurs années, il faudra calculer :
– le taux d'évolution global, c'est-à-dire entre la première et la dernière année ;
– les taux d'évolution annuels, c'est-à-dire année après année.

2 Les indices simples

Les indices sont une autre façon de présenter des variations entre deux dates. Ils permettent d'apprécier une évolution dans le temps par rapport à une année « de base » ou « de référence » à laquelle on attribue la valeur 100 (très facile à se représenter mentalement).

Pour calculer un indice, il faut donc respecter les étapes suivantes :

- Définir au préalable l'année qui servira de **point de comparaison**, appelée « valeur de base ou de référence ».
- Calculer l'indice des autres indicateurs en se référant à la base.

$$I_{N/base} = \frac{\text{Valeur de l'année } N}{\text{Valeur de l'année de base}} \times 100$$

Ex. : Nombre de candidats au baccalauréat en 2009 et 2018

	2009	2018
Nombre de candidats	622 000	753 148
Indice, base 100 en 2009	100	121

L'année de base est 2009, cela signifie que l'indice de 2009 prend la valeur 100.

$$I_{2018/2009} = \frac{\text{Valeur 2018}}{\text{Valeur 2009}} \times 100 = \frac{753\,148}{622\,000} \times 100 = 121$$

On constate une évolution du CA de l'entreprise ABC Peinture entre 2019 et 2020 de 16,13 %.

La différence entre deux indices se lit le plus souvent comme un **taux d'évolution** ou un **coefficient multiplicateur**.

Ex. : L'indice des candidats pour le bac en 2009 valait 100, il valait 121 en 2018. On peut donc dire que le nombre de candidats a augmenté de 21 % (121 – 100) ou que le coefficient multiplicateur du nombre de candidat entre 2009 et 2018 est de $\frac{121}{100} = 1{,}21$.

Exploiter un tableau

1 Les différents types de tableaux

A. Les tableaux à double entrée

Le tableau 1 est dit « à double entrée » : il combine plusieurs critères en ligne (le type de contrat, le temps de travail et la fonction occupée pour le recruté) et un critère en colonne (la part dans les recrutements difficiles).

Tableau 1 – Les difficultés de recrutement rencontrées par les entreprises selon le type de poste en 2016 (en %)

Type de poste	Part dans les recrutements difficiles
CDD (court ou long)	44
CDI	56
Temps partiel	26
Temps complet	74
Fonctions	
Production, chantier, exploitation	22
Installation, réparation, maintenance	9
Gardiennage, nettoyage	8
Manutention, logistique	6
Secrétariat, saisie, accueil	11
Gestion, comptabilité	8
Commercial, technico-commercial	11
Étude, recherche et développement	7
Enseignement, formation	4
Soin des personnes	6
Autre fonction	35
Ensemble	**100**

Source : Insee, 2017.

B. Les tableaux multicritères

Les tableaux multicritères comprennent plusieurs critères en colonne, qui peuvent être combinés avec un ou plusieurs critères en ligne. Par exemple (tableau 2), l'ensemble des concurrents est à analyser en fonction du type de concurrents (bio/non bio), de leur nombre et de leur répartition en pourcentages. Les règles générales d'analyse sont les mêmes que celles des tableaux à double entrée, mais le travail est plus long et plus complexe.

Ex. : En 2016, dans la zone de chalandise d'un magasin bio, sont installés en moyenne 20,8 magasins alimentaires de proximité. Ils sont 19,3 en moyenne dans la zone de chalandise d'un magasin non bio. Les magasins de surgelés représentent 2,9 % des concurrents d'un magasin bio, contre 2,1 % des concurrents d'un magasin non bio.

Tableau 2 – Concurrence dans la zone de chalandise d'un magasin bio et non bio en 2016

	Bio		Non bio	
	Nombre moyen	Répartition (en %)	Nombre moyen	Répartition (en %)
Ensemble des concurrents, dont :	20,8	100,0	19,3	100,0
Magasins bio	0,8	3,8	0,7	3,6
Magasins de surgelés	0,6	2,9	0,4	2,1
Primeurs	1,5	7,2	1,4	7,3
Supérettes	6,5	31,3	6,8	35,2

2 La démarche d'analyse d'un tableau

L'analyse d'un tableau chiffre se fait généralement en trois grandes étapes. Le tableau 1 est utilisé comme exemple dans la suite de la section.

A. Repérer les caractéristiques générales du tableau

Le titre du tableau permet d'identifier le phénomène étudié.

> **Ex. :** Ici il s'agit des difficultés de recrutement des entreprises.

La source et la date permettent de connaître l'auteur du tableau et son actualité.

> **Ex. :** La source du tableau est l'Insee, la principale source de données économiques en France.
> Les phénomènes décrits sont toujours d'actualité, ici 2016.

Les unités utilisées permettent d'évaluer l'ampleur du phénomène. Vous devez bien repérer s'il s'agit de données brutes ou de pourcentages.

> **Ex. :** Les données sont donc présentées en pourcentage.

Les critères de classement en ligne et en colonne, c'est le « sujet » du tableau.

> **Ex. :** Il s'agit d'étudier les difficultés de recrutement des entreprises selon différents critères : le type de contrat, le temps de travail et la fonction occupée par le recruté.

B. Lire le tableau et sélectionner l'information utile

Il faut dégager une grande tendance ou un phénomène important (une hausse, une baisse, une répartition ou une évolution particulière des données), et repérer les valeurs extrêmes ou les ruptures.
Il peut être utile de faire des calculs simples pour mesurer précisément les évolutions.

> **Ex. :** Dans le tableau 1, il faut repérer les types de contrats pour lesquels le pourcentage de recrutement est le plus élevé et faire la même chose pour le temps de travail. Il faut ensuite identifier les fonctions les plus concernées par ces difficultés de recrutement (la production, le travail sur les chantiers et l'exploitation) et celles pour lesquelles les recrutements sont plus faciles.

C. Extraire et présenter les arguments tirés de l'étude du tableau.

On remarque ici que les recrutements les plus difficiles concernent avant tout les fonctions dans la production, le chantier et l'exploitation (plus d'un recrutement difficile sur 5). Ils sont 5 fois plus difficiles que pour les recrutements dans l'enseignement ou la formation.
Les recrutements difficiles sont 2,8 fois plus importants pour les recrutements à temps complet. On note également qu'ils sont plus nombreux pour les contrats à durée indéterminée.

Calculer des marges

La manipulation des concepts et formules concernant les marges posent souvent quelques difficultés. Nous vous proposons ci-après une approche simple, méthodique et logique qui permet de s'en sortir sans risque d'erreur et sans avoir à manipuler des formules mal comprises.

Remarque liminaire : **tous les calculs de marge se font hors taxe**, la TVA n'étant ni un produit, ni une charge n'intervient pas dans ces calculs !

1 Connaître le vocabulaire et les quelques formules de base

A. La marge (commerciale)

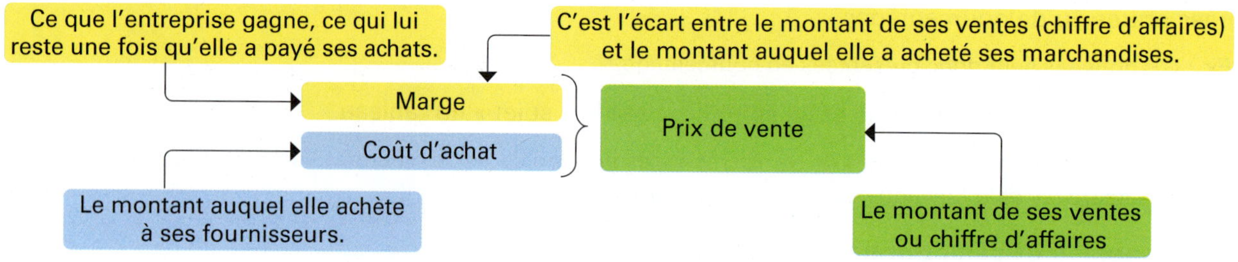

Calcul pour tous les produits vendus ➜ $Marge_{globale} = Chiffre\ d'affaires_{HT} - Coût\ des\ achats_{HT} + \Delta\ stock$

Remarque : dans la plupart des exercices, on ne connaît ni les coûts afférents aux achats (frais de transport, d'assurance...), ni les stocks et la formule se simplifie en :

$$Marge_{globale} = Chiffre\ d'affaires_{HT} - Montant\ des\ achats_{HT}$$

Calcul pour un seul produit ➜ $Marge_{unitaire} = Prix\ de\ vente_{HT} - Coût\ d'achat_{HT}$

Si pas d'information sur les coûts, $Marge_{unitaire} = Prix\ de\ vente_{HT} - Prix\ d'achat_{HT}$

B. Le taux de marque

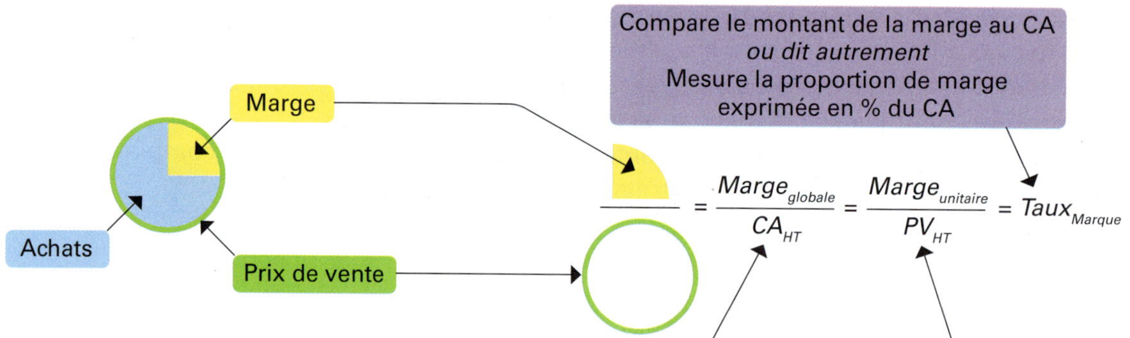

Pour calculer le *taux de marque*, on peut raisonner soit en global (CA_{HT}), soit en unitaire (PV_{HT}) en fonction des données de l'exercice, la proportion restant bien sûr la même, au final !

C. Le taux de marge

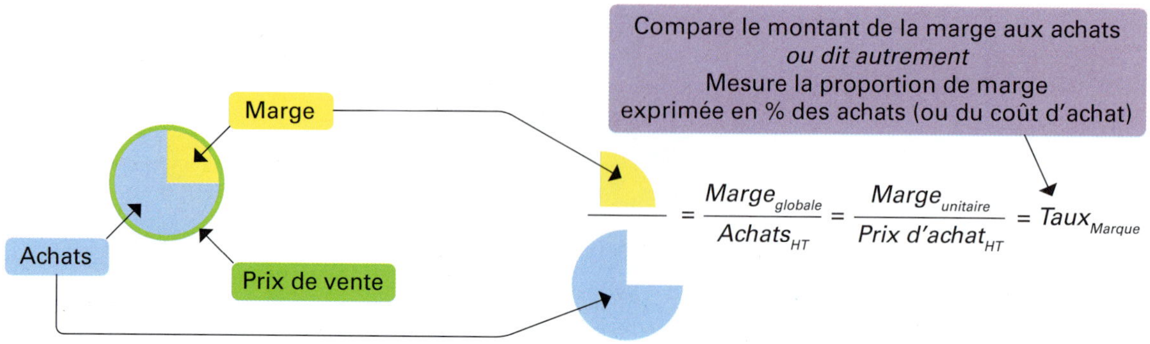

2 Les taux de marque et de marge, une simple affaire de proportionnalité

A. Calculs commerciaux en connaissant le taux de marque

Exemple 1

Un produit a un PVHT de 1 500 €. Le taux de marque appliqué par le commerçant est de 30 %.
Calculer son coût d'achat HT.

Le taux de marque exprime la proportion de marge exprimée en % du CA :

$$Taux_{Marque} = \frac{Marge_{globale}}{CA_{HT}} = \frac{Marge_{unitaire}}{PV_{HT}}$$

Avec les données de l'énoncé, on peut dresser le tableau suivant :

Simple rappel de la définition de la marge

	Montants	%
PV HT	1 500	100
– coût d'achat HT	????	**70**
= Marge brute		30

❶ Il faut mettre 100 % au niveau du CA qui sert de valeur de référence

La marge représente 30 % du CA.

❷ 100 % – % de coût d'achat = 30 %
➜ % de coût d'achat = 100 – 30 = 70 %

❸ $Coût\ d'achat = \frac{1\,500 \times 70}{100} = 1\,050$ €

Avec un simple produit en croix, on retrouve la formule : $Coût\ d'achat = CA_{HT} \times (1 - Taux_{Marque})$

Exemple 2

Les coûts d'achats d'un produit s'élèvent à 1 800 € HT.
Le taux de marque appliqué par le commerçant est de 25 %. Calculer sa marge et son CA HT.

Le tableau devient :

	Montants	%
PV HT		100
– coût d'achat HT	1 800	
= Marge brute		25

	Montants	%
PV HT	**2 400**	100
– coût d'achat HT	1 800	**75**
= Marge brute	**600**	25

B. Calculs commerciaux en connaissant le taux de marge

Exemple 3

Les coûts d'achats d'un produit s'élèvent à 1 800 € HT.
Le taux de marge appliqué par le commerçant est de 35 %. Calculer son CA HT et sa marge.

Le taux de marge exprime la proportion de marge exprimée en % du coût d'achat HT :

	Montants	%
PV HT	???	
– coût d'achat HT	1 800	100
= Marge brute		35

	Montants	%
PV HT	**2 430**	**135**
– coût d'achat HT	1 800	100
= Marge brute	**630**	35

❶ Il faut mettre 100 % au niveau du coût d'achat qui sert de valeur de référence.

❷ % de PV – 100 % = 35 %
➜ % de CA = 100 + 35 = **135 %**

❸ $PV_{HT} = \frac{1\,800 \times 135}{100} = \mathbf{2\,430}$ **€**
et Marge = 2 430 – 1 800 = **630 €**

Avec un simple produit en croix, on retrouve la formule : $CA_{HT} = Coût\ d'achat \times (1 - Taux_{Marge})$

Le tableau de bord et le bilan social

1 Le tableau de bord

Le tableau de bord est un outil de pilotage qui permet à un responsable d'une organisation de suivre l'état d'avancement d'une action et de mettre en place des actions correctives en vue de l'atteinte d'objectifs en conformité avec la stratégie.

C'est un outil de communication en interne. Le tableau de bord doit être simple et clair (12 indicateurs maximum), comporter des informations pertinentes et être mis à jour régulièrement.

Plusieurs étapes sont nécessaires à l'élaboration d'un tableau de bord.

Étape 1 • Définition des objectifs

Le premier travail consiste à définir ce qu'il faut mesurer, donc à formaliser des objectifs en fonction de la stratégie générale. Les objectifs doivent être en cohérence avec les facteurs clés de succès que l'organisation doit maîtriser.

Exemple
Augmenter la rentabilité d'une entreprise en développant les ventes sur un site Internet.

Étape 2 • Choix des indicateurs de performance

Les indicateurs sont choisis en fonction des objectifs, du contexte et des acteurs de l'organisation concernés.

Un bon indicateur doit :
– être simple pour être compris par tous les acteurs concernés de l'entreprise ;
– contenir des informations disponibles en temps réel ;
– être opérationnel, c'est-à-dire contenir des données sur lesquelles il est possible d'agir.

Les indicateurs choisis doivent permettre de mesurer la performance dans une ou plusieurs dimensions : environnementale, organisationnelle, financière, sociale et commerciale.

Exemples d'indicateurs
Le chiffre d'affaires, le résultat, le taux de rentabilité, le nombre de réclamations, le taux d'absentéisme, l'effectif, la productivité du travail.

Étape 3 • Construction du tableau de bord

Un tableau de bord doit au minimum présenter, pour la période étudiée, les données réelles, les objectifs, et les écarts entre les objectifs et le réel.

Il peut être construit en utilisant un tableur (Excel), un PGI ou un logiciel spécialisé.

Exemple

Tableau de bord de Gilles Dellouche, commercial

	Trimestre 1			Trimestre 2			Évolution $\frac{T2}{T1}$
	Réalisés	Objectifs	Écarts	Réalisés	Objectifs	Écarts	
CA en euros	750 000	780 000	– 4 %	787 500	780 000	1 %	5 %
Marge commerciale	125 000	132 600	– 6 %	131 250	132 600	– 1 %	5 %
Nombre de clients	700	700	0 %	710	700	1 %	1 %
Nombre de commandes	375	400	– 6 %	385	400	– 4 %	3 %
Nombre de visites	250	240	4 %	262	240	9 %	5 %
CA par visite en euros	3 000	3 250	– 8 %	3 006	3 250	– 8 %	0 %
Coût par visite	200	200	0 %	200	200	0 %	0 %

2 Le bilan social

Le bilan social est un outil d'analyse qui sert à apprécier, à travers des indicateurs chiffrés, les données sociales disponibles dans l'entreprise et à déterminer les priorités d'actions. Il constitue également une base de réflexion pour les partenaires sociaux.

Sa publication est obligatoire chaque année dans les entreprises ou établissements dont l'effectif est supérieur à 300 personnes. Son contenu est encadré des dispositions légales. Il comporte sept chapitres : l'emploi ; la rémunération ; l'hygiène et la sécurité ; les conditions de travail ; la formation ; les relations professionnelles ; les conditions de vie dans l'entreprise.

Exemple

Bilan social d'Aéroport de Paris

Extrait du chapitre dédié à la formation

POURCENTAGE DE LA MASSE SALARIALE CONSACRÉE À LA FORMATION

1,6 % pour les entreprises de 20 salariés et plus : 0,50 % « professionnalisation et DIF » versé à l'OPCA, 0,20 % « CIF » versé au Fongecif, 0,9 % « solde », dont le plan de formation, dont une partie est gérée par l'OPCA.

www.parisaeroport.fr, 2019.

Extrait du chapitre dédié aux relations professionnelles

PROCÉDURES D'ACCUEIL

- **Accueil de stagiaires et apprentis**

De nombreux stagiaires et apprentis sont accueillis à Aéroports de Paris. Ils participent à la vie professionnelle de l'entreprise en fonction de leurs compétences et de leurs aspirations. Dans le cadre de stages conventionnés et des contrats d'apprentissage, les missions proposées permettent aux étudiants de découvrir l'entreprise et ses métiers, en leur donnant l'occasion de mettre en pratique les acquis de leurs formations et de valoriser leurs compétences. L'accueil des stagiaires et des apprentis est assuré par les services, qui mettent à leur disposition des informations relatives à l'activité et à l'entreprise (missions, organisation, résultats).

- **Accueil de nouveaux embauchés**

Après l'accueil et l'intégration au sein du service et de la direction, un stage de 2 jours de connaissance de l'entreprise est proposé aux nouveaux embauchés sous contrat à durée indéterminée, par le service Formation.
Les personnes en contrat à durée déterminée, ou celles qui sont en stage de fin d'études pour 6 mois minimum dans l'entreprise, peuvent être inscrites à la demande de leur Service.
Cette formation a pour but de présenter les missions et l'organisation, les activités et les métiers d' Aéroports de Paris, le secteur du transport aérien, le monde aéroportuaire, etc.
Des intervenants de l'entreprise présentent leurs activités et sensibilisent les nouveaux embauchés aux enjeux d'Aéroports de Paris : la stratégie, la sécurité du travail, la politique environnementale, la démarche qualité clients, etc.
Les visites commentées de Paris-Charles de Gaulle et d'une aérogare d'Orly familiarisent les nouveaux embauchés avec deux plateformes principales d'Aéroports de Paris.

S'exprimer à l'oral

En tant que futurs bacheliers (puis plus tard futurs étudiants du supérieur), vous allez régulièrement passer des examens oraux. Ils consisteront à tester vos connaissances ou, pour reprendre l'exemple de l'épreuve orale terminale du bac STMG, à présenter en 20 minutes votre projet préparé pendant le cycle terminal. Un examen oral ne se prépare pas comme un examen écrit. Il faut non seulement avoir des connaissances, mais aussi savoir les présenter de façon claire à l'examinateur en un temps limité. Il s'agit d'un véritable exercice de communication où s'entremêlent prise de parole et communication non verbale. Pour être efficace à l'oral, il faut donc s'entraîner et se préparer.

1 Vous passez un oral... quelle chance !

Avant de passer un oral, bon nombre de personnes sont très émues et très stressées. C'est humain. Mais au fait, pourquoi stresser ? Peut-être qu'on a tendance à croire que l'examinateur va juger notre personne, qu'il va tout faire pour nous piéger, qu'on va se sentir ridicule, qu'on n'a rien d'intéressant à dire...
En fait, il n'en est rien ! Les examinateurs sont là pour mettre en valeur et évaluer votre travail, votre capacité à raisonner, à construire un projet, à communiquer... et ce, en toute bienveillance. Cet oral est enfin pour vous l'occasion de montrer la qualité de ce que vous faites et votre interlocuteur est là pour vous écouter, c'est chose assez rare et vous avez donc beaucoup de chance !

2 La prise de parole, un acte de communication

Qui n'a jamais entendu un orateur, un enseignant... qui a des choses intéressantes à dire mais qui est désespérément soporifique ? Pour faire passer un message, il faut allier le fond à la forme car comme le disait Nicolas Boileau : « Ce que l'on conçoit bien s'énonce clairement. » Ne négligez pas l'art et la manière de dire les choses, votre propos n'en sera que mieux entendu et compris.

A. Diction, placement de la voix et maîtrise de la respiration

ÉVITEZ DE...	PRÉFÉREZ PLUTÔT...
Manger vos mots (sinon votre propos sera confus).	Des pauses dans votre discours pour permettre à votre interlocuteur d'assimiler vos propos.
Parler trop vite, trop fort ou trop doucement (car on aura du mal à vous comprendre).	Une parole calme, bien articulée, distincte qui mettra en valeur votre propos.
Respirer trop vite (cela augmente l'agitation mentale).	Des expirations profondes qui ont un effet apaisant sur le corps, les muscles et l'esprit.

B. Vocabulaire et syntaxe

ÉVITEZ DE...	PRÉFÉREZ PLUTÔT...
Utiliser des expressions trop familières ou un vocabulaire relâché.	Une syntaxe traduisant un niveau d'expression plus soutenu et « professionnel ».
Des périphrases.	Le vocabulaire appris au cours de l'année et utilisé dans les manuels. → Vos connaissances se manifestent par la maîtrise du vocabulaire « expert ».
Dire « heuuu » tous les trois mots.	Des phrases construites.

C. Communication non verbale

ÉVITEZ DE...	PRÉFÉREZ PLUTÔT...
Être avachi, d'avoir le dos voûté ou le coude posé sur le bureau.	Une assise le dos droit, les deux pieds posés au sol pour dégager un sentiment d'assurance.
Faire des gestes saccadés, compulsifs ou parasites (pied qui tressaute...).	Des gestes contrôlés, au service de votre discours (mains posées sur le bureau...).
Avoir un regard fuyant, regarder en l'air, ne regarder qu'un seul membre du jury...	Un regard franc, direct, en somme souriant qui s'adresse à tous les membres du jury !

D. Respect des consignes

La prise de parole se fait dans un cadre donné. Il est essentiel de savoir en quoi consiste l'épreuve que vous allez passer. Quelle est sa durée ? Existe-t-il un temps de préparation ? Quelles sont les attentes/critères d'évaluation de vos interlocuteurs ? À quels supports avez-vous droit ? De combien de temps de parole disposez-vous ?

3 Comment s'exercer ?

Un des meilleurs entraînements reste celui où vous vous mettez en situation devant vos amis ou votre famille. Cet exercice vous permet de tester votre élocution, le temps dont vous avez besoin pour exprimer une idée, votre réaction face à des personnes qui vous observent...
Vous pouvez aussi profiter des manuels Enjeux & Repères des Éditions Hachette Éducation pour vous mettre en situation tout au long de l'année : choisissez parmi les activités proposées en fin de chapitre (par exemple l'activité « Préparer ses arguments » dans le manuel de Management, sciences de gestion et numérique) et dès qu'il est question de proposer une réflexion, de faire une synthèse ou autre, entraînez-vous plutôt à faire l'exercice à l'oral !

A

Algorithme : principalement utilisé en informatique, un algorithme est composé d'instructions et d'opérations réalisées, dans un ordre précis, sur des données afin de produire un résultat, et souvent résoudre un problème plus ou moins complexe.

Approche marketing : ensemble de méthodes permettant de répondre aux besoins des consommateurs ; on distingue les méthodes qui répondent à des besoins exprimés (approche réactive), qui anticipent des besoins non encore exprimés (approches anticipative ou créative) ou qui s'appuient sur les consommateurs eux-mêmes pour répondre à leurs besoin (approche médiatrice).

B

BFR (besoins en fond de roulement) : différence entre les actifs circulants (stocks, créances) et les passifs circulants (dettes d'exploitation plus dettes hors exploitation).

***Blockchain* :** technologie de stockage et de transmission d'informations, transparente, sécurisée, et fonctionnant sans organe central de contrôle.

Bilan fonctionnel : présentation simplifiée du bilan dans laquelle les emplois et ressources sont classés par fonction. Il permet d'indiquer d'où viennent les ressources de l'entreprise et comment elles sont employées.

C

Centralisation : mode d'organisation dans lequel le pouvoir de décision est concentré entre les mains d'un faible nombre de décideurs.

Chaîne logistique (*supply chain*) : ensemble de ressources, méthodes et outils permettant de gérer les flux relatifs au processus d'approvisionnement du fournisseur au consommateur.

***Chatbot* :** robot logiciel pouvant dialoguer avec un individu ou consommateur par le biais d'un service de conversations automatisées pouvant être effectuées par le biais d'arborescences de choix ou par une capacité à traiter le langage naturel.

***Cloud computing* :** technologie permettant de stocker, transmettre des données par l'intermédiaire d'internet à des organisations clientes.

CNIL (Commission Nationale de l'Informatique et des Libertés) : régulateur des données personnelles. Elle accompagne les professionnels dans leur mise en conformité et aide les particuliers à maîtriser leurs données personnelles et exercer leurs droits.

Communautés de pratiques : groupe de personnes qui partagent un domaine d'expertise et qui échangent autour de leurs savoir-faire et savoir-être, en transmettant leurs expériences et leurs connaissances au sein de cette communauté.

Communication externe : ensemble des actions de communication à destination d'un public extérieur à l'organisation afin de valoriser son image.

Communication financière : informer les partenaires internes et externes sur la santé financière de l'organisation.

Communication globale : harmonisation et cohérence entre la communication interne et la communication externe d'une organisation. Pour construire une image forte, l'organisation coordonne l'ensemble des communications.

Communication interne : ensemble des actions de communication à destination des salariés.

***Community Management* :** animation d'une communauté de clients sur les réseaux sociaux pour le compte d'une entreprise.

Conflit : opposition entre deux personnes ou plusieurs groupes de personnes qui présentent des idées ou des opinions qui divergent.

Coût : ensemble de charges directes et indirectes, fixes et variables engagées par une organisation pour produire un bien ou un service.

Coût complet : méthode de calcul des coûts permettant de déterminer le coût de revient d'un produit (bien ou service) vendu.

Coût spécifique : méthode de calcul des coûts prenant en compte les coûts variables directs et indirects et la partie directe des coûts fixes d'une organisation.

Création de valeur : démarche consistant pour une organisation à proposer à ses parties prenantes des biens ou services qui ont une valeur économique, et qui permettent de générer une rentabilité.

Culture d'entreprise : ensemble de connaissances, de valeurs et de comportements qui facilitent le fonctionnement d'une entreprise en étant partagé de manière implicite ou explicite par la plupart de ses membres.

D

Data analyse : analyse des données clients numériques collectées par les enseignes.

Décentralisation : mode d'organisation dans lequel le pouvoir de décision est réparti entre les niveaux hiérarchiques.

Dématérialisation : remplacement des documents version papier par des fichiers numériques stockés sur des supports adaptés, des ordinateurs ou des serveurs informatiques.

Démocratie participative : forme d'exercice du pouvoir qui repose sur la participation des citoyens à la vie publique ; par extension cela peut désigner une participation des salariés aux décisions prises par l'entreprise.

Déontologie : ensemble des règles et des devoirs régissant une profession.

Discrimination : traitement défavorable fondé sur un critère défini par la loi (âge, sexe, origine, appartenance à une ethnie, grossesse, état de santé…).

Donnée à caractère personnel : toute information relative à une personne physique identifiée ou qui peut être identifiée, directement ou indirectement.

Donnée sensible : forme particulière de donnée personnelle qui révèle la prétendue origine raciale ou ethnique, les opinions politiques, les convictions religieuses ou philosophiques ou l'appartenance syndicale, ainsi que le traitement des données génétiques, des données biométriques aux fins d'identifier une personne physique de manière unique, des données concernant la santé ou des données concernant la vie sexuelle ou l'orientation sexuelle d'une personne physique.

Donnée stratégique : toute information confidentielle pouvant compromettre le succès et la pérennité d'une entreprise ou d'une organisation.

E

***E-reputation* :** ensemble des commentaires et avis laissés sur le compte d'une entreprise et impactant son image de marque.

Économie collaborative : repose sur le partage ou l'échange entre particuliers de biens, de services ou de connaissances, avec échange monétaire ou sans échange monétaire, par l'intermédiaire d'une plateforme numérique de mise en relation.

Économie de la fonctionnalité (ou économie d'usage) : remplacement de la vente d'un bien/service par la vente de l'usage de ce bien/service. Cette offre d'une solution intégrée (bien + service) s'inscrit dans une perspective de développement durable.

Écosystème d'affaires : réseau d'entreprises qui échangent et coopèrent au service de leur activité et de leur client.

ERP / PGI : progiciel regroupant des modules reliés à une base de données unique et permettant de gérer l'ensemble des processus opérationnels d'une entreprise en intégrant plusieurs fonctions de gestion.

Éthique : ensemble des principes moraux qui conduisent le comportement d'un individu ou d'une organisation.

Éthique des affaires : ensemble des règles et des principes de l'éthique dans le contexte des affaires économiques et commerciales.

Étude de marché : méthode d'enquête permettant d'évaluer les besoins des consommateurs pour un produit ou service défini.

F

Flexibilité : capacité d'une organisation d'adapter le travail des salariés et/ou les outils de production aux besoins des clients.

G

Glanage : consiste à récupérer des aliments comestibles abandonnés à la fin des marchés ou jetés dans les poubelles des supermarchés.

GPEC (gestion prévisionnelle des emplois et des compétences) : adaptation des emplois, des effectifs et des compétences aux besoins des entreprises et aux évolutions de l'environnement par différentes actions (recrutement, formation…).

Grappe d'entreprises (*cluster*) : réseau d'entreprises (principalement des TPE et PME) d'un même domaine, regroupées géographiquement et interconnectées, dans un contexte de compétition et de coopération. Les *clusters* permettent notamment le développement de l'innovation.

***Greenwashing* (en français écoblanchiment) :** procédé trompeur, reposant sur la communication et le marketing, consistant pour une entreprise à se donner une image d'acteur engagé dans les actions écologiques.

I

Identité numérique : ensemble des traces numériques (informations) que l'utilisateur laisse sur Internet.

Intelligence artificielle : ensemble des techniques utilisées pour mettre au point des machines (ou agents artificiels) capables de simuler l'intelligence et d'apprendre en interagissant avec l'environnement.

Innovation de procédés : mise en œuvre d'une méthode de production ou de distribution nouvelle ou sensiblement améliorée.

Investissement : acquisition de nouveaux moyens de production en vue, d'améliorer la productivité ou les capacités de production, dans le but d'en retirer du profit.

L

***Leadership* :** capacité d'une personne à influencer et à fédérer un groupe pour atteindre un but commun.

Ligne hiérarchique : ensemble des responsables qui transmettent les instructions et font appliquer les décisions du sommet de la hiérarchie vers sa base.

***Lobbying* :** groupe de personnes créé pour promouvoir et défendre des intérêts privés en exerçant des pressions ou une influence sur des personnes ou des institutions publiques détentrices de pouvoir.

M

Marque employeur : levier de séduction. L'organisation cherche à valoriser son image pour attirer les meilleurs talents.

Mécénat : soutien matériel apporté, sans contrepartie directe de la part du bénéficiaire, à une œuvre ou à une personne pour l'exercice d'activités présentant un intérêt général.

Mode de coordination : manière dont se divise le travail entre les collaborateurs, dont se répartissent les tâches en vue d'atteindre l'efficacité de l'organisation.

Mode de production : manière dont un produit est fabriqué.

Modèle économique (*business model* ou modèle d'affaire) : description pour une entreprise de sa proposition de valeur (bien ou service proposé) et la façon dont elle compte l'élaborer (description des partenaires, des clients, du financement et de la rentabilité attendue).

Motivation : efforts dirigés avec intensité et de manière persistante vers des objectifs attendus.

Motivation externe : l'objectif est d'obtenir une reconnaissance de la part du commanditaire (félicitations du chef de service), une gratification (prime, augmentation de salaire) ou d'échapper à une sanction pour travail non accompli (recadrage, blâme, licenciement).

Motivation interne : motivation qui permet d'exercer une activité dans le but d'obtenir une satisfaction personnelle.

Mouvement locavore : mouvement prônant la consommation de nourriture produite dans un rayon allant de 100 à 250 kilomètres maximum autour de son domicile.

N

***New Way of working* :** tendance de management visant à placer l'humain du cœur de l'organisation du travail en lui accordant confiance et responsabilité.

Normalisation comptable : règles communes permettant d'uniformiser et de rationaliser la présentation des informations comptables susceptibles de satisfaire les besoins des utilisateurs.

O

Organisation en mode projet : méthode de gestion qui permet à des personnes de métiers ou de services différents de travailler ensemble, de coordonner différentes tâches pour répondre à un besoin défini, en respectant des délais et un budget.

***Open data* :** données produites par les administrations et le secteur public et mises à disposition gratuitement de tous.

P

Parties prenantes (en anglais *stakeholders*) : ensemble des acteurs qui gravitent autour d'une organisation et qui sont influencés par son action ou qui ont une influence plus ou moins directe sur celle-ci.

***Phishing* :** technique d'hameçonnage pour collecter les données personnelles.

Plan d'affaires (*business plan*) : document qui explique la stratégie et les prévisions financières de l'organisation pour les projections d'évolution.

Polyvalence : élargissement des tâches des salariés.

***Product Lifecycle Management* (PLM) ou gestion du cycle de vie des produits :** ensemble de méthodes et de logiciels permettant de gérer les produits industriels tout au long de leur cycle de vie.

Q

Qualité : aptitude d'un produit à satisfaire les besoins de ses utilisateurs. L'amélioration continue de la qualité est une démarche et un processus destinés à satisfaire le client ou l'usager.

Qualité de vie au travail (QVT) : correspond au niveau atteint par l'individu dans la poursuite de ses buts à l'intérieur des domaines de son travail. La réduction de l'écart séparant l'individu de ses objectifs se traduit par un impact positif sur sa qualité de vie générale, sur la performance organisationnelle et, par conséquent, sur le fonctionnement global de la société.

R

Réseau social d'entreprise : espace communautaire présentant les fonctionnalités classiques d'un réseau social, mais qui est réservé aux salariés de l'entreprise (ou parfois même à ses partenaires : clients, fournisseurs).

RGPD (Règlement général sur la protection des données) : règlement de l'Union européenne qui constitue le texte de référence en matière de protection des données à caractère personnel.

S

Satisfaction : état émotionnel positif ou plaisant résultant de l'évaluation faite par une personne de son travail ou de ses expériences de travail, rapporté aux attentes qu'il avait développées à leur propos.

Secret des affaires : loi de 2018, transposition d'une directive européenne et visant à protéger les secrets stratégiques des entreprises, notamment ceux qui ont une valeur commerciale.

***Socialwashing* (« blanchiment social ») :** procédé trompeur, reposant sur la communication et le marketing, consistant pour une entreprise à se donner une image d'acteur soucieux des enjeux liés aux discriminations (égalité femme/homme, handicap, racisme, orientation sexuelle...)

Stratégie de communication : processus visant à planifier et coordonner la communication pour atteindre les objectifs fixés par l'organisation.

Stratégie d'implantation : ensemble des éléments pris en considération par une entreprise pour décider de s'implanter sur un territoire donné.

T

Transparence des algorithmes : obligation faite aux administrations publiques françaises de communiquer sur les règles de fonctionnement des algorithmes qu'elles mettent en œuvre en relation avec les usagers des services publics.

Transparence financière : ensemble des mécanismes et documents visant à fournir aux parties prenantes une information fiable et fidèle quant aux données financières et comptables de l'organisation.

U

Ubérisation : tout type de prestations de services (hébergement, restauration, communication logistique etc.) qui mettent en contact, *via* des plateformes digitales, des personnes « non professionnelles » et des clients.

V

Veille marketing : ensemble de méthodes utilisables pour acquérir et traiter les informations relatives aux marchés.

W

***Workflow* :** méthode choisie pour organiser et optimiser le flux de tâches à réaliser.

LIST OF TERMS

A

Advertise (to): promouvoir.
Atmosphere (an): une ambiance.
Attract / draw (to): attirer.
available: disponible.

B

Benefit / perk (a): un avantage.
Boring / tedious: ennuyeux.

C

Check (to): contrôler.
Company / firm (a): une entreprise.
Competition (the): la concurrence.
Cost (to): coûter.
Criticize (to): critiquer.

D

Data: des données.
Device (a): un appareil.
Digital: numérique.
Discriminatory: discriminatoire.
Dismiss / lay off (to): licencier.
Diversity: la diversité.

E

Efficient: efficace.
Expensive ≠ cheap: cher ≠ pas cher.

F

Fair ≠ unfair: juste ≠ injuste.

G

Gather (to): se regrouper.
Gender (the): le genre.
Goal (a) / an objective: un but.
Growth: la croissance.

H

Happiness (the): le bonheur.
Health (the): la santé.
Help / support (to): aider.
Human resources: les ressources humaines.

I

Include ≠ exclude (to): intégrer ≠ exclure.
Increasingly: de plus en plus.
Innovate (to): innover.
Intend (to): avoir l'intention de.

L

Labor = work: le travail.
Lack (the): un manque.

M

Manage (to): gérer.

O

Offensive: blessant.

P

Privacy: la vie privée.
Promote (to): promouvoir.

R

Recruit / hire (to): recruiter.
Relate (to): s'identifier à.
Replace (to): remplacer.
Represent (to): représenter.

S

Set up (to): (s')installer.
Share (to): partager.
Smart: intelligent ou pratique.
Start-up (a): jeune entreprise innovante dans le secteur des nouvelles technologies.
Struggle (to): avoir des difficultés.
Survey (a): une enquête.

T

Teamwork: le travail d'équipe.

U

User-friendly: facile d'utilisation.

W

Warning (a): un avertissement.
Watch (to): regarder ou surveiller.
Workplace (a): un lieu de travail.

Crédits photographiques

Couverture : iStockphoto/monkeybusinessimage.

Pages : 23 : iStockphoto/a-image ; 24-25 : © Adidas ; 28 : iStockphoto/Igor-Kardasov, AFP/Charly Triballeau ; 29 : © SAMSUNG, Gilles Rapaport ; 31 : © Huawei ; 32 : © bagelcorner ; 33 : © Frichti ; 35 : Réa/Zuma/Sven Simon/Franckhoermann ; 36 : iStockphoto/Evgenii_Bobrov, iStockphoto/Yayasya, iStockphoto/exdez, iStockphoto/robuart, iStockphoto/Maria Stavrera, iStockphoto/Ekaterina Mutigullina, Réa/Nicolas Tavernier ; 37 : iStockphoto/ihorzigor, iStockphoto/JakeOlimb, iStockphoto/treety, iStockphoto/alexmillos, iStockphoto/thenatchdl, iStockphoto/fairywong, iStockphoto/ojogabonitoo, iStockphoto/jumichka, iStockphoto/FANDSrabutan, iStockphoto/Dacian_G ; 38-39-59 : © Brun de Vian-Tirant ; 44 : Réa/The New York Times/Redux/Jeenah Moon ; 45 : iStockphoto/Feodora Chiosea ; 46 : Réa/Hamilton ; 49 : © Sick France ; 50 : © Bicworld ; 51 : Sipa/Sopa Images/Rafael Henrique ; 52 : Johann Misset ; 54 : © MMJ ; 55 : © DGE, Photononstop/Sime/Günter Gräfenhain ; 56 : iStockphoto/PierreOlivierClementMantion ; 57 : iStockphoto/Gwengoat ; 58 : © Teester, © Toyota ; 61 : iStockphoto/OlegGr ; 62 : iStockphoto/Anaiz777 ; 63 : iStockphoto/Anaiz777 ; 67 : © Alice Cow ; 68 : © Urbaneo ; 70 : Réa/Pascal Sittler ; 71 : © Escadrille ; 73 : © Alsapan ; 74 : Gettyimages/Sopa Images/LightRocket/Budrul Chukrut ; 75 : Réa/ROPI/Sepp Spieg ; 76 : iStockphoto/Godruma ; 77 : iStockphoto/Dilen_ua ; 80 : Réa/Tavernier/Rolle ; 81 : iStockphoto/Nadine_C ; 82 : iStockphoto/oleksandrpupko ; 83 : Réa/Gilles Rolle ; 85 : Réa/Romain Beurrier ; 86 : © Festival Insa - 24 heures.org ; 87 : © Javey, AFP/Guillaume Souvant ; 88 : Photononstop/Glow Images ; 89 : Olivier Martin-Gambier ; 90-223 : Roger-Viollet/Jacques Boyer, Courtesy of Logistic Hall of Fame - Ismaning Allemagne ; 92 : Divergence/Thomas Louapre ; 93 : © Mobil Wood ; 94 : Andia/Castell ; 95 : © Sogilis ; 97 : iStockphoto/brittak ; 103 : iStockphoto/Melpomenem ; 110 : © Leroy Merlin - Photo : Remy Deleuze ; 111 : © Restos du cœur ; 112 : IP3/Bruno Levesque ; 113 : Réa/The New York Times/Todd Anderson ; 114 : Réa/Gilles Rolle ; 115 : AKG/Interfoto/Friedrich, © Octo Technology ; 119 : © Decathlon ; 121 : Réa/Gilles Rolle ; 124 : Jean-Pierre Delagarde ; 127 : Réa/Gilles Rolle ; 129 : iStockphoto/elenabs ; 130 : AFP/Loic Venance ; 132 : Coll.Kharbine-Tapabor - Affiche, 1954 Neubert-Horak D.R, iStockphoto/yanyong ; 134 : Réa/Laurent Cerino ; 135 : © 2019 Musée du Louvre ; 137 : © DITP ; 138 : Photononstop/DPA/Karl-Joseph Hildenbrand ; 139 : Réa/New York Times/Redux/Karsten Moran ; 141 : Hans Lucas/Amaaury Cornu ; 144 : Sipa/AP/Richard Drew ; 145 : © Uber ; 146 : © L'Oréal ; 148 : iStockphoto/Bertimann, Réa/Zuma Press/Juian Stratenschule ; 149 : iStockphoto/Ekaterina79, © Lego France ; 151 : © Groupe Pierre Favre ; 158 : AFP/Getty Images North America/Astrid Stawiarz ; 161 : Réa/Nicolas Tavernier ; 163 : Réa/Albane Noor, © MSF ; 164 : iStockphoto/ sturti ; 165 : AFP/Eric Feferberg ; 167 : Sipa/Chine Nouvelle ; 174 : Réa/Guilaume Darribau ; 177 : AFP/Laurence Saubadu, Paul Defosseux ; 179 : © Yuka ; 180 : © Wingz ; 181 : © La tente des glaneurs ; 183 : iStockphoto/Guzaliia Filimonova ; 187 : Johann Misset ; 189 : Réa/Pascal Sittler ; 195 : © Talant Ecrin - photo : Sensation Web - Grégory Girard ; 197 : Réa/Eric Tschaen ; 199-200 : © Richard-Ponvert ; 205 : iStockphoto/ Dronandy ; 224 : © Bentley Historical Library ; 224 : AFP/Imaginechina/dycj.

Achevé d'imprimer en Italie par Grafica Veneta
Dépôt légal : mars 2020 - édition 01 - 30/8018/2